日本の歴史を問いかける

——山形県〈庄内〉からの挑戦

Series＝地方史はおもしろい03

地方史研究協議会＝編

文学通信

◉目次

第2部 知られざる庄内の姿

第3部　地域の歴史における庄内の特徴

第5部 庄内史研究のための問題提起

※本書では引用に際して、原文を損なわない範囲で表記を変更、振り仮名および句読点、清濁を整えた。

山形県〈庄内〉から日本の歴史を問いかける

地方史研究協議会　委員　今野　章

■庄内を読み解くキーワード

本書を手に取られた方は、山形県庄内地方にはどのような印象をお持ちでしょうか。

作家司馬遼太郎は、庄内について「他の山形県とも、東北一般とも、気風や文化を異にしている」と前置きした上で、

> 最上川の沖積平野がひろいというだけでなく、さらには対馬暖流のために温暖であるというだけでなく、文化や経済の上で重要な日本海交易のために、上方文化の浸透度が高かった。その上、有力な譜代藩であるために江戸文化を精緻にうけている上に、東北特有の封建身分制の意識もつよい。いわば上方、江戸、東北という三つの潮目になるというめずらしい場所
>
> （『街道をゆく二十九　秋田県散歩・飛騨紀行』朝日新聞社、一九八七年）

と論じています。庄内が温暖かどうか、地元からの異論もあるかと思われますが、たとえば、「沖積平野がひろい」ということは、当地方が水田単作地帯であることを指すものであり、近世期に

は庄内の米は広く国内を流通していました。また、「有力な譜代藩」とは、元和八年（一六二二）に入部して以来、江戸期を通じて当地を支配した酒井左衛門尉家のことであり、柳川・立花家（福岡県）とともに、藩主家が明治以降、現在まで当地に住み続けているという全国的にも珍しい事例となっています。「上方文化の浸透」については、言うまでもなく、日本海海運からもたらされたもので、いずれにせよ、「三つの潮目」という指摘は、庄内を論じる上での一つのキーワードかと思われます。

■現在より全国と繋がっていた交通網

そういった観点で庄内の歴史を俯瞰してみると、まず欠かせないのは庄内を取り巻く交通網でしょう。山形県の日本海側に位置する庄内地域は、古代の律令国家の枠組みで言えば、和銅元年（七〇八）に越後国に出羽郡が設置され、さらに同五年（七一二）に出羽国が建国されるに及び、中央政権の支配下に置かれます。それ以前も当然のことながら、海を通じて国内はもとより、大陸と交流していたらしく、その痕跡を示す遺物もいくつか発掘されています。中世期においては陸奥国の十三湊（津軽半島西海岸の十三湖西岸）が北日本を代表する湊町でしたが、そこに至る中継湊として酒田（砂潟）もその頃にはすでに整備され、最上川を経由した交易も始まっていたと言われます。戦国時代でも、庄内を支配した大宝寺氏は日本海ルートで織田信長に馬や鷹を献上していました。また、交通の要衝であり、さらに肥沃な土地の広がっていた庄内の領有を巡って、上杉氏と最上氏が争い合うことになるわけです。

その後、日本海を経由した舟運は、寛文十二年（一六七二）に河村瑞賢が酒田を拠点とした西廻り航路を確立したことにより、より確固たるものとなり、諸国からの北前船が庄内領の加茂か酒田の湊に立ち寄ることで、経済・文化の面でも大きな影響を受けました。この繁栄は、明治期に鉄道網が整備され、北前船が衰退するまで続きますが、天明八年（一七八八）に幕府の巡見使として庄内を訪れた古川古松軒は、『東遊雑記』（大藤時彦編、平凡社、一九六四年）の中で酒田について「羽州第一の津湊、市中三千余軒、大方商家にて、人物・言語大概にて、諸品乏しからず、九州・中国及び大坂より廻船交易のために往来して、この津に泊して国中の産物をつむことなり」と記しています。

ところで、小説の題材にも取り上げられる庄内の歴史に関する事項として、天保十一年（一八四〇）に長岡藩・川越藩との間に持ち上がった「三方領知替え一件」があります。結果的にこの幕命は沙汰止みとなりますが、この際、領民たちは幕閣などに越訴するため江戸に向かいます。実は、庄内の領民たちはこれ以降も弘化元年（一八四四）の大山騒動、明治二年（一八六九）の会津への転封命令の際など、事あるごとに上京して時の権力者に訴え出ています。通常、一〇日前後を要する江戸から庄内までの陸路ですが、出羽三山参詣のために諸国からの旅人も往来して鶴ヶ岡城下の七日町に宿を取っており、また村ごとに講を作って伊勢参りに出掛けていることからも、江戸勤めのある藩士だけでなく、領民の意識の中で江戸という土地は隔絶した世界ではなく、その気になればいつでも行けるくらいの感覚だったのでしょう。その一方で、「庄内にも空港を」という機運が高まった昭和五十年代、この地域で如何に空港が必要なのかを訴えるため、庄内地方を海に浮かぶ孤島に喩えた「庄内島」というポスターが作られています（庄内空港建設促進期成同盟会、一九八二年）。近年までこうした疎外された意識が根強かったことを示す一つの事例かと思われますが、ある意味、近代以前の方が現代よりも全国各地との交通網で繋がりが強かったのかもしれません。

■文化の受け皿としての庄内

こうした意識の上での距離感の近さについては、庄内の人々が中央で名を成している人物に師事していることにも少なからざる影響を及ぼしていた可能性があります。たとえば、松尾芭蕉は元禄二年（一六八九）六月に当地を訪れていますが、以降、庄内の人々は芭蕉やその弟子たちと交流を続け、自ら庄内美濃派を創設し、俳諧は町人文化を象徴するものとなります。また、江戸中期には藩士の水野元朗と疋田進修が江戸出府中に荻生徂徠の門人となり、彼らが帰国した後も書簡で徂徠より教えを受け、徂徠没後は弟子の太宰春台に師事することになります。文化二年（一八〇五）に藩校致道館を設立しますが、この時の教学として当時主流だった朱子学ではなく、徂徠学を採用しています。これとは別に、幕末期には国学者の鈴木重胤が数回に亘って庄内の幕領である大山村などを訪れて講義を行い、思想的な側面で幕末維新期の庄内藩の動向に影響を与えました。さらに明治に入ると庄内士族たちは西郷隆盛を敬慕しており、西郷が西南戦争で没し、賊名が解かれた明治二十二年（一八八九）より「南洲翁遺訓」を編纂発刊したのはよく知られていることかと思います。同時代の人々にとって、芭蕉・徂徠・西郷などが、日本史上でも名を残す人物になるという意識はなかったはずですが、彼らの教えが江戸や鹿児島だけでなく、庄内にも色濃く伝わったというのは、文化の受け皿という点で土壌が豊かだったのでしょう。その一方で、清河八郎・石原莞爾・大川周明など、通史の中でも異端と呼ばれている人物たちが庄内で生れ育ったことも、庄内という土地が持つ多様性といえるかもしれません。

　また、二八ページの地図を参照していただきたいのですが、庄内は最上川を境として二つの地域に分かれていることがわかるかと思います。戦国時代あたりから、北側一帯を「川北」、南側一帯を「川南」と呼び、前者には鳥海山、後者には出羽三山とそれぞれ信仰の山があり、さらに前者は酒田、後者は加茂という北前船の寄港地があり、それぞれ本間家、秋野家という大地主が存在しております。こうした相似の関係を成している川北・川南ですが、従来、庄内は一つの地域でありながら、町人文化と武家文化の違いからか、それぞれ気質の違う二つの風土が存在していると呼びならわされてきました。これに加えて、近世期には約二万七〇〇〇石の幕府領が存在し、さらに羽黒山領なども存在していることから、一括りに「庄内」といっても、場所によって視座が変わってくるという特殊な地域と言えるのではないでしょうか。

■本書の構成

以上のことを踏まえながら、各章を紹介します。

まず第一部は「埋もれた歴史を掘り起こす」として、西郷隆盛の木像を庄内へ誘致するという機運が高まったことなど、これまであまり触れられることのなかった事項に焦点を当てます。第二部は「知られざる庄内の姿」として、戊辰戦争における米沢藩との関わりなど、従来の歴史観とは違った視点で論じます。第三部は「地域の歴史における庄内の特徴」と題していますが、食文化のことなど、本稿では他の地域でも成立し得る事項を「庄内」という地域に即して考えます。第四部は「語り継ぎたい人物史」として、庄内に関連した人物に触れます。森藤右衛門（もりとうえもん）は知名度がある人物ですが、鮭延越前守（さけのべえちぜんのかみ）や石原倉右衛門（いしわらくらうえもん）なども、多くの方々に知ってもらいたい人物です。最後の第五部は「庄内史研究のための問題提起」と題して、これからの庄内における郷土史研究の指標になり得る論稿を集めました。以上、本書は一八人の執筆陣による多種多様なテーマによって構成されています。

さらに施設紹介として、郷土資料を所蔵する三つの施設の概要を掲載します。戦時中、空襲による被害が少なかったこともあり、当地には多くの史料が消失せずに残され、また、先人たちが文書館機能を持つ施設を整備してくれた恩恵により、史料が他地域にそれほど流出することなく、この土地に留まることができました。こうした史料の豊富さを土台にして大正八年（一九一九）には荘内史編纂会が立ち上げられることになります。会設立の目的が庄内全体をフィールドにした「庄内史」の編纂だったことは、そもそも当地の人々が郷土の歴史への関心が高かったことの証左と言えるでしょう。それから約一〇〇年を経て、本書のような「庄内史」を編纂できたことを執筆者の一人として、とてもうれしく思っています。

　昨年三月以来、この一年間、我々は新型コロナウイルスに翻弄され、自然災害の猛威に曝された未曽有の状況を体験しました。あえてこれを庄内の歴史に比すれば、天保四年（一八三三）という年も大飢饉と大洪水、津浪による被害も出た大地震を経験した大変な年でしたが、当時の人々は自分の周辺で日々どのようなことが起きていたか、後世に向けて多くの記録を残してくれました。このように先人が残した史料を読み解き、地域の記憶として伝え残していくことは郷土の歴史に携わる人々の責務かと思われます。さらに、その歴史一つ一つを丹念に調べ、積み重ねた研究成果が結果的に日本の歴史全体への問いかけに繋がっていくのではないでしょうか。

　本書を通して、多くの方々が庄内の歴史に関心を寄せていただき、地方史研究の可能性を探る一助となることを切に願っております。

第1部　埋もれた歴史を掘り起こす

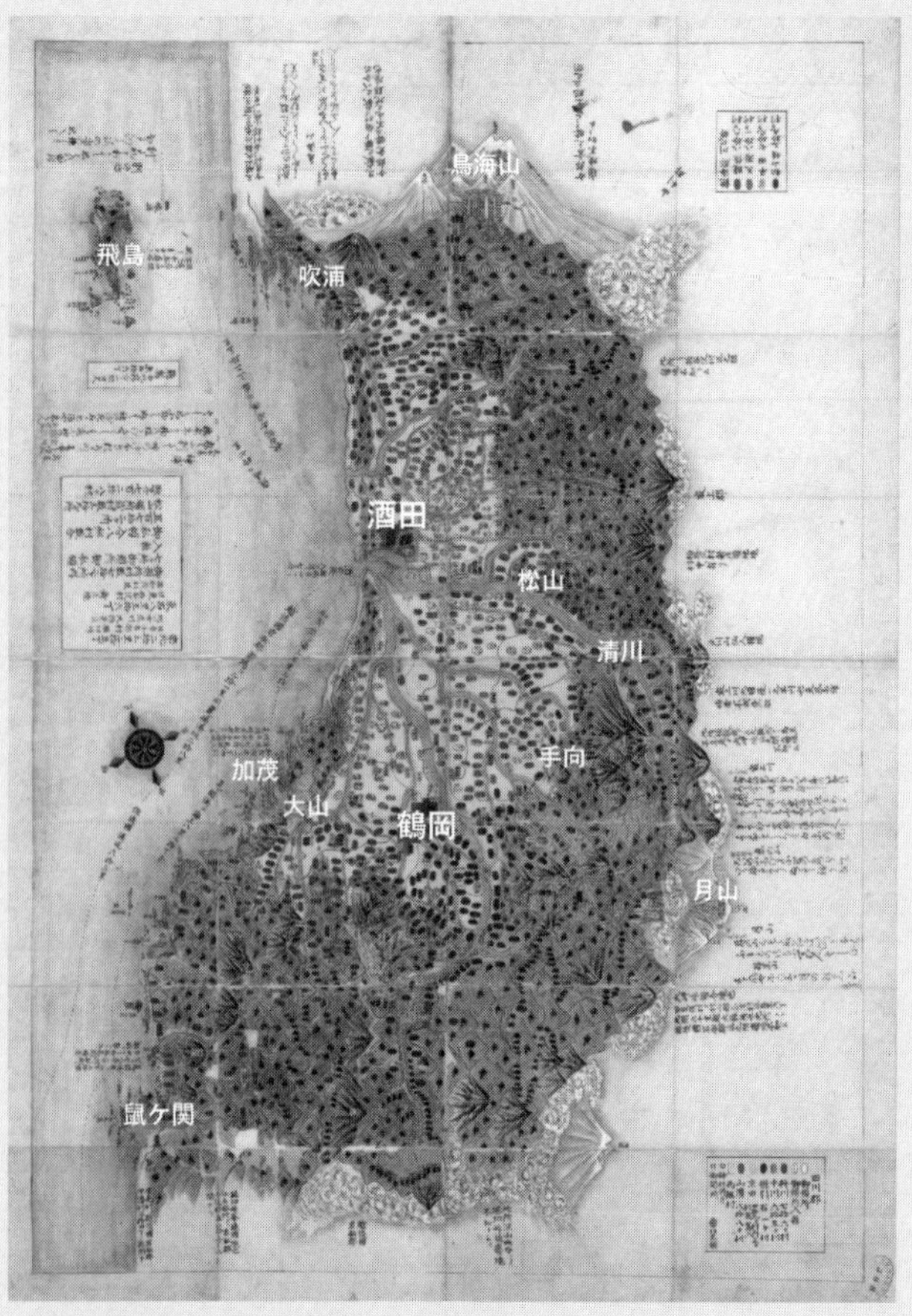

「荘内二郡名所一覧全図」
（江戸中期　荘内史編纂会資料　鶴岡市郷土資料館蔵）
絵図上に白字で地名を表記した。

1

西郷像の裏側にあった知られざる歴史

西郷隆盛の木像を鶴岡に
――幻に終わった鹿児島からの木像誘致計画――

【キーワード】
・西郷隆盛像
・庄内の西郷崇敬
・鹿児島市の反対

長南伸治

1、西郷隆盛の銅像と木像

東京上野公園に建つ西郷隆盛の銅像をご存じの方は多いだろう。

この銅像（西郷の愛犬〝つん〟と台座は除く）は、近代日本を代表する彫刻家高村光雲が製作し（三木：二〇〇一）、明治三十一年（一八九八）、同公園にて完成を祝す除幕式が盛大に実施されている。

では、この銅像製作に取り掛かる前、光雲がその原型となる西郷の木像を造っていたことをご存じだろうか。この木像は、当時、光雲の勤務先東京美術学校の運動場に設置された小屋の中で製作され（高村：二〇一五）、完成後は鹿児島県鹿児島市の南洲神社（西郷隆盛〈南洲〉を祭神とする神社）や浄光明寺に安置される【写真】。しかし、第二次世界大戦末期の昭和二十年（一九四五）七月、アメリカ軍の空襲により焼失している。

この西郷の木像について、山形県鶴岡市への誘致計画が、昭和九年一月から「南洲翁木像迎遷

写真　焼失前の西郷隆盛の木像が印刷された葉書（鹿児島俣野集景堂発行）（所蔵・撮影　筆者）

会」（以後「迎遷会」と記）により進められていたことが鶴岡市郷土資料館所蔵の資料群（「南州翁木像迎遷奉賛会規則及び予算・来信」。本稿で引用する資料は全て同資料群所収）から判明する。

この計画は、先に述べた木像が辿った末路からもおわかりのように実現せずに終っている。しかし、そもそも何故そのような計画が起こったのか。また、誘致が実現した暁には、どうやって木像を鹿児島市から鶴岡市まで運び、かつ、どこに設置するつもりであったのか等々、興味深い点が数多く存在する。そこで本稿では、前記の資料群を読み解きながら、これまで歴史の中に埋もれてきた、鶴岡市への西郷隆盛木像誘致計画の実態についてご紹介していきたい。

2、「南州翁木像迎遷会」発足まで

まず、「迎遷会」発足までの経緯を、西郷と鶴岡市の関係に触れつつ述べておきたい。

江戸時代末期の慶応四年（一八六八）一月、新政府軍と旧幕府軍の間で戊辰戦争が発生する。東北の地では、同年五月、新政府軍に対抗すべく二五の諸藩が奥羽列藩同盟（後に北越六藩が参加し奥羽越列藩同盟）を結成する。鶴岡に本拠地を置く庄内藩（藩領は現山形県庄内地方〈鶴岡市・酒田市・庄内町・遊佐町・三川町〉に該当）も同盟諸藩と共に新政府軍を迎え撃ち、藩の御用商人本間家の財力を用い買い揃えた最新鋭の銃器と藩士・領民らの献身的な働きで勝利を重ね、新政府軍の本拠地秋田の久保田城の目前まで進軍を果たす。しかし、同盟諸藩が続々と降伏するなかついに力尽き、明治元年（一八六八）九月に降伏する。その後、同年十二月、新政府から庄内藩に下された処分は、領地削減（一七万石から一二万石）・藩主交代（酒井忠篤から弟の忠宝へ）・他領への移動などとなる。そのなかで、領地削減・藩主交代は実施されたが、他領への移動は二度（同年十二月に岩代国若松〈福島県〉へ、翌年六月に磐城国平〈福島県〉へ）命じられるも、新政府への三〇万両献金（当初は七〇万両の献金を求められるも免除）、領民の転封阻止運動により、そのいずれも撤回されている。

庄内藩では過酷な処分を覚悟していたが、それに反し軽いもので済んだ。後日、新政府の要人から、それらの処分は西郷隆盛の意思で決定されたと伝え聞いた庄内藩の人々は、その寛大さに深く感謝し、以後、明治三年には西郷本人から直接教えを受けるべく前庄内藩主酒井忠篤自ら藩士七〇余名を率い鹿児島を訪問するなど、西郷への崇敬の念を深めていく（財団法人荘内南洲会：

一九九七）。

明治十年、西郷は鹿児島で政府を相手に西南戦争を起こし、最期は自害し生涯を終える。戦後、西郷は「賊」（国家反逆者）の汚名を蒙るも、同二十二年、大日本帝国憲法に先んじ発せられた大赦令により名誉回復を果たす。翌年一月、旧庄内藩士（同四年の廃藩置県で藩は消滅）らは西郷の名誉回復を祝し、生前、同人から受けた教えをまとめた書籍『南洲翁遺訓』を編纂する。そして、西郷の教えを広めるべく同書を全国各地に配り歩くなど、死後も変わることなく西郷への篤い崇敬の念を持ち続けた。

そんな中、昭和八年（一九三三）末頃と思われるが、鹿児島市の南洲神社の崇敬者の間で、翌年秋の境内への西郷の銅像新設にあたり、それまで同所に安置されていた木像を、西郷と所縁ある別の土地に移転させようとする動きが起こる。この動きを、翌年一月初旬、鹿児島県在住の郷土史家丸山義武を通じ知った旧庄内藩士の子孫で郷土史家の石原重俊は、自身と同じく西郷へ篤い崇敬心を持つ鶴岡市在住の風間幸右衛門（鶴岡市屈指の富豪）ら三名の有志と共に、同月以降、鶴岡市への木像誘致を目指し活動を開始する。

なお、丸山と石原が知り合った詳しい経緯は不明である。ただ、丸山は木像の県外移転は、西郷の教えを全国に広めるうえで絶対に必要と強く願い、さらに、その移転先は西郷に篤い崇敬心を持つ庄内、とりわけ、旧庄内藩の本拠地鶴岡市こそ相応しいと考えていたことが確認される。その思いは、木像誘致に名乗りを上げていた鹿児島県西武田村の村長に対し、鶴岡市以外最適な移転先はないと説得しその活動を断念させるほどであった。このように、詳しい経緯は不明ながらも、木像を鶴岡市にと願う熱い思いが、丸山と石原を結びつける一つの要因になっていたことは間違いないだろう。

さて、石原らは丸山からの情報提供を受け、その手始めに木像誘致賛同者の団体「建立協賛会」（後の「迎遷会」）の結成を目指し、同月九日、旧庄内藩主酒井家をはじめ、各所に結成会への参加を求める案内状を送付する。その案内状には、鶴岡市は西郷と縁が深く木像設置に最適な地であること、木像は市内の鶴岡公園内に設置予定であること、さらに、木像の誘致により、社会教育・西郷の遺徳を東北に広める・公園内の一大名所作り、これら三つの事項が一挙に達成できるとも謳われている。

結成会は同月十一日、鶴岡市の大宝館を会場に開催される。結成会に参加し同会に入会した個人・団体は確認できる限りで一四（個人一二・団体二）。それらの素性を見ると、元鶴岡市長の林茂政、地方議員の中村作右衛門・阿部養太、教育者の梅本八郎・長南信太郎、旧庄内藩主の酒井家等々、鶴岡市の有力者が顔を揃えている。

そして、この結成会において、「建立奉賛会」から「迎遷会」への会の名称の変更、および、会の陣容（総裁は旧藩主酒井家当主、会長は鶴岡市長が就任）が決定する。さらに、同月二十九日の第二回集会では予算案（詳細は後述）が可決され、いよいよ「迎遷会」は木像誘致実現に向けて本格的に動き出していくのである。

3、西郷木像誘致実現に向けて――鶴岡市への木像輸送方法と移転賛成世論の喚起

では、「迎遷会」の予算案を眺めつつ、木像誘致計画の中身を確認していきたい。

予算案には総額六四〇〇円の金額が提示されている。なお、この予算は会員が納める会費（特別名誉会員は一〇〇〇円以上、名誉会員は一〇〇円以上、正会員は一〇円以上、賛助会員は一円以上納入）で賄われることとなっている。

次に予算案の費目を金額順で見ていくと、①木像を設置する奉安堂建築費が四二〇〇円と最も高く、以下、②木像運送費六八七円・③鹿児島へ派遣する関係者旅費六〇〇円・④木像譲受謝礼金五〇〇円・⑤交際費二〇〇円・⑥『南洲翁と荘内』百冊購入費七〇円・⑦予備費六三円・⑧仮小屋掛費と印刷郵送代が各々三〇円、⑨雑費二〇円となる（以下、①～⑨と記）。

これらの費目中で最初に注目したいのは②である。この費目は更に四分割され、その一つに「十三トン貨車」（三五七円二五銭）とある。ここから鶴岡への木像輸送は汽車で行われる計画であったことがわかる。そして、巨大な物体（木像の高さは約三・六m。この他に木像を乗せる石の台座〈縦一八〇×横一三八×高九二cm〉も輸送）を長距離輸送するリスクに備え、高額な保険（一万円受取

可）への加入金（七円）も併せて計上されている。

また、この予算案作成時の参考資料にしたと思われるが、同会は昭和九年（一九三四）一月、鶴岡市鍛冶町（現・陽光町）の中村米治に、木像を南洲神社から鶴岡公園に運び設置するまでの作業費の見積書を提出させている。そこには、大工等の作業員合計一〇一人、馬車一六台、鋼鉄製の頑強な貨車二台（各々八トン・一三トン積載可）等の諸経費の見積金（合計七九六円）が記されている。これらの費用・輸送方法・携わる作業員の数から、木像輸送がいかに壮大な計画であったかが理解できる。

次に注目したいのは③・⑤・⑥である。⑥にある『南洲翁と荘内』とは、昭和八年に前出石原が出版した著書で、西郷が庄内で尊敬されるに至る経緯、および、同人と庄内の人々の交流の様子が描かれている。そして、これらの予算で実行される活動が誘致の成否を握る重要なものとなっている。この点については、「迎遷会」発足直前の昭和九年一月六日、前出丸山が石原に送った手紙を用いつつ説明していきたい（手紙は長文のため二分割で提示）。

……木像譲渡の件……事の成否は天にあり。人事をつくされ度候……当地は未だ一般に「南洲翁と庄内」との関係を知悉されてゐません。どうしても今少し識者に知らし置く必要が御座います。貴著「南洲翁と庄内」は貴地の奉賛会にて少々買上げても当地へ無償で配布する個所がありはしますまいか。一般の世論を喚起せねばいけますまい……

丸山は、木像移転賛成の世論を鹿児島市内で喚起する重要性を訴え、そのための方策として、前出の石原の著書を市内在住の木像移転先決定に強い影響力を持つ人物達に無償で配布し、西郷と鶴岡の関係性を知らしめるべきと論じている。

これ以後、同会では同年二月上旬までの間、南洲神社関係者など木像移転の関係者を調査し、かつ、石原の著書を鹿児島に送付し無償で配布している。この点から⑥の予算は丸山の助言を受け設定されたものといえる。なお、丸山も書籍の配布作業に参加し、そのことを報告した石原への手紙では、鹿児島出身の政府要人や鹿児島県知事等々、今後追加して配布すべき相手先の紹介も行っている。では先の手紙の続きに戻りたい。

> ……適当な時機（今春頃）誰人が一度当地に運動に御光来願へれば何の口が明く事と思ひます……伊知地俊さんの機嫌は是非損はないやうに願ひます……俊さんが木像の方では有力者です……外の人が何と云っても此の人が「諾」と云はぬ限り駄目ですから……人選を誤らず堂々たる人を派して下さい。貴堂がその一人には最適です。今一人は是非市会議長、或はそれ級以上の人を選み（「び」の誤りか）下さい。奉賛会を充分代表して来る事です……

さらに丸山は、「迎遷会」から鹿児島市に人を派遣し、現地で木像誘致活動を行うことの必要性を説いている。そして、その際の注意点として、移転先決定に最も大きな影響力を持つ南洲神社崇敬者総代代表の伊地知俊の心証を害さないよう、「迎遷会」を代表する「堂々たる人」を二人ほど派遣すべきとして、その一人は「貴堂」（石原）が最適であると述べている（他は鶴岡市議会議長級以上の人の派遣を希望）。

実際、この後、石原は同年二月二十日～二十七日迄と三月（滞在日数不明）に鹿児島市を訪問し、丸山と共に木像誘致活動を行っている。この点から、⑥同様、③・⑤の予算も丸山の助言を受け設定されたものといえるだろう。

このように「迎遷会」は、木像の輸送方法、および、丸山からもたらされた情報を基にした鹿児島市での鶴岡市への木像移転賛成世論の喚起方法を検討し、かつ、その実行費を予算化し、誘致実現に向け粛々と活動を行っていったのである。

4、木像誘致活動の終焉

本稿の最初で述べた通り、木像誘致計画は失敗に終わる。失敗の最大の原因は何か。残された資料を分析する限り、書籍の配布など先に述べた「迎遷会」の活動が、鹿児島市の世論を変えるまでには至らなかったことが最大の失敗の原因であったと考えられる。

丸山が昭和九年一月二十日に石原に出した手紙には、木像の県外移転に対する鹿児島市の世論は反対が七割で、さらに、その中には木像の移転先決定に対し強大な権力を持つ人物も含まれていると記されている。つまり、「迎遷会」が誘致活動を始めた当初から、その活動は鹿児島市では歓迎されていなかったのである。この厳しい鹿児島市の世論に、同年二月、石原と共に「迎遷会」を立ち上げるなど会の中心人物の一人として活動していた前出風間は、木像誘致は「決して易々たるわざにも之無」と弱音を吐いている。

その後、「迎遷会」は鹿児島市の世論を変えるべく、先述の丸山の助言を基に様々な策を実行していく。しかし、それらを一通り実行し終えた昭和九年三月二十八日、丸山から石原に送られた手紙には、鹿児島市では鶴岡市への木像移転について「風評は全く鳴を静め居り申候」と、賛成・反対どころか話題にすらなっていないと記されている。つまり、それまで行ってきた「迎遷会」の試みは功を奏さず全て失敗に終わっていたのである。

これ以後、「迎遷会」が何を行ったのか、それを知る資料を確認することはできない。資料が無いのは、おそらく、鹿児島市の世論を変えることは不可能と悟り活動を断念したためと考えるのが妥当であろう。このように、資料上、活動終了の明確な時期すら確認できない曖昧な状況のまま、「迎遷会」の存在は歴史の中へと埋もれていったのである。

最後に、今後、東京上野公園の西郷の銅像を目にしたとき、その銅像の裏側には本稿で記した一つの物語があったことを思い出してくれる方が一人でもいるのであれば、筆者としては幸い（さいわ）いである。

参考文献

・庄内人名辞典刊行会『新編　庄内人名辞典』（庄内人名辞典刊行会、一九八六年）
・斎藤正一『庄内藩』（吉川弘文館、一九九〇年）
・財団法人荘内南洲会『南洲翁遺訓（再版）』（財団法人荘内南洲会、一九九七年）
・三木多聞「高村光雲」（臼井勝美他編『日本近現代人名辞典』吉川弘文館、二〇〇一年）
・保谷徹『戦争の日本史18　戊辰戦争』（吉川弘文館、二〇〇七年）
・高村光太郎『回想録』（青空文庫 POD、二〇一五年）

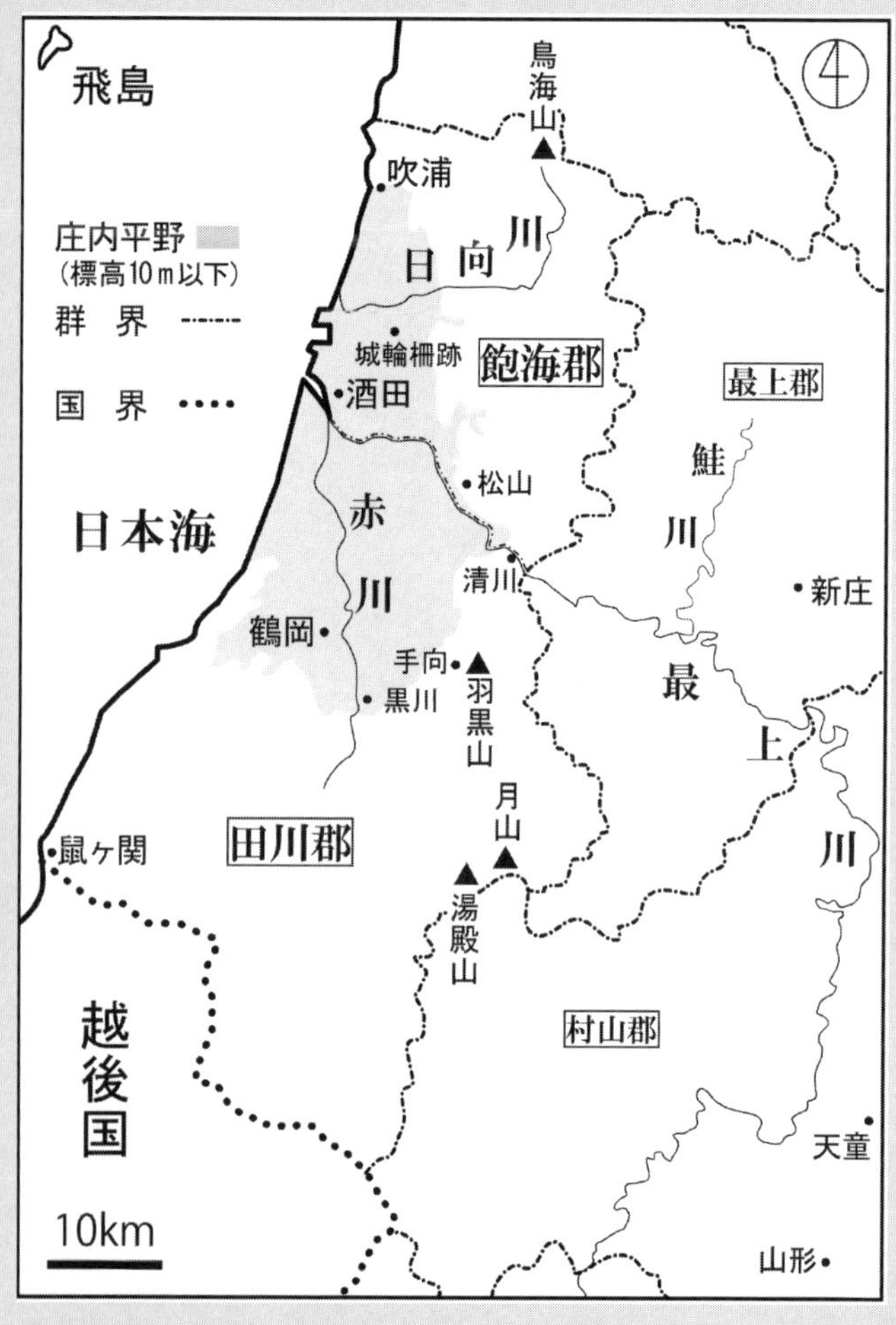

幕末の庄内（飽海郡・田川郡）
地方史研究協議会編『出羽庄内の風土と歴史像』（雄山閣 2012）より
引用並びに一部追加。（作成　富澤達三）

2

武芸者の祈り

失われた居合術・剣術を求めて

――庄内藩の田宮流居合――

【キーワード】
・居合術
・修行者の信仰
・徂徠学

田中大輔

1、田宮流居合の概要

田宮流居合は、庄内藩を代表する居合術・剣術である。その伝書によれば、戦国時代末期に奥州に住む林崎甚助重信が林之明神（林崎明神）に参籠し、神の夢告を受けて居合術を創始したという。林崎甚助の居合術は、様々な系統と形態に発展し、全国に伝播した。

庄内藩の田宮流の系譜は、流祖林崎甚助から田宮平兵衛重正、さらに長野無楽斎槿露へと続く。彼らの門弟たちは、刃渡り九寸五分（約二九cm）の短刀を持つ敵に近接し、刃渡り三尺三寸（約一〇〇cm）の大太刀で制圧する技を修練した。一般的な打刀が二尺三寸（約七〇cm）程であるから、特異な長さだといえる。類似した系統の流派は、林崎新夢想流など様々な名称があるものの、ここでは便宜上、まとめて〝林崎流〟と呼んで解説する。

庄内藩には、長野無楽斎の高弟・白井庄兵衛成近（生没年?―一六三七?）が田宮流居合を導入した。流名は田宮平兵衛の名にちなむらしい。紀州藩の田宮家をはじめ、各地に田宮流と称する居合が存在したが、系統は異なる。成近の活動時期からして、酒井家が庄内に入部する元和八年（一六二二）以前には田宮流を習得していたと思われる。以後、藩主をはじめ〝御家中〟といわれる中級以上の藩士たちが相伝した。

この田宮流居合にまつわる修行者の信仰や願いを、流儀の思想や相伝者の行動、彼らを取り巻く環境から概観してみよう。

2、林崎居合神社と庄内藩

庄内藩の田宮流において、林之（林崎）明神は、羽州林崎村の林崎熊野居合両神社（通称・林崎居合神社、現・山形県村山市）の神であると信じられ、藩士たちが参詣を繰り返した。現在も、昭和期の居合道家たちによって〝居合の発祥地〟として再評価され、全国の武道家たちの崇敬を集めている。

同神社の「神社御参詣衆覚帳」（以下「参詣帳」）には、一七〇〇年代初頭から一八三〇年代にかけて、参詣者二二二名の名前、所属地、参詣日などが記帳されている。参詣記帳者の所属は、主に林崎村より北の、弘前藩や新庄藩など日本海側の諸藩士に偏っている（『林崎明神と林崎甚助重信』、一九九一）。

なお、「参詣帳」を、各藩の分限帳や相伝の系譜などと照合すると、長野無楽斎を経由した伝系の武士にほぼ限られる。無楽斎の門人たちが、林崎居合神社を林崎流の発祥地ととらえていたのだ。

その参詣者のうち、半数を占めるのが庄内藩士であった。彼らの記帳には「酒井左衛門尉代参」と肩書が付き、藩主の名代となる公的な参詣だったことがうかがわれる。「参詣帳」に記された庄内藩士の記帳日は、参勤交代の中でちょうど林崎村を通過する日程と一致する。七代藩主・酒井忠徳が、初めて庄内に入部した安永二年（一七七二）から恒例行事となった。代参者は、藩主に近侍する近習の職にある者が多かった。このような組織的な参詣は、他の藩には見られない特色である。

庄内藩士たちが参照した参勤の手控帳には、林崎居合神社が「八幡宮」であり、田宮流居合の発祥地であるとし、世代を超えて筆写された（鶴岡市郷土資料館蔵「江戸登り道中記」ほか）。幕末の志士・清河八郎が全国を廻る旅の中で認めた『西遊草』も、同じ伝承を載せている。彼らはまさに、林崎居合神社の居合にまつわる信仰をけん引した存在であった。

田宮流はしばしば縁戚同士で相伝されていたから、門人たちは職分と血縁の象徴として、林之明神を氏神ととらえ、思慕したのかもしれない。

写真１　「居合免状（表）」（公益財団法人 致道博物館蔵　酒井家文書）

3、居合の技術と思想

さて、庄内藩の田宮流はどのような技だったのだろうか。伝書の記述や図画からその一端に触れてみよう。

田宮流の基本的な動きは、「表身」という七つの型、特に〝一ッ目〟に集約される（【写真1】参照）。我は三尺三寸の大太刀を帯び、九寸五分の脇指を差す敵と対座する。脇指を抜こうとする敵に対し、立膝の状態から膝立ちになり、大太刀を敵の右肩ないし腕へ袈裟切りに抜付ける。続けて大太刀を振りかぶり、おそらく左肩を目掛けて〝二の身〟という止めの斬撃をした。

名人と謳われた酒井長武（一六二八？―一六八一？）は、そのあり様を「初太刀こそ　神の教えし　袈裟刀　切るにはあらで　掛くるなりけり」と詠み上げる。ただ切るだけではない意味合いを持たせている。また「一心一刀」というフレーズを使い、技を行う際の心・体・刀の一致を重視する。

田宮流は、大太刀を用いる座り技だけではなく、立合いの技「立合」「位の段」、脇指同士で対戦する型「鍔合」、その他に、敵に刀の柄や鐺（こじり）を取られた場合の応じ技「柄取（つかどり）」「十二様（じゅうによう）」「八方之刀（はっぽうのかたな）」など、敵の数や方向、距離に応じて整理され、体系的に構成されている。定められた型の他に、現代の剣道に近い防具も開発され、竹刀による打込み稽古も行われていた（【写真2】参照）。

林崎流が大太刀の操法を取り入れたのには、居合が成立した十七世紀半ばごろの、特有な文化が背景にあると思われる。この時代、武家の奉公人や傾奇者（かぶきもの）たちの間では、見た目の派手さから、長くまっすぐな刀を好んで差すことが流行した（尾脇：二〇一八）。大太刀の操作は、単に抜刀の鍛（たん）錬（れん）というだけではなく、皆が差しているから、かえって実戦的な課題であったために技法が研究されたのかもしれない。

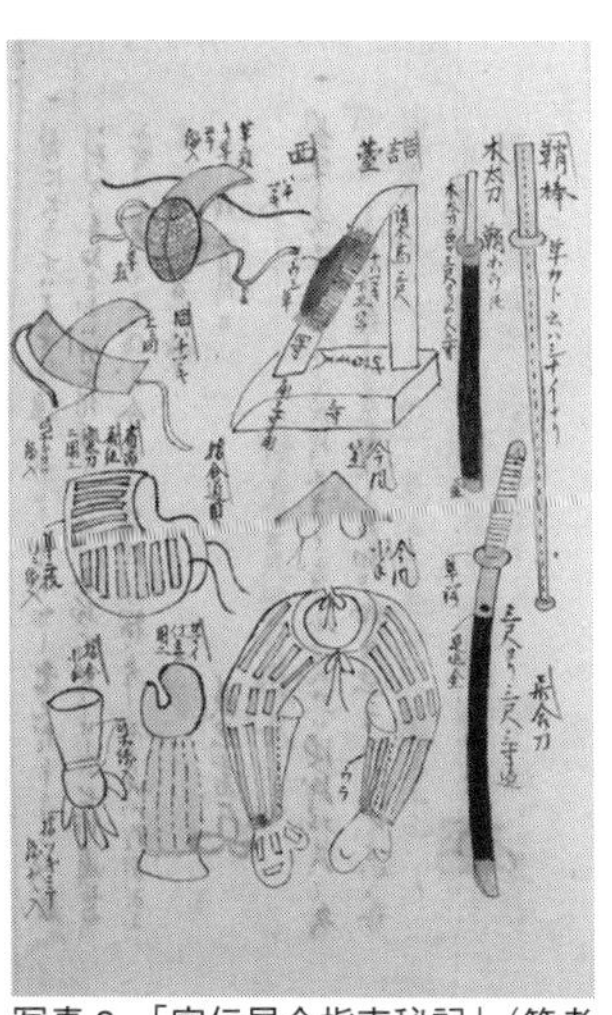
写真２「家伝居合指南秘記」（筆者蔵）

次に、林崎流の根幹をなす思想について紹介しよう。これまでの研究では、流儀の伝書からその意図や構造が論じられてきた。

弘前藩で伝承された林崎新夢想流居合の伝書は、『無門関（むもんかん）』などの禅書から禅語を引用し、生死を分ける極限状態にあっても自在に動く術理と心のあり様を表現している。居合修行に没入することで、神と修行者が一体化

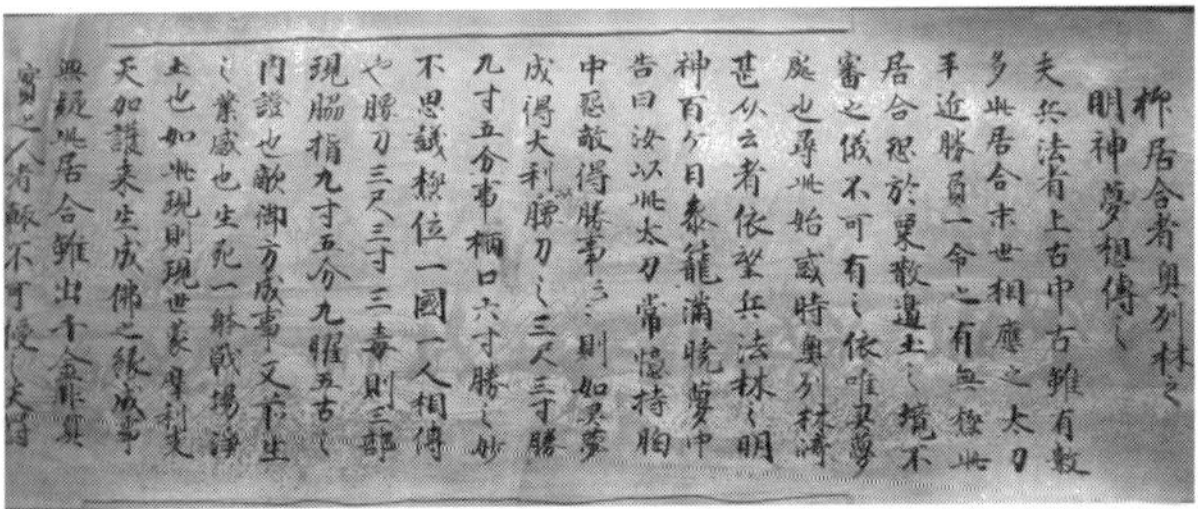

写真３　「居合免状（奥書）」（公益財団法人致道博物館蔵　酒井家文書）

し、技の妙味を得ることが理想とされた（太田：二〇一〇）。

その一方で、庄内藩の田宮流の伝書「手次の巻」（【写真3】参照）では、武術の本質と、密教における修行者の集中状態とを関連付けて説かれていることが明らかにされた。ここには、人間の煩悩である三毒、則ち瞋り・貪り・愚痴を、修練によって克服し悟りに至ろうとする意図が盛り込まれているという（スティーブン：二〇一四）。大太刀や脇指の規格も、この観念に基づいて定められていた。

定式化された伝書の文言だけでなく、相伝者の註解からも、個々の修行者の流儀に対する認識を探ってみたい。

十八世紀中ごろの解説書では、「人を切る事にて切ることにあらず、ただ難を得ざる処秘勝と心得べし」とか、「明神袈裟の刀を教え給うこと、全く人を害せよとの教えにあらず」と述べ、敵より先に自らが怒って切ろうとする短慮を戒める。さらに、「無罪の人は害すなよ、罪ある人に行き当たらば、この袈裟の一太刀を抜き掛け、袈裟打ち懸けて成仏せよとの道を知らするところなり」といい、「常に対（帯）する一腰は、則明神の御姿を対（帯）すと覚」えて、林之明神の代理人として、罪人を罰し敵を教導するものであると解釈する（『日本武道全集　第七巻』「心和剣秘之巻」「林崎流居合指南秘伝之書」）。田宮流の修行者には、正邪を判断し、倫理的に正しく冷静であることが求められるのである。

4、田宮流と領主権力

技芸として個人が修練を重ねてきた田宮流は、如何なる場面で発揮されたのだろうか。和田伴兵衛廉（一七二八―一八一四）は、田宮流と藩の権力との関係を示す逸話を残している。

ある日彼は、代官として任地を巡検する途中、玉簾の滝（現・酒田市升田）にある不動尊を詣でようとした。ところが社殿の宮司は、先年、亀ケ崎（現・酒田市）の城代が詣でた折、城代が帯刀しているのを嫌った不動尊が、急に悪天候を起こしたため逃げ帰ったといい、武器を携行する参詣を諫めた。伴兵衛は、城代が不浄だったから彼の参詣が失敗したのであり、悪天候の原因は不動尊ではなく「魔人」の仕業であると喝破し、帯刀したまま参詣を強行した。伴兵衛は「魔人」を〝調伏〟するため、田宮流の「位の段」を演武したところ、好天のまま参詣を終えることができたという（鶴岡市郷土資料館蔵『跼驤夜話集』「荒瀬郷毛見之事」）。

和田伴兵衛は、徂徠学派の儒者だった。荻生徂徠が提唱した徂徠学は、七代藩主・酒井忠徳が、藩政の諸問題に対する徂徠学派の家臣の取り組みを評価したことで、庄内藩において主流を占めた（瀬尾：二〇一二）。伴兵衛の師匠筋にあたる太宰春台が著した、『経済録』の「祭祀」の項では、祈るべき神と祭祀の作法を国家が定めるとしており、彼はそのような学説を踏まえて行動したのかもしれない。この逸話には、土着の神や魍魎といえども領主権力に服従しなければならない、という観念がうかがえる。その有力な物理的手段、ないしそれを見聞する領民に対する演出として、田宮流の技前が期待されていた。

他に、伝書の中で日常や実戦での用例を記した「剣用の巻」は、「君命により科の箇条の事」として、君主の命による上意討ちの方法を挙げている。上意討ちで罪人を討つ際は、その者の右へ座り、罪状を二、三箇条読み終わったところで刀身を見せぬように抜いて打つという。林崎流の中でも「君命」を明確に記した伝書は、私の知る限り庄内の田宮流以外にみられない。この箇条は庄内藩の事情により伝承化したもので、裏を返せば、田宮流の相伝者が上意討ちを命ぜられる立場にいたことをほのめかしている。

これらの話は、神または上位者の代理人として正義を執行する、という流儀の理念が、具体的な事例として発現されたものといえよう。

5、剣術家の葛藤

田宮流の教義や理念を実生活で貫くことは、容易ではなかった。酒井治郎右衛門長保（一七六七？

一八三七）が残した、田宮流に関する多くの手稿は、師範の感情や思考を伝えている。

その中で、長保が晩年に著した「林崎神明教示録」（鶴岡市郷土資料館蔵）は、儒学（聖学）と武芸を対比して論じている。ここでいう儒学とは、藩内で流行した徂徠学を指すと考えられる。長保には、立身出世のため儒学の修養に偏重する風潮に対し、武芸が軽視されているという危機意識があった。「武士の家に生れ君の命に従う事これ常に候、両腰（大小の刀を差すこと）にて候えば、是を学ぶは武士の正芸と覚え申し候」といい、武士が武芸を学ぶことは職務上正当な行為であり、儒学に並ぶ存在として田宮流の効用を主張する。

長保をはじめ田宮流の相伝者たちは、自身の技量を卑下する一方で門人の倫理的な正しさや稽古に対する真摯さを厳しく審査する。その言説には、修行者が林之明神と先師とを自己とは同一になれない存在として、絶対化し尊崇する志向が表れている（『日本武道全集　第七巻』「心和剣秘之巻」「林崎流居合指南秘伝之書」）。それはちょうど、徂徠学が古代中国の聖人を社会制度の設立者として絶対視したのと照応する。このような志向は、弘前藩の林崎流相伝者や、「手次の巻」にみられる神との一体化や先師の追体験とは異なる。神と自己とを相対化する見解がある様に思われる。

ところで長保は、なぜここまで武芸に執心したのか。彼は自分の境遇を次のように語る。

当流太刀構の儀、印歌（最上級の師範）以上の伝受にして（中略）長利死後、家に此伝を学びつる者なく（中略）予、若年より家伝の居合に志し、長利の残す処の書を熟読し、或は祖父長好に尋ね、表七作通、極意に至る迄、十八丈才の頃にして其のあらましを覚ゆといへども、右印歌以上の業を学ぶ事を得ず（中略）独りなすべき様なく、立木を相手とし、或は藁人形を相手として自分の業をまなぶといへども、敵合を学ぶ事能はず（中略）殊に年々手足不自由になり行くに従ひ、心は矢竹と思うといえども、至るべき様なし、不幸是非無しといわん、責て此法と此味の趣きを子孫にのこさんものと（中略）

「抜刀田宮流居合指南秘録」（熊本県立図書館蔵　富永家文書）

名人・酒井長武の跡を、子の長利が相続したものの早世してしまい、最も枢要な「太刀構」の教えが途絶えてしまった。そのため、不完全な〝家伝〟の田宮流を復興することが、長保にとって自己を確立するための宿願であったのだ。

右の史料はさらに、文化年間（一八〇四―一八一八）に、廻国修行に訪れた西田猪之助という富山藩士と長保との出会いを綴る。猪之助は山口流剣術を修める遣い手で、彼の剣術のことごとくが、田宮流の教えと一致することに長保は感銘を受けた。長保は猪之助から多くを学びとり、田宮流の注釈に活かしている。

猪之助は同じ時期に、盛岡藩領の鹿角にも滞在して剣術を指導した（『鹿角市史　第二巻下』）。鹿

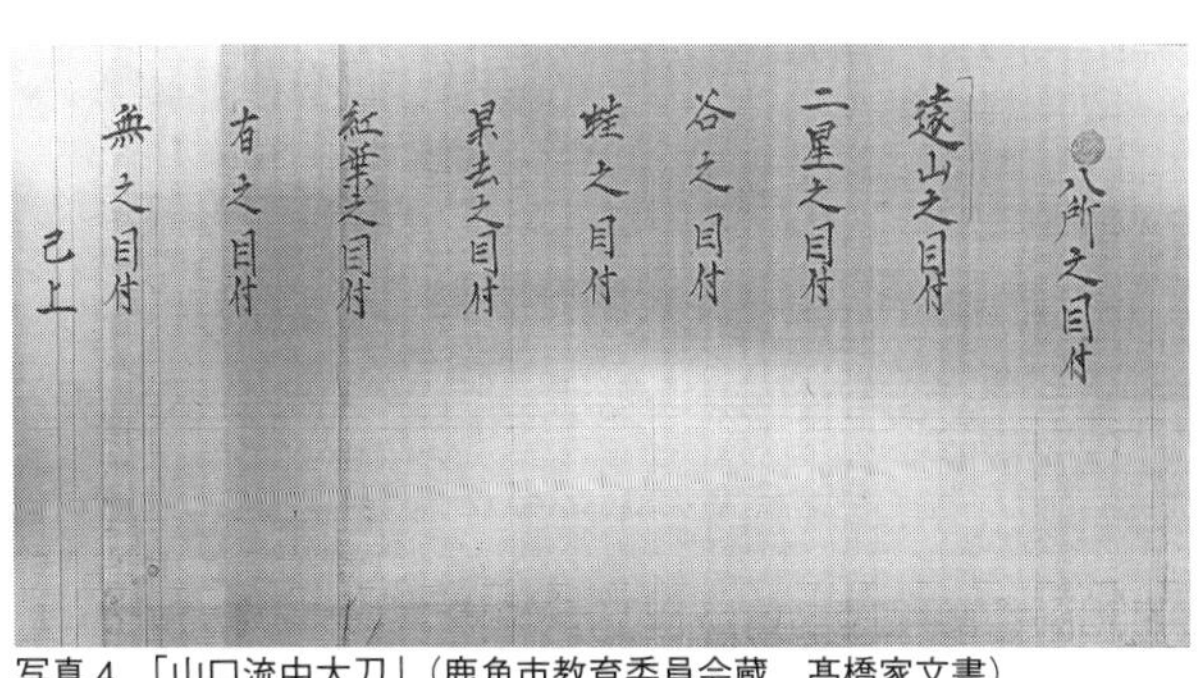
八所之目付
遠山之目付
二星之目付
谷之目付
蛙之目付
果去之目付
紅葉之目付
有之目付
無之目付
已上

写真４「山口流中太刀」（鹿角市教育委員会蔵　髙橋家文書）

角に伝承された山口流剣術の伝書を見ると、敵の様子や攻撃すべき敵の部位を示す「八所之目付」が、長保の記述と全く同じである（【写真４】参照）。長保は、他流派との比較交流によって欠けた情報を補い、田宮流の真髄に近づこうとしたのだ。

　このように残された田宮流の史料を読み進めていくと、修行者が稽古を通じて祈り、祈願したことの趣意は、以下の三つにあったと考えられる。それは第一に、当然ながら居合の実技向上や、心の修養を求めることである。第二に、彼らが社会の承認を得て、貢献するため、藩政や職分の中に流儀を位置づける狙いがあった。第三に、居合術の継承による家の存続である。

　庄内藩の田宮流は明治・大正期に入ると、次第に稽古されなくなっていった。その要因として、武士身分の解体や、全国で起きた武道の組織化と試合規則の統一化、学校での科目履修化などが挙げられる。現在は、その活動を確認することはできない。

　修行者たちが願ってきたものが失われたとき、田宮流もまた、衰微していったのであった。

参考文献

・『日本武道全集　第七巻　神道無念流・直心影流・武芸旧話』（新人物往来社、一九六七年）
・『鹿角市史　第二巻　下』（鹿角市、一九八七年）
・林崎甚助源重信公資料研究委員会編『林崎明神と林崎甚助重信』（村山市、一九九一年）
・太田尚充『弘前藩の武芸伝書を読む―林崎新夢想流居合・宝蔵院流十文字鑓―』（水星舎、二〇一〇年）
・瀬尾邦雄「庄内藩校致道館設立の契機：藩主酒井忠徳と白井矢太夫の儒学観及び徂徠学の影響関係を中心として」（『懐徳堂研究』第三号所収、大阪大学大学院文学研究科・文学部　懐徳堂研究センター、二〇一二年）
・スティーブン・トレンソン（Steven Trenson）"CUTTING SERPENTS: ESOTERIC BUDDHIST DIMENSIONS OF THE CLASSICAL MARTIAL ART OF DRAWING THE SWORD"（Analecta Nipponica : JOURNAL OF POLISH ASSOCIATION FOR JAPANESE STUDIES、二〇一四年）
・拙稿「林崎居合神社参詣諸藩士の祈願」（『山形大学歴史・地理・人類学論集』第十七号所収、山形大学歴史・地理・人類学研究、二〇一六年）
・尾脇秀和『刀の明治維新　「帯刀」は武士の特権か？』（歴史文化ライブラリー四七二、吉川弘文館、二〇一八年）

3

歴史を追うと別の実態が明らかになる

士族による開墾の美談に隠れた農民徴発

【キーワード】
・史跡の裏側
・士族と農民
・民衆運動

升川繁敏

1、「武士が刀を鍬に替えて」

明治維新後、武士は士族と身分が変わり、江戸時代のような特権はなくなった。そのため、士族の一部は荒れた土地を開墾し農業に従事することを志した。北海道始め全国各地に、士族による開墾の足跡を見ることができる。

その一つとして、鶴岡市には一九八九年八月に国指定を受けた史跡松ヶ岡開墾場がある。二〇一七年四月には、「サムライゆかりのシルク」ということで松ヶ岡開墾場を中心に文化庁日本遺産に認定された。

松ヶ岡（鶴岡市羽黒町）は、月山西山麓後田の広大な山林を、旧庄内藩士族たちが明治五年（一八七二）八月十七日～十月十五日（新暦では九月十九日～十一月十五日）約一〇〇ha、翌年約二〇〇ha、合わせて三一一ha開墾し、一一代庄内藩主酒井忠発が命名した所である。このような明治維新

写真１　現在の松ヶ岡開墾場

後に開墾し帰農した元武士たちの労苦やがんばりを称賛して、全国的に「武士が刀を鍬に替えて」のフレーズがよく使われるが、この松ヶ岡開墾の説明の際にも同様である。そこに、農民たちは登場しない。開墾地には桑の苗木が植えられ、明治七年夏から蚕室建設が始まり同十年までに一〇棟の蚕室ができ、蚕種の掃きたて飼育が開始された。お茶の栽培も試みられた。

2、松ヶ岡開墾のいきさつ

庄内藩は、戊辰戦争後「賊軍」ということで一七万石の領地を全て没収され、改めて一二万石を下賜された。会津や磐城平への転封の命もあったが、明治二年（一八六九）七月、庄内南部（庄内平野の最上川以南の田川地区）に復帰し、大泉藩と藩名を変えた。廃藩置県後は大泉県と改め、明治四年（一八七一）十一月、最上川以北酒田飽海地区も含む江戸時代の庄内藩領とほぼ重なる酒田県が成立した。その間、県役人は旧庄内藩士で、旧藩の家老松平親懐が参事、菅実秀が権参事と県政の実権を握り、明治政府の方針とは異なる独自路線で県政を進めていた。そのため、明治四年九月旧藩兵解隊が命じられるが、大泉藩は名目上「隊」改め「組」としただけで、そのまま旧藩士族壮者で常備組六小隊（約三六〇名、一小隊約五〇名）を編成し士族体制維持を図りこれまで通り兵事訓練や学問、修養の諸会合を続けていた。

しかし、藩の禄高改正により収入が激減し役職などに就けない士族は困窮し、旧庄内藩士としての誇り・自覚・忠誠心・団結心を失い、常備組の訓練や会合への無断欠席、遅刻と乱れていた。そこで、開墾をすることで、養蚕業を盛んにし士族の生活の途を開くと共に、士族の報恩・徳義精神の再興を図ろうとした。この松ヶ岡開墾に先駆け四月に赤川河原開墾を試み、手ごたえを感じていた。しかも、県役人が旧庄内藩士で占めていたこともあり、全面的に県の支援を受け実施されたのである。

3、士族の日記に見る農民の関わり

〔史料1〕

①「〔明治五年八月〕後田村山開拓ノ処、鶴岡兵隊組三千余有人、夫々番附ニテ開ク。川南

百姓手伝アリ。」

②「同廿五日ヨリ川北三郷(かわきたさんごう)百姓ヨリ千余人有人御手伝、組々旗ヲ立、勇マシキ事戦中ニ出テ勝利ヲ得ルカゴトシ。引続テ成内百姓、或ハ医師・復飾ノ社人・諸役人、猫モ杓子モ御手伝、日夜群集ヲナス。」

（「咄(はなし)の種瓢(たねふくべ)(抄)」『明治維新史料　明治期』一九八八年、三二三〜三二四頁）

③〔明治五年九月六日〕二十七番以下の余り地三万余坪を農兵隊が開拓。

（『黒崎研堂(けんどう)　庄内日誌　第一巻』一九八四年、九三頁）

〔大意〕

①②明治五年八月、後田山では鶴岡「兵隊」つまり士族、庄内藩に組み入れられた新徴(しんちょう)組・新整(しんせい)組も含めた約三〇〇〇人が隊を組み持場を区分し番号をつけ競って開墾している。川南〔最上川以南の庄内地域〕の田川の農民たちも手伝っている。二十五日からは、川北〔最上川以北の庄内地域〕三郷の遊佐(ゆざ)・平田(ひらた)・荒瀬(あらせ)から一〇〇〇人以上の農民たちが組の旗を立てて開墾の手伝いをしている。勇ましく戦いで勝利を得るような様子である。医師や神職、役人と誰彼となく手伝いに日夜を問わず集まっている。

③27番以下の「三万余坪」〔約一〇ha〕は、「農兵隊」つまり農民たちだけの組で開墾している。

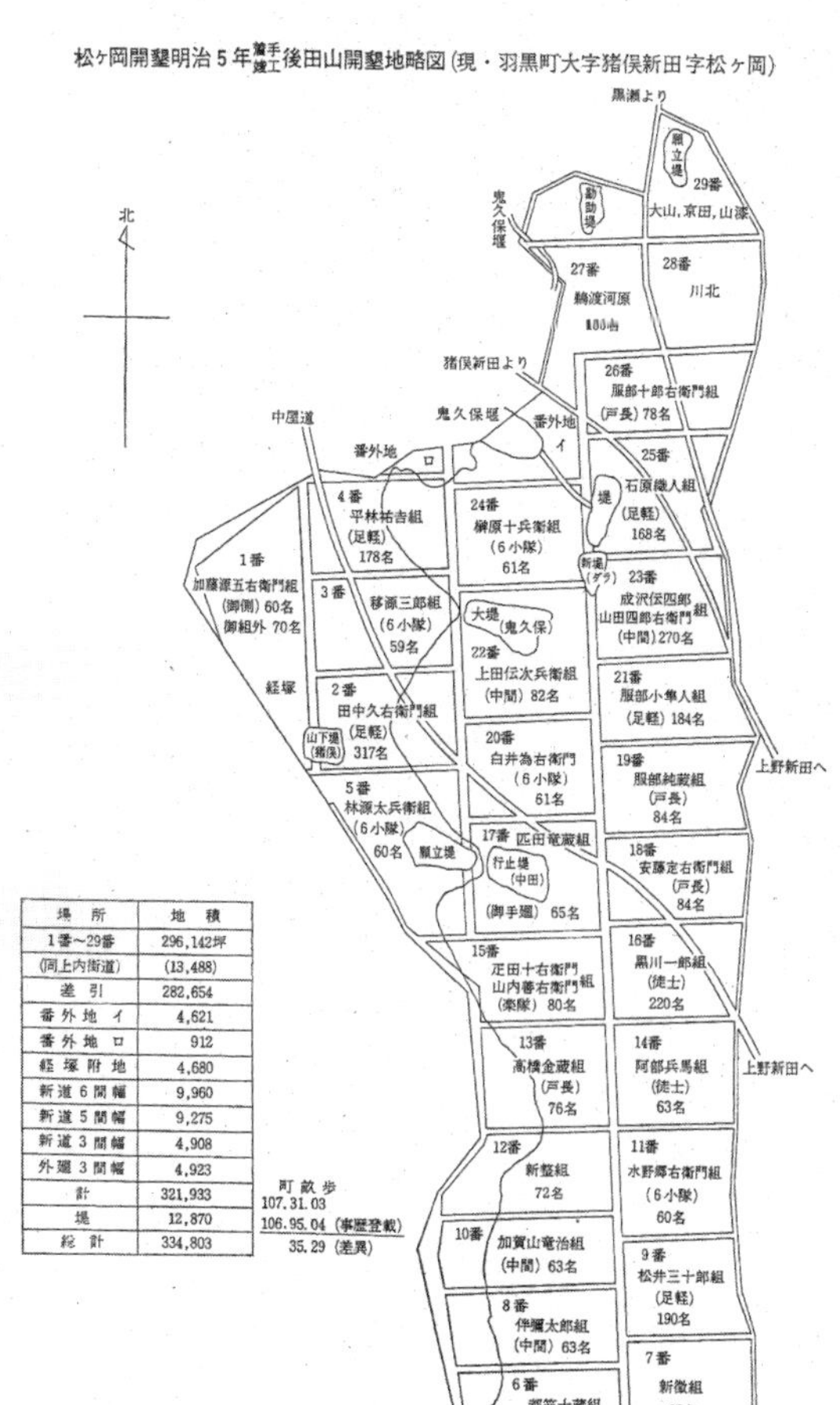

場　所	地　積
1番～29番	296,142坪
(同上内街道)	(13,488)
差　引	282,654
番外地　イ	4,621
番外地　ロ	912
経塚附地	4,680
新道6間幅	9,960
新道5間幅	9,275
新道3間幅	4,908
外廻3間幅	4,923
計	321,933
堤	12,870
総　計	334,803

開墾地略図（『黒崎研堂　庄内日誌　第一巻』88頁より引用）

「開墾地略図」でわかるように、持場の区割りの北に28番川北、29番大山、京田、山添とあることから、農民たちは単なる手伝いということでなく、初めから開墾地の割当があり、そもそも当てにされていたことがわかる。一年目の開墾は約一〇〇haなので、一〇分の一は農民たちが開墾したことになる。

4、ワッパ騒動史料に見る農民の関わり

ワッパ騒動は石代納嘆願から過納金返還闘争になるが、松ヶ岡開墾への農民たちの徴発費用の償還の訴えも含まれていた。そのワッパ騒動が高揚する前に訴えを起こしていた史料である。

〔史料2〕後田山開墾ニ付科斂ノ訴訟状

一、中年（明治五年）溜コガ八拾本代　　淀川組
一、同八月中藁代　幷　人足雇賃
一、酉（明治六年）四月中八月・九月中人足雇賃
一、同七月中桑・漆木代
一、中年十月頃桑・漆木幷萱　　清水組
一、酉ノ五月・六月頃人足、十月頃人足

一、同五月頃桑・漆木

一、同八九月頃萱

一、同十一月頃藁并桑・漆木　　高坂村

右者為二寸志一高割ニテ差出仕様、戸長ヨリ申達、猶村役人ヨリ朝廷ノ御趣意ニテ被二仰付一候条、違背有レ之間敷コト説諭有レ之〔次の一項目略〕僻遠愚昧ノ私共、前条戸長ノ申達、村役人ノ説諭ニ付、真ニ朝廷ヨリ被二仰出一候儀ト心得罷在申候、然ルニ今般御当地ニ罷越シ御政躰ヲ管見仕候処、全ク県ノ横斂ニ可レ有レ之ト奉存候、依テ何分御裁判被二成下一候様奉二仰望一候也。

上清水村　前野仁助

板垣儀右衛門

高坂村　石川文太郎

高山久左衛門

酒田県官ヨリ布達致シ候事、下ノ悦ヘキ事ハ朝廷御布告ト雖モ、県吏ノ意ニ致シ、下ノ恨ヘキ事ハ朝廷御趣意ニ致シ下江施シ、万事開墾ニ就テハ上朝廷ヲ欺キ、下万民ヲ誑惑スル事不レ少、仍テ此段上申仕候也。

明治七年四月　大伴千秋

（「大隈文書（抄）」『ワッパ騒動史料』上巻　六～七頁）

〔大意〕

後田山（松ヶ岡）開墾のきびしい取立の訴状

淀川組では、明治五年に納めた醤油樽八〇本代、同年八月の藁と人足代、翌六年の四月と八・九月の人足代、七月の桑・漆の添え木代をいただいていない。清水組では、五年十月頃の桑・漆の添え木代と萱代、六年五・六月と十月の人足代、五月の桑・漆の添え木代、八・九月頃の萱代をいただいていない。高坂村では、六年の十一月頃の藁と桑・漆の添え木代をいただいていない。これらは、「寸志」として村の生産高に見合うよう差し出すように、戸長から言われた。村役人からは、開墾は「朝廷の御趣意」で進めていて命じられていることなので背くことの無いようにと言い聞かせられた。辺ぴな地方でおろかで何もわからない私どもは、戸長や村役人の言うことだからと本当に「朝廷の御趣意」お国のご意向と信じていた。しかし、県の考えで進めていることでしかも厳しい取り立てもあり、お裁きをして頂きたいと願っております。

この農民代表四名の訴えに加え、農民たちの訴えのように、下々が喜ぶことは政府の布告であっても県役人の考えとして、下々が恨んだりすることは「朝廷の御趣意」としている、まさに、開墾については政府を欺き、少なくとも県下の人たちをだまし惑わしているという

ことを添えて報告いたします。　大伴千秋

この史料は、大隈重信の派遣した密偵の大伴千秋の報告の一つである。松ヶ岡開墾は天皇政府のための開墾で、お国のために協力するようにと言われて農民たちが徴発に応じていたこと、当時の酒田県政が政府の政策と異なっていたことがうかがえる。

そして、その後、開墾への農民たちの徴発の実態が明らかになった。森藤右衛門の建白書（『ワッパ騒動史料　下巻』六四頁　明治八年五月十二日森藤右衛門建白書参照）が、明治八年七月末元老院の取り上げる所となり、同年十月元老院権大書記官沼間守一らが来鶴し、酒田県政の取調べを行い調書としてまとめられた。取り調べは三〇余日に渡り、農民たちが見守る中で、県役人・戸長・肝煎村役人・特権商人ら数百名が取り調べられた。その調書に記された一六組の農民徴発に関わった県役人・戸長らの証言をまとめたのが、「松ヶ岡（後田山）開墾での農民からの徴発一覧」である。

庄内藩は、最上川以北の酒田飽海地区を三郷一〇組、最上川以南の田川地区を五通二五組に分けて支配していて、全体で三五組となるが、この一覧は、あくまで記録の残っている半分にも満たない一六組の集計結果であり、全庄内の実態を表してはいない。〔史料1②〕や【開墾地略図】にあるように川北三郷の開墾地割当も明示され開墾の様子を描いた「凌霜帖」には、遊佐・荒瀬・

2020.7 作成（升川）

草鞋(足)	その他・備考
明治５ 1872	※明治５年＝M5、明治６年＝M6、明治７年＝M7と表示
2,200	一戸に付き２人
1,300	
	M5 薪 250 束、藁８丸
	M5 肥し桶、藁代 12 円 61 銭６厘１毛　※士族へ酒肴、鮭、手当米
1,500	M5 藁筵 150 枚、川渡船 430 人、藁筵草鞋届 51 人、小屋用葺届 320 人
5,000	M6 小屋普請用蓬約 500 枚　一戸に付き１人
	M7 は道形・文下村分：桑苗植付と肥運び
6,000	
	丸杉杭代 60 円分
	各自空俵、荷縄バンドリ、平鍬持参 ※県役人 士族下瀬正山の供述より
	M５唐鍬柄 350 挺
	注１）桑添え木の長さ：２間＝約 3.6 m
	注２）記載のない組や酒田飽海地区からの徴発もあったと考えられ、 今後の調査を待つ必要がある。
16,000	※「元老院史料」『ワッパ騒動史料　下巻』p159-169　1982 年
16,000	

注）組数：田川は５通 25 組　櫛引通 -5 組 , 山浜通 -7 組 , 京田通 -3 組 , 中川通 -5 組 , 狩川通 -5 組／酒田飽海は遊佐・荒瀬・平田の３郷 10 組

平田の三郷の旗の下で開墾に汗を流す農民たちの姿も描かれているが、具体的な人数等が不明でこの一覧には計上していない。

なお、一覧の櫛引通青龍寺組の備考欄「一戸に付き二人」と京田通西郷組の備考欄「一戸に付き一人」とあるのは、人足の各戸への割り当てを示している。人足を出せない時、温海組の場合は一日一人一二銭五厘を差し出している。また、一覧にある桑苗添え木は開墾場に運び畑に添え木を立てる仕事が、萱や蓬は運び小屋掛けする仕事がセットになっていたようである。さらに、備考にあるように、組によって士族への酒や肴の差し入れ、山浜通三瀬組の唐鍬の柄、櫛引通島組の藁筵と求められたりしている。つまり、開墾に必要なものは、農

松ヶ岡（後田山）開墾での農民からの徴発一覧

徴発項目		人足（人）			桑添え木（本）		萱（把）		
通	組＼年	明治5	明治6	明治7	明治5	明治6	明治5	明治6	明治7
		1872	1873	1874	1873	1873	1872	1873	1874
櫛引通	青龍寺組	610	610		4,380	2,268	3,000		
櫛引通	本郷組		1,201	127		3,105		5,000	1,300
櫛引通	田沢組					2,000			
櫛引通	黒川組	7,750	4,503	1,304	201	2,600	12,270		
櫛引通	島組	1,513	2,150	480			7,500	3,000	
京田通	西郷組	300	1,200	500		5,000		1,000	
京田通	京田組	198		100					
京田通	大山組	1,000			3,658			1,500	
狩川通	増川組		300						
狩川通	狩川組	820	1,300	800					
山浜通	士族 大瀬正山	700	5,000						
山浜通	三瀬組	210	300			1,800			
山浜通	由良組	533		950		2,000			
中川通	横山組	800	1,700	1,700					
中川通	荒川組	500	1,100	1,100	2,003			2,500	
中川通	藤島組			1,800		2,357		1,000	
	小計	14,934	19,364	6,111	10,242	21,130	22,770	14,000	1,300
	項目総計	43,159			31,372		38,070		

民から調達している様子がうかがえるのである。

5、徴発は「寸志」

ワッパ騒動の児島惟謙の判決では、①県からの正式な命令による徴発でない。②農民たちの松ヶ岡開墾へ人足、物品の提供は「寸志」とあり、農民たちの自発的なものでありその対価を要求する意思はなかったので諸費用の償還請求の権利はないと、二つの理由で徴発の費用弁償償還を退けた。また、当時の県役人たちも、県は援助したのであり県として農民たちに命令したのではないと主張した。農民たちの人足についても、県役人や士族たちは、〔史料1〕にもうかがえるが、士族の奮闘を見て黙っていられず進んで寸志の願書を出して手伝いに来た者を「報国の寸志」であると主張していた。
しかし実際は、松ヶ岡開墾は士族の私的な開墾であるにもかかわらず県挙げての事業として取り組まれていたのであり、農民の徴発も県役人から戸長・肝煎村役人を通して行われていた。決して農民たちの心からの「寸志」ではなかった。

〔史料3〕
旧櫛引通黒川組旧戸長　矢田部孝保口供撮要
同年（明治五年）五月中ト覚へ、池田少属ヨリ寸志トシテ人夫相勤メ度トノ願書差出候様被申聞候ニ付、自分一名ニテ千人ノ人夫相勤メ度トノ願書差出申候。尤右書面中村々一同ニテ寸志相勤メ度段、村々肝煎申立候趣記載候得共、其実肝煎共ヨリ願出タルハ無之、全ク池田少属ヨリ申付ニ従ヒ右願書差出候事。
（「元老院史料」『ワッパ騒動史料　下巻』一六〇～一六九頁）

〔大意〕
櫛引通黒川組旧戸長矢田部孝保の供述「明治五年五月と思いますが、県役人の池田少属より寸志として開墾の人夫を勤めたいという願書を出してくれと言われ、自分一人で一〇〇〇人分の人夫を勤めたいという願書を出しました。書面では、村々一同で寸志として勤めたいと村々肝煎が申し立てたと書きましたが、実は肝煎から願い出たことではなく、すべて池田少属から言われたことに従って私が願書を書いて差し出したのです。

実は、一覧の網掛けの所はごく少額であるが費用弁償があったものである。〔下線の数字は約数とわかるように表示した〕櫛引通黒川組の人足代は、要請四千人に対し超えた分の八八五七人分が一人三銭として支払われている。また、同組の添え木代二円一銭、萱代二円二七銭、中川通荒川組の添え木代三四円三銭、萱代三円六九銭五厘が支払われている。しかもそのわずかな支払いは、ワッパ騒動で農民たちが裁判に訴えた後のことである。それ以外のほとんどは、賃金や代金の支払いはなく、農民たちからの徴発はすべて「寸志」となっている。

このような事実から、松ヶ岡開墾事業は「武士が刀を鍬に替えて」「サムライシルク」という説明に加えて、せめて「農民たちのほぼ無償の労力奉仕もあり開墾された」として歴史を継承するのが望ましいのではないかと考える。他の地域での士族による開墾の実態はどうなのだろうか。

参考文献

・田中正造編纂『松ヶ岡開墾事歴』（松ヶ岡開墾場、一九二九年）
・松ヶ岡開墾場『松ヶ岡開墾百年記念写真帖』（一九七二年）
・鶴岡市史編纂会『ワッパ騒動史料　上巻』（鶴岡市、一九八一年）
・鶴岡市史編纂会『ワッパ騒動史料　下巻』（鶴岡市、一九八二年）
・黒崎研堂庄内日誌刊行会　黒崎研堂『庄内日誌　第一巻』（一九八四年）
・鶴岡市史編纂会『図録　庄内の歴史と文化』（鶴岡市、一九九六年）
・武山省三編著『凌霜史　松ヶ岡開墾場百二十年のあゆみ』（松ヶ岡開墾場、一九九七年）
・ワッパ騒動義民顕彰会『大地動く──蘇る農魂』（東北出版企画、二〇一〇年）
・鶴岡市史編纂会『図説　鶴岡のあゆみ』（鶴岡市、二〇一一年）

4

庄内に和歌の注釈をおこなった人物がいた

忘れ去られた歌人
―服部正樹と近世後期庄内歌壇の偉業―

【キーワード】
・歌人のネットワーク
・三代集の注釈書
・明治天皇への献納

藤田洋治

1、明治天皇東北巡幸にて

明治十四年（一八八一）九月二十四日のことである。明治天皇の東北巡幸において、鶴岡では次のような記述がある。

「士族服部正樹等三十六名詩歌を上る。正樹皇学に邃く詠歌を善くす。この時、また拾遺老のすさび八巻、後撰老のすさび七巻、古今老のすさび五巻を編して奉献すと云」
（『山形県行幸記』）

鶴岡は、和歌で文化の高さを示したようである。服部正樹以下、三六名である。おそらく『三十六歌仙』に合わせた人数で、「詩歌　各十二首ずつ叡覧に供ふ」と『明治天皇御巡幸記』には記載される。三六人もの歌人をこの当時、鶴岡では集めることができたのである。筆頭に名前のある服部正樹は、同じく『鶴岡市史』には、「明治時代の鶴岡の歌人として第一に挙げなければならないのは服部正樹（昌樹）であろう。正樹の歌集としては「花橘」「橘家集」「椎乃実」「椎廼棠」などがある。その歌は伝統的な古今調であった。」と記される。服部正樹（文化十四年〈一八一七〉～明治二十二年〈一八八九〉）は、明治初期に和歌の第一人者として活躍していた。正樹の和歌の師は、池田玄斎（安永四年〈一七七五〉～嘉永五年〈一八五二〉）であり、大山（鶴岡市）に幾度か足を運んだ鈴木重胤（文化九年〈一八一二〉～文久三年〈一八六三〉）にも弟子入りし、親しく学んでいる。

　冒頭の明治天皇巡幸の記事で、ほとんど注目されてこなかったのが、「拾遺老のすさび八巻、後撰老のすさび七巻、古今老のすさび五巻」のことである。天皇は、この三部作を受納されなかったのだが、これは、『古今和歌集』『後撰和歌集』『拾遺和歌集』、いわゆる三代集の全歌に詳細な注釈をつけた注釈書であった。とりわけ、『拾遺集』に詳細な注釈を施した最初のものでもあった。正樹は、自身が独力で作成した三代集の注釈書を天皇に献上することも目的であったと思われる。残念ながら、天皇の受納はかなわず、この注釈書は、ほとんど世に知られないまま、現代に至っている。結果的に、服部正樹という人物も、地元の人々にもほとんど忘れられたままである。この服部正樹を中心に、近世後期の庄内歌壇を俯瞰してみたい。

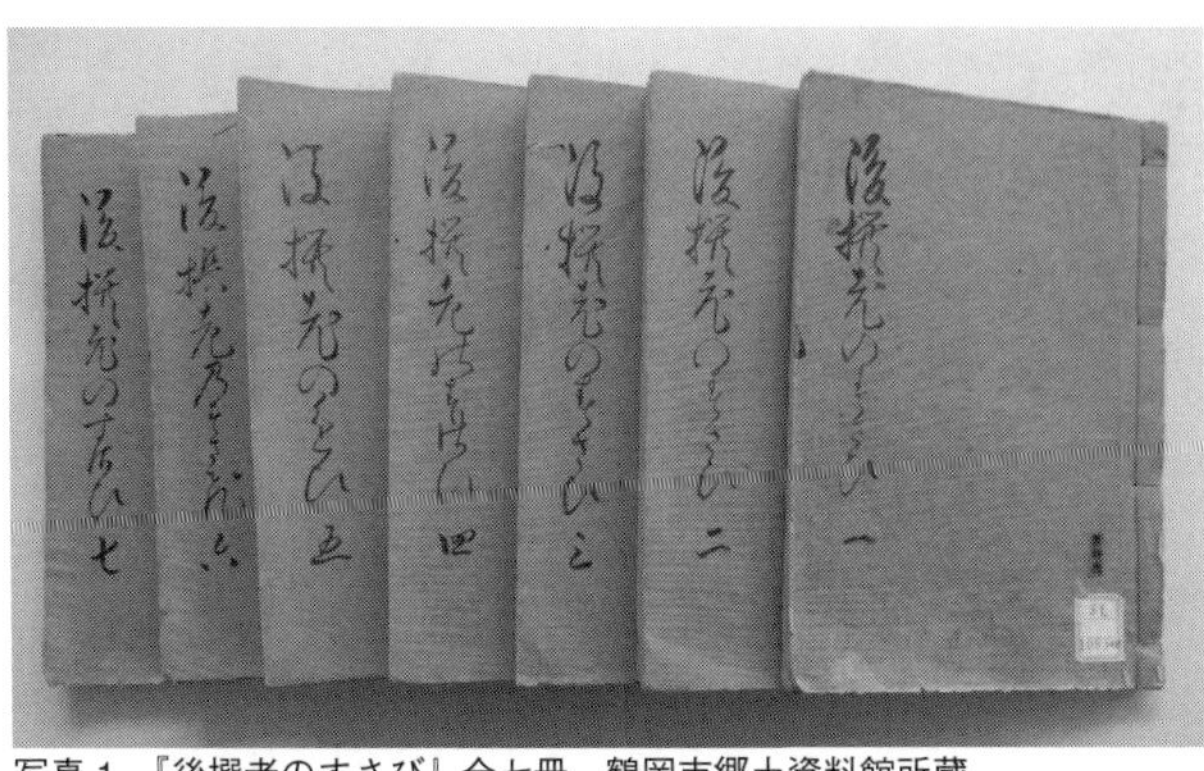

写真１　『後撰老のすさび』全七冊　鶴岡市郷土資料館所蔵

2、近世後期庄内歌壇

九代藩主、酒井忠徳（一七五五〜一八一二）は、和歌にも関心が強く、京都の公家で、和歌の家でもある冷泉家などに和歌を学んだことは知られている。そして藩内にも和歌を奨励した。女流歌人、杉山廉（一七三五〜一八〇八）が和歌をよくし、弟子として周りに集まった歌人たちがいた。石田畔見（一七六四〜一八二三）であり、白井固（一七七一〜一八三三）であり、池田玄斎（一七七五〜一八五二）、建部山比子（一七七八〜一八三九）たちである。

忠徳公の和歌事跡は、最近『大名文化圏における〈知〉の饗宴』（平林香織氏編）に紹介されたところである。庄内歌壇の事跡にも触れて、池田玄斎の著『築山鈔』を錦仁氏とともに翻刻し、女流歌人、杉山廉が「杉山の会」に集まる玄斎や固、山比古などと和歌や堂上歌人、古歌の内容などに関することなどをいろいろと話したことが紹介されている。とりわけ廉女の許に訪れていた門人たちがその集まりを「杉山の会」と呼んでいたことを初めて紹介したものと思われる。ただ、玄斎と師・廉との年齢差は、二〇歳ではなく、四〇歳である。その池田玄斎は、天保六年（一八三五）に歌集『大泉歌集』を編集する。これまでの地元の歌人の和歌が散逸するのを恐れて、二三六首の和歌を四季・恋・雑などの部立別に選んでいる。

この当時の歌人と江戸・京都などとの繋がりは意外に大きい。藩主・忠徳公は、宮部義正、後に冷泉為泰に師事し、公家・日野資枝たちとも交流があった。杉山廉も、藩内の久米景山に和歌の手ほどきを受け、宮部義正や冷泉為泰にも和歌の指導を受けていた。廉の弟子たちも、建部山比古は、本居宣長と交流があった富小路定直と、また白井固は伊勢の国学者足代弘訓の弟子として和歌の指導を受け、交流も深かった。固は、自作の和歌の添削に対して、しっかりと自分の意志が伝わっていないことや、添削後の表現では却って内容がよくないことなどを、一冊の書『可久裳草』にまとめて師・弘訓へ送っている。足代弘訓は、固の実力を認めていたようで、その後も交流は続く。

その白井固は、また小倉百人一首の注釈書『百首略解』を著し、また『古今集』の講義をしていたことも知られている。その固の講義を基に弟子・中村友至が著したものが『古今和歌集遠鏡補正』である。この書は、書名から類推できるように本居宣長の『古今和歌集遠鏡』の中から五五首を取り出して注を補填したもので、橘守部や白井固などの序文を以て江戸にて天保十五年

（一八四四）に出版されている。近世期の庄内歌壇は、和歌を詠むだけではなく、古典を注釈するというところまで進んでいたことが窺えるのである。

一方、国学者・鈴木重胤は、平田篤胤を慕って秋田に行ったものの、篤胤は既に亡く、墓前で入門を果たす。その帰途、弘化元年（一八四四）に、大山で大滝光憲宅に半年間逗留し、多くの人々に国学、和歌を教える。以後六回、庄内の地内を訪れることになるが、服部正樹は、最初の弘化元年から師事し、教えを受けている。ここで学んだ主な門人は、正樹の外に、僧魯道、大滝光憲、大滝光賢、広瀬厳雄などが知られている。正樹は、ここで『古事記』と『万葉集』をひたすら学んだようである。

3、服部正樹の注釈作業

服部正樹は、古今集、後撰集、拾遺集の各歌、約三八〇〇余首に詳細な注釈を付けていく。その注釈を実際に見てみたい。『拾遺集』では、先行する注釈書は、北村季吟『拾遺集抄』のみである。恋二の中納言（藤原）朝忠の和歌（六七八番歌）である。

天暦御時歌合に　　中納言朝忠

あふことの絶えてしなくは中〳〵に人をも身をも恨みざらまし

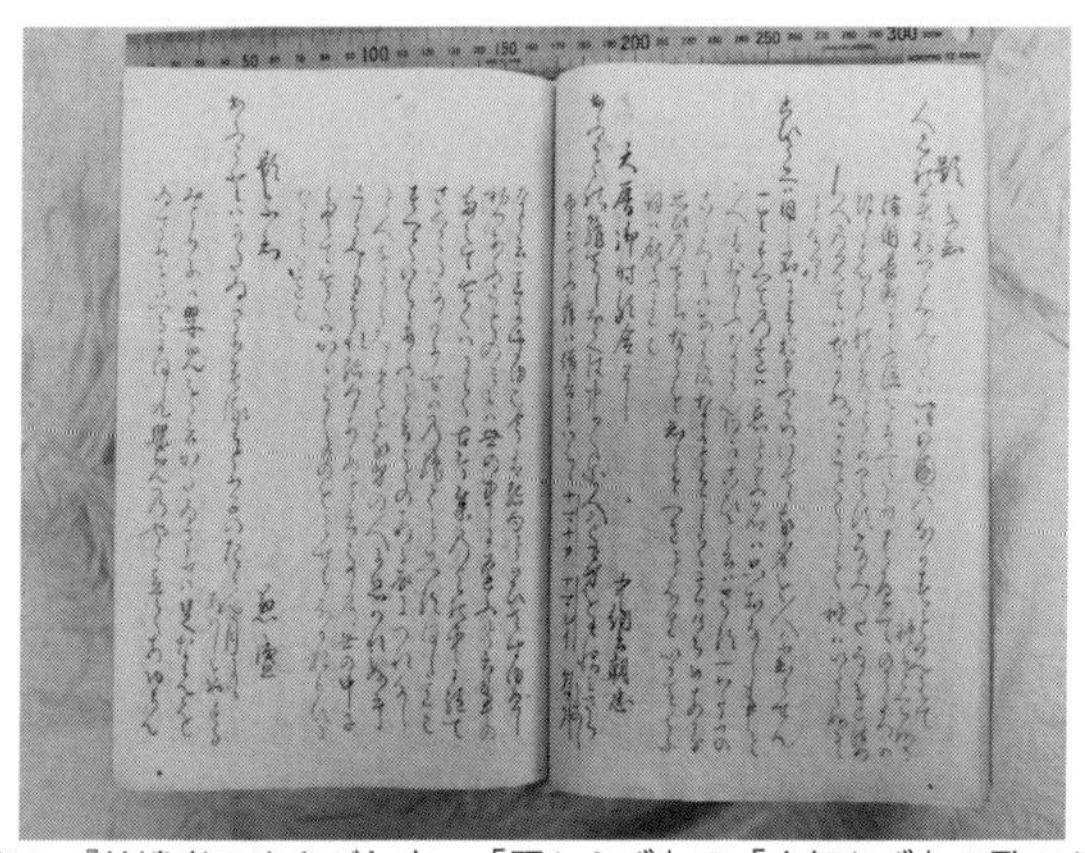

写真２『拾遺老のすさび』恋一「題しらず」の「人知れず」の歌から兼盛の歌まで四首並んでいる。三首目を翻刻した。鶴岡市郷土資料館所蔵

中々てふ詞は、俗言にいはゞナカナカ、ナマジイ、ケックなどと云ふ意に聞こゆ。今は、結句といひて聞こゆべし。初句「あふことの云々」は、世の中に逢ふと云事のたえて無くはにて、古今集の「世の中に絶えてさくらのなかりせば」の「絶えて」といへる、同じ意也。すべていはゞあふと云ことのある故に、つれなしと人をうらみ、また我が身の人に思はれぬを、うらみもすれば、結句あふと云事の、世の中にたえてなくは、かゝらじものをとせちなるおもひになげく意也。

（口語訳）

逢うということがもしまったくなかったのならば、かえって相手の無情や我が身のつらさを恨んだりはしないだろうに。

「なかなか」という言葉は、俗言で言えば、なかなか、なまじ、結句などという意味である。ここでは、結局という意であろう。初句「あふことの云々」は、この世の中に「逢う」ということが全くなくなったらの意で、古今集の「世の中に絶えて桜のなかりせば」の「絶えて」というのと同じ意味である。歌全体をいうと、「逢う」ということがあるために、冷淡だと相手を恨み、また自分が相手に思われないことを恨んだりするので、結局「逢う」ということがこの世に全くなかったとしたならば、そうではないものを、と切実な思いに嘆いている意である。

詞書「天暦御時」は、村上天皇の御代を漠然とさし、正確には「天徳四年（九六〇）内裏歌合」をさすが、拾遺集がこのような本文となっているので、ここに引いたが、北村季吟の『八代集抄』をわかりやすく、まとめ直した印象が強い。まず、「なかなか」について説明し、俗言を当てている。これも、白井固の『百首略解』と同様、当時の国学者と同様、宣長の方法を引き継いだものである。そして「あふことの」として、「絶えてしなくは」を古今集の著名な在原業平の和歌「世の中に絶えて桜のなかりせば春の心はのどけからまし（もしもこの世の中に全く桜というものがなかったならば、春の我々の心はきっとのどかだっただろうに）」を用例とする。そして「すべていはゞ」として、全体の意味と心情を合わせて解説している。

いろいろと引用したいところだが、一例に止めたい。このように、正樹の注釈は、先行する注釈書の内容を吟味して、わかりやすくまとめ直すのである。『後撰老のすさび』でも同様の方法を採っていて、先行する北村季吟の『八代集抄』と中山美石の『後撰集新抄』の内容を踏まえて、短くまとめ、さらに自説がある場合は、「正樹按」や「正樹云」として考えを述べる。大きな特徴は、和歌用語の用例を多く探していることである。

4、鄙ということ

服部正樹の注釈は、残念ながら世に広まることはほとんどなかった。明治天皇に献上した際に、受納されていれば後々研究者の目に留まる機会もあったと思われるが、筐底深く保管されてしまったままだったのである。

『古今老のすさび』と『後撰老のすさび』は昭和十六年（一九四一）に鶴岡市立図書館に寄贈されている。そして戦後に『拾遺老のすさび』が寄贈される。

しかし、この地で和歌の注釈を行なった人物がいることも、またこの写本を手に取る人もいなかった。この偉業が全く忘れ去られてしまったのである。唯一、注目を浴びるチャンスだった『国書総目録』の伝本調査でも、「随筆」と内容も見ずに判定されてしまった悲劇も重なった。江戸時代の随筆は、決して珍しくない。あえて鄙である鶴岡の、中央に名前の知られていない人物の随筆を読もうとする人はいなかった。明治の時点に続く不運としか言いようがない。

出羽・庄内、鶴岡が、ある意味で一番和歌の研究が進んでいた時期があった、とも言えるのであるが、明治という時代は、和歌の研究にとって決して恵まれたものではない。新しい文化を取り入れる時代であった。幕末・明治の動乱の中で研究は途切れ、それでも独力で創りあげた注釈が、鶴岡にこうして存在したことのほうが奇跡かもしれない。

正樹は、明治天皇に何としてもこの三部の注釈書を献上したかったに違いないと考えている。ともに鈴木重胤に学んだ大山の大滝光賢は、重胤の著、『祝詞講義』、『日本書紀伝』を明治七年（一八七四）、要請により教部省に献呈し、金一〇〇〇疋を下賜されたという。自分たちが鈴木重胤から学んだことが、日本で一番進んだ研究であり、その成果が明治政府に認められたのである。であれば、同じように『古今老のすさび』などの三部作もまた国家に認めてもらえると考えていたのではないだろうか。正樹は、そのことについては直接語らないが、天皇に直接注釈書を献納しようとした行為から、如何に素晴らしいものかと自負している正樹の顔が見えるように思えるのである。

参考文献

・西田川郡役所『明治天皇御巡幸記』（一八八一年）
・山形県教育会編纂『山形県行幸記』（一九一六年）
・『鶴岡市史』（鶴岡市役所、一九六二～一九七二年刊）
・『国書総目録』（岩波書店、一九六三年）
・『補訂版国書総目録』（岩波書店、一九八九年）
・平林香織編『大名文化圏における〈知〉の饗宴』（世音社、二〇二〇年）
・『古今老のすさび』（鶴岡市郷土資料館蔵）
・『後撰老のすさび』（鶴岡市郷土資料館蔵）
・『拾遺老のすさび』（鶴岡市郷土資料館蔵）
・『大泉歌集』（致道博物館蔵）。なお『しのぶ草』という題で鶴岡市郷土資料館にも収蔵されている。

第2部　知られざる庄内の姿

「日本最古の魚拓」（林家文書　鶴岡市郷土資料館蔵）
天保 10 年（1839）2 月に、当時世子で 11 代藩主となる酒井忠発が江戸の錦糸堀で釣り上げた鮒の魚拓。現在のところ、日本最古のものとなる。

5

禁教下の潜伏キリシタンの歴史

布教・信仰・禁圧の実態
―庄内のキリシタン―

【キーワード】
・地方とキリスト教
・宣教師による記録
・藩の厳しい弾圧

河口昭俊

1、通史（高校日本史）におけるキリシタン

天文十八年（一五四九）、フランシスコ＝ザビエルが来日し、我が国にキリスト教を伝えた。その後、宣教師があいついで来日し、キリスト教は急速に広まった。戦国大名は宣教師の布教活動を保護する者も多く、中には洗礼を受ける大名もあった。織田信長も宣教師と親交をもったが、豊臣秀吉は天正十五年（一五八七）、バテレン追放令を出し宣教師の国外追放を命じた。次いで、江戸幕府は初めキリスト教を黙認していたが、慶長十七年（一六一二）、禁教令を出し、これを全国に及ぼし信者に棄教を命じた。この後幕府や諸藩は、宣教師や棄教しない信者に対して国外追放や処刑など激しい迫害を加えた。特に寛永十四年（一六三七）の島原の乱後、鎖国体制を完成させるとともに、キリスト教徒を根絶するために、キリスト像やマリア像を踏ませる絵踏を強化し、信仰する宗派を調査する宗門改めを実施するなど、キリスト教に対して厳しい監視を続けていっ

た。その結果多くの者は棄教・改宗していったが、一部の信者はひそかに信仰を維持した（潜伏キリシタン）。

以上が高等学校で扱うキリスト教の伝来から江戸幕府による禁教政策までのあらましである。キリスト教の布教や禁教政策について、高等学校日本史では地域的なことにはほとんど触れていないが、京・畿内から九州にかけての動きが中心であろうと推測される記述である。それでは東北地方、中でもこの庄内地方ではどうだったのだろうか。庄内地方に宣教師が来訪し、布教活動が行われたのか。キリシタンとなる者はいたのか。南蛮文化と呼ばれるキリシタン文化は生まれたのか。庄内藩でもキリシタン迫害は行われたのか。そして潜伏キリシタンは存在したのか。これらの素朴な疑問に対して、庄内地方のキリシタンに関する史料を追いながら、述べていきたい。

2、庄内地方への布教

庄内地方における布教やキリシタンの動向については宣教師の報告書や書簡が残っている。それらを抄出しながら、その様子を確認していこう。

〔史料①〕『イエズス会年報』（H・チースリク訳）

今年初めて行った布教巡回の一つは今まで知られていなかった出羽国の庄内という地域で行

> われた。…（中略）…最上地方と同様に、異教徒であるモンガミ・ヨシアキ・ゲンゴロウドノという領主に属している。この地方の首都は酒田と称し、有名な港がある。…（中略）…また、そこには何人かのキリシタンもいる。彼らは一人の神父の訪問と魂の慰安を望んでいたので、そこから二日ほど離れて滞在していた我等の会のディエゴ＝カルバリュ神父を派遣することにした。…（中略）…酒田に着くと神父は多くのキリシタンと出会い、その一部はすでに他の地方から知っていたが、他は今まで会ったことはなかった。神父は彼らとともに三日間も過ごし、かの地ではじめて行われた最初のミサをあげ、すべての告白を聴き、ある人に聖体の秘策を授け、ある人に洗礼を授けた。

史料①は元和（げんな）八年（一六二二）の記録である。この年はそれまで庄内地方を支配していた最上家が改易となり、酒井忠勝（さかいただかつ）が庄内藩一三万八〇〇〇石の大名として入部している。

領主や城下町の誤りはありうることとして、この年、イエズス会のディエゴ＝カルバリュ神父が酒田を訪問したこと、酒田には複数のキリシタンがいたことが述べられている。

庄内への訪問から八年ほど遡る（さかのぼる）慶長十九年（一六一四）、幕府は京都・大坂のキリシタン七〇人余りを津軽・外ヶ浜（そとがはま）に流刑にした。彼らは荒野の開墾に酷使されたが、翌慶長二十年、イエズス会のジロラモ＝デ＝アンジェリスが慰問（いもん）に訪れた。これを契機に東北各地へ宣教師が訪れ本格的な布教が行われていくが、庄内地方への布教もその中で行われた。

元和八年、江戸幕府は長崎において五五人もの宣教師や信徒を処刑した（元和の大殉教）。庄内地方への布教活動は、全国的な禁教と迫害の中で開始された。

〔史料②〕『ディエゴ＝デ＝サンフランシスコ報告・書簡集』（佐久間正訳を一部改変）

（長崎を出港し、）七十三日間の海上の旅の後、ついに酒田に着いた。…（中略）…酒田港のキリシタン、トーマスの家に行った。私たちはその土地が初めてなのでキリシタンがいることを知らなかった。彼の家でミサをたて、夜明けに一つの船に乗って、それらのキリシタンに導かれて川を下り、鶴岡という大きな町に行った。キリシタンが船着場で私たちを待っていた。フライ＝ベルナルドと私は、日本の着物を着て、昼間、キリシタンや異教徒の目の前で上陸した。二人の鼻が高いにもかかわらず、誰も気づかなかった。そこから、マテオス＝ヤヒョウエの家に連れて行かれた。そこでキリシタンは私たちの到着の喜びをあらゆる態度に示して、私たちを慰め歓待してくれた。特に、彼らの多くの者が宣教師を見たことがないので、二人の修道士を見て特別に喜んだ。主、御自ら私たちに与え給うた希望を私たちのために果たさせ給うたことを見て、私たちは主に感謝し、「主をたたえよ」を唱えた。殿がこの町のキリシタンを迫害し、弐百人以上を追放したのは数ヶ月前であり、わずか五十名が残っているだけであるが、その立派な模範によってさらに三十人の異教徒がキリシタンの教えを聴きたいといった。

史料②はフランシスコ会宣教師ディエゴ＝デ＝サンフランシスコの寛永三年（一六二六）の記録である。サンフランシスコは密かに酒田から庄内藩城下鶴ケ岡に入り布教を行った。庄内における布教は潜伏活動であった。また、鶴ケ岡にも敬虔（けいけん）なキリシタンが相当数いたことを窺うことができる。同時に庄内藩は棄教しない者を追放刑に処している。

3、庄内藩の弾圧

〔史料③〕『ディエゴ＝デ＝サンフランシスコ報告・書簡集』（佐久間正訳を一部改変）

庄内という最上領の一地方の殿、宮内（くない）殿（酒井忠勝）が迫害をひきおこした。一六二九年の去る五月に我らのフランシスコ会第三修道会会員であった説教者コスメが牢獄に入れられ、今ほかのキリシタン二十名とともに鶴岡の市に捕らえられている。同じ地方の酒田という海港で他の十名のキリシタンが捕らえられているが、皆キリストの信仰が原因である。…（中略）… 庄内の殿、宮内殿は三十人のキリシタンが信仰を棄てないのでこれを投獄した。彼らは殿の威嚇を恐れず、信仰を棄てさせるための偽りの勧誘も意に介せず、五月から九月まで堅固な心を守っていたので、ついに九月二十七日に海港・酒田の町で十人の聖殉教者が、キリストの信仰の理由で殺された。トーマス＝モスケが生きたまま焼かれたが、彼の家は一六二六年に私たち四人の修道士が東の諸国に行ったときに私たちが最初に入った家であり、泊めてくれた家である。…（中略）…トーマス＝モスケの妻マリーアが斬首され、その子フランシスコおよびもう一人の幼い子も斬首された。リーノ＝ヤスケは生きたまま焼かれ、その妻ウルスラは斬首された。両名の子供マセンシアとスサナを斬首し、さらにリーノのほか男児二人をも斬首した。

同じ日、大山という町で、同じ殿によって五人の殉教者が殺された。ヤコボ＝ロクビョウエは牢死し、その息子ディオニシオ＝ヨハチは焼き殺され、ディオニシオの妻テクラ、その娘コリンタと幼い息子二人は斬首された。

三代将軍徳川家光が就任すると禁教政策は改めて強化され、東北諸藩にもキリシタン探索の厳命が下った。米沢藩上杉家は、それまで領内のキリシタンに対して寛容で、幕府に対して「当領内には切支丹（キリシタン）一人も御座無（ござな）く候」と報告したといわれている。しかし寛永五年（一六二八）には、甘糟右衛門（あまかすうえもん）をはじめとする五〇余名のキリシタンを処刑した。

史料③は寛永六年（一六二九）の記録である。庄内においてもキリシタンに対する逮捕、投獄、そして処刑が行われた。棄教・改宗しない者に対しては火刑、斬首という容赦のない迫害が行われたことがわかる。この頃には東北地方各地で、厳しい探索と弾圧が展開された。なお、これらの宣教師側の記録、史料に対して、その記述を裏付ける庄内側の史料は残されていないため、一連の布教と迫害の事実関係は慎重に見極める必要がある。一方で、庄内藩による禁教政策の史料は寛永年間から散見されるので、それらを見ていこう。

4、庄内藩の禁教政策

〔史料④〕「大泉紀年」　寛永十五年（一六三八）（書き下し文）

九月十三日　きりしたん訴人の者エ、御褒美下さるべきの旨、公儀より左の通り仰せ出ださる

覚

一、ばてれんの訴人　銀子弐百枚
一、いるまんの訴人　銀子百枚
一、きりしたんの訴人　銀子五拾枚又は三拾枚　訴人によるべし

右訴人いたし候輩、たとひ同宗門たりといふ共、宗旨をころひ申し出るにおいては、その科をゆるし御褒美書付のごとく下さるべく候旨、仰せ出ださるものなり

寛永十五年九月十三日

〔史料⑤〕「大泉紀年」寛文元年（一六六一）（書き下し文）

（正月）是月、一組切宗門人別御改これ有り、組々大肝煎より証文指上ると云々、平田郷
山楯組より差し出し候壱通、左に挙る

伴天連・入満・喜利支丹之宗門御改ニ付て申上事

惣男女合千百弐拾九人　此村数弐拾五ケ村

内九百六拾七人　禅　宗
同八拾人　真言宗
同拾九人　法花宗
同九人　天台宗
同五十四人　浄土真宗

小以千百弐拾九人（中略）

右の人数之外一人も残し置き申さず候、惣て拙者組下中、きも入・組頭・惣百姓中改め
申し候えども、右三宗御座なく候、（以下略）

庄内藩はキリシタンに対する厳罰という力で封じ込める強圧策を展開した後、史料④のようにキリシタン等を訴え出たものに対して褒賞金をだして密告を奨励している。訴人者が「ころび」、つまり棄教して申し出た者は、キリシタン本人であった者でも罪を許し褒美も与えるという懐柔策をもあわせて、キリシタン探索の徹底を図っている。

また、史料⑤は宗門改めという信仰調査の記録である。庄内藩内平田郷山楯組（酒田市）二五ケ村に居住する者全員の宗旨を大肝煎（佐藤喜右衛門）に提出させた。大肝煎は、一人残らず仏教各宗の宗旨であることを確認し、バテレン・イルマン・キリシタン三宗の者はいないと報告している。

〔史料⑥〕「編年私記」　元禄三年（一六九〇）（書き下し文）

寺内八郎右エ門組青柳与五右エ門と申す者の母、正月十六日七十二歳にて病死、この者切支丹類族の者に付、手傷等相改め、塩詰に仕り、親類共に預け置き申すべき旨仰せ付けられ、八郎右エ門病気に付、嫡子佐左エ門、永田弥市左エ門両人立合いの上、相改め申し候処、相替儀もこれ無く、塩詰に致し封印の上、親類共に預け置き、昼夜番申し付け候　二月三日、右死骸取り置き中すべき旨仰せ付けられ、安国寺に土葬に致し候人々を檀家として寺院に所属させる寺請制度が徹底され、宗門改帳を整備することによって、形式上キリシタンは絶滅したことになる。しかし、改宗したキリシタン本人に対する監視は死亡するまで続き、さらに「キリシタン類族」とされた家族・親族・子孫に対する監視は想像を超えるほど厳しいものであった。史料⑥はキリシタン類族が死亡した場合、すぐに埋葬することは許されず、遺体を塩詰めにして昼夜遺体の番を続け、藩役人による検死を待った事が記されている。検死は手傷等を入念に確認し、その後藩が本人の死亡を確認して、ようやく埋葬の許可を出した。キリシタン類族は本人から五代まで（玄孫まで）とされたようであるが、出生から死亡までを厳重に監視され続けた。

〔史料⑦〕「堀田家文書、御徒目付控え」　元文二年（一七三七）（書き下し文）

八月四日　上肴町（現・鶴岡市本町三丁目）住居いたし居り候切支丹類族彦兵衛と申すもの、今年七十三才相成候、当月十九日病死、御徒目付差し遣わし、吟味を遂ぐるの処、病死に紛御座なく候間、先格之通旦那寺安国寺ヱ土葬させ候、類族之儀ニ御座候間、公儀御届成さるべし、云々

元文二巳八月十九日、切支丹本人上肴町番人庄右衛門と申す者之娘之方孫彦兵衛病死仕候、類族ニ付御吟味仰せ付けられ、弥右衛門・清右衛門相越候、御領内ニ類族之者是ニて断絶候由

元文二年（一七三七）、キリシタン類族彦兵衛が死亡し、藩役人の検死を受けた。これで庄内藩内にはキリシタン類族は断絶したとされている。元文二年は八代将軍徳川吉宗の治世である。

5、おわりに

繰り返しになるが庄内地方へのキリスト教の布教は、禁教下の潜伏行動として行われた。そのため、西日本のような華やかなりし南蛮文化が生まれる余地はなかった。また、キリシタンに対する取り締まりは庄内地方においても想像以上に過酷で、かつ長い年月にわたり執拗に続けられた。そのため潜伏キリシタンの痕跡を窺うことは全くできない。

十字のある銅鏡（直径9.4㎝　鶴岡市　伊比氏所蔵）

庄内地方にも、キリシタン灯籠(とうろう)、マリア観音、切支丹鐔(つば)等、キリシタン遺物と伝えられているものは存在するが、いずれも根拠は薄いようである。その中で美術的価値も高いとされる、十字を鋳出(いだ)した「銅鏡」を紹介して本稿を閉じたい。

（写真解説）

昭和初期にキリシタン遺物として紹介され、東京日日新聞など数種類の新聞で報道された。当時、鶴岡カトリック教会司祭ライネルケンス師は、ローマのカトリック雑誌にも紹介した。

キリシタンが使用した物品に十字を刻んだ例は多く、墓碑、旗指物、鐘や工芸品など様々なものが残っているが、銅鏡は極めて珍しいという。庄内地方のキリシタン遺物と伝えられるものの中では特にすぐれた作品で、美術的価値も高い。

参考文献

・榎本宗次「山形のキリシタン」『切支丹風土記　東日本編』（宝文館、一九六〇年）
・庄内キリシタン史研究会『庄内のキリシタン』№１（一九七七年）、№２（一九八一年）

※本文で引用した史料は『庄内のキリシタン』№１に収録されている「庄内キリシタン関係史料」によった。

6

同盟の性格を関係性から探る

諸藩の思惑が交錯する奥羽戊辰戦争
——庄内藩と米沢藩の場合——

【キーワード】
・戊辰戦争
・奥羽列藩同盟
・松森胤保

友田昌宏

1、はじめに

慶応四年（一八六八、九月八日に明治に改元）から翌明治二年にいたる戊辰戦争において、奥羽（陸奥国と出羽国、現在の東北地方に相当）諸藩は、新政府から「朝敵」の指名をうけ、征討の対象とされた会津・庄内両藩を救解（罪を弁護して救うこと）すべく、奥羽列藩同盟を結成。その後、同盟は北越（越後国の北部）六藩も加えて奥羽越列藩同盟に発展し、会津・庄内両藩とともに新政府軍に抗して敗れた。その結果、同盟に加わった諸藩もまた「朝敵」「賊軍」の汚名を着せられる。このことがその後の東北の歴史に暗い影を落としたことは否めない。

ところで、一口に同盟といってもこれに加わった諸藩の思惑はさまざまであり、したがって一枚岩とは言えなかった。後に秋田（久保田）藩・弘前藩・新発田藩・三春藩などが次々に同盟を脱退したことを見れば、それは一目瞭然である。だが、これら諸藩を単に「裏切り者」呼ばわりするわけにもいかない。というのも、当初から諸藩のあいだでは同盟の在り方をめぐっては思惑の違いがあったからである。さらに、そういった思惑の違いは同盟諸藩と、同盟から救解の対象とされた会津・庄内両藩とのあいだにも横たわっていた。各藩がみずからの面子と存続を第一としていたことは言うまでもない。以上からして、形勢が不利になれば、同盟が瓦解することは、あらかじめ運命づけられていたとも言えよう。

　とはいえ、奥羽諸藩が会津・庄内両藩の救解の名のもと曲がりなりにも同盟を成立させ、その後、新政府軍を迎え撃つため、会津・庄内両藩も含めて共同戦線を張ることができたのは、いずれの藩も隣藩と無用に戦火を交え、禍根を後に残したくなかったからにほかならない。

　こうした同盟の性格を、同盟のいわば立役者であった米沢藩と、会津藩とならび「朝敵」に指名され、同盟から救解の対象とされた庄内藩との関係のなかに探ろうというのがここでの目的である。また、あわせて、庄内に眠る地域史料を紹介する場ともしたい。

2、二つの同盟構想

　慶応三年十二月二十五日（一八六八年一月十九日）、江戸三田（現・東京都港区）の薩摩藩邸に火の手が上がった。これより先の九月、武力倒幕を画策していた薩摩藩は、天皇を擁すべく公家の岩倉具視らと結び宮廷工作を展開するとともに、将軍徳川慶喜を挑発せんと江戸に浪士を放ち、市中のかく乱にあたらせた。その浪士たちのアジトがかの薩摩藩邸であった。幕府から市中取締を命じられていた庄内藩は、これを突き止め、藩邸の焼き討ちに及んだのであった。

この間、慶応三年（一八六七）十月十四日に慶喜は朝廷に大政奉還し、十二月五日には、薩摩藩はじめ五藩が京都御所を占拠し、天皇のもと新政権を発足させていた（王政復古）。王政復古後、慶喜は会津藩主の松平容保ともども京都の二条城（現・京都市中京区）から大坂城（現・大阪市中央区）に退いていたが、薩摩藩邸焼き討ちの報に接して、王政復古の不当を訴えようと上洛を期し、旧幕府軍、会津藩兵などを先発させた。そして、この先発隊と鳥羽伏見（現・京都市伏見区）の関門を警衛していた薩長をはじめとする新政府側の諸藩兵とのあいだで戦端が開かれた。時に慶応四年（一八六八）正月三日。戊辰戦争の緒戦、鳥羽伏見の戦いである。

この戦いに敗れた慶喜や容保は、「朝敵」の汚名を着せられ討伐の対象とされた。新政府は二月九日に会津征討のため奥羽鎮撫使を組織する。三月二十三日、仙台に下向した奥羽鎮撫使は奥羽諸藩に会津征討を命じたが、それとともに、庄内藩をも「朝敵」として討伐の対象とした。薩摩藩邸焼き討ちがその理由であった。

こうしたなか四月十日に、会津藩の南摩八之丞（綱紀、のち東京大学教授）と佐久間平介が鶴岡（現・山形県鶴岡市）に到来し、庄内藩家老の松平権十郎、石原平右衛門らと面会、ここに、ともに新政府軍と戦うための軍事同盟が両藩のあいだで成立した。さらに、庄内藩はこの同盟に米沢藩をも引き入れるべく、物頭軍事係の戸田文之助を使者として米沢（現・山形県米沢市）に派遣し、これに大庄屋の野附七郎右衛門を同道させた。二十四日、戸田は対応にあたった米沢藩使番の相浦官蔵に次のように来意を告げた（野附七郎右衛門「米行日記」）。

> 三藩（＝会津・庄内・米沢―引用者注、以下同じ）連和致し候儀は、尤も以て当今の急務と存じ候。且つ三藩連和、一国の如く相成り候上は、仙藩（＝仙台藩）の儀は御近領の儀に付き御察しもこれ有るべく、其外奥羽の諸侯、孰れも風に随て靡き申すべく、奥羽連衡致し候わば関東迚も自ら一致勿論にこれ有るべく、一体皇国（＝日本）の為にもこれ有るべきや。

「会津・庄内・米沢の三藩が連合することは、目下の急務と思われる。三藩の連合がなれば、仙台藩は領地が近いので情勢を察してこれに加わり、その他の奥羽諸藩はいずれもなびくであろう。奥羽の連合がなれば関東も一致協力するのはもちろんであり、三藩の連合は日本のためにもなるのではないか」というのである。しかし、米沢藩は「三藩連和の儀は御尤もの儀とは存じ候えども、此節会藩（＝会津藩）謝罪の義、周旋中にて右一件相済み申さず候ては、内密たりとも御同盟申し上げ兼ね候儀に御座候（三藩の連合はごもっとものことと思うが、現在、会津藩の謝罪を周旋中で、この一件が済まない限りは、内密であっても同盟することできない）」といって庄内藩の要請を拒絶した。

おりしも、奥羽鎮撫使から会津討ち入りを命じられた仙台・米沢両藩は、会津藩の謝罪を鎮撫使にかけあうことで、ことを収めようと画策していたのである。周旋の結果、会津藩は両藩の説得を聞き入れ、謝罪嘆願書を鎮撫使に提出することを承諾。これをうけて閏四月四日（旧暦には閏月があり、慶応四年は四月が二ヶ月あった）、仙台・米沢両藩は奥羽諸藩に対して白石（現・宮城県白石市）に重役を派遣するよう呼びかけ、諸藩の総意で鎮撫使に会津藩の謝罪を嘆願しようとした。かくして十二日、仙台・米沢両藩主から奥羽鎮撫総督の九条道孝（公家）に会津藩家老の嘆願書、仙台・米沢両藩主の嘆願書、諸藩重役の嘆願書が提出されたのであった。

3、米沢藩の越後出兵をめぐって

慶応四年（一八六八）閏四月十八日、嘆願は却下された。その翌々日、仙台藩は福島（現・福島市）にて奥羽鎮撫総督府下参謀の世良修蔵（長州藩）を謀殺し、急速に新政府軍との対決姿勢を強めていったが、一方の米沢藩は京都の太政官（新政府の最高機関）へ会津藩の謝罪を嘆願することを主張、他の諸藩も米沢藩を支持し、その方向で五月三日に奥羽列藩同盟が成立した。

しかし、すでに新政府は白河口（現・福島県白河市方面）・越後口双方から新たに奥羽へと軍を侵攻させていた。これに対して米沢藩は慎重な姿勢を崩さず、越後に出兵していた庄内藩から応援要請があっても応じようとしなかった。米沢藩がようやく新政府軍との徹底抗戦に踏み切ったのは、藩主上杉斉憲の越後出陣が決定した五月も半ば以降のことである。そこには他藩に先を越されることへのあせり、ひいてはこれを機に上杉家の旧領でもある越後へ影響力を強めようとの思惑があった（「甘糟継成意見書草稿」）。

米沢藩が徹底抗戦に踏み切ったころ越後戦線は風雲急を告げていた。五月十八日、米沢藩は越後への救援要請のため使者を庄内藩に派遣するが、庄内藩は応じなかった。どうやら、これより先、庄内藩が救援を要請したとき米沢藩が拒絶したからのようである。そればかりか庄内藩は、白河口に多勢を送り込んでいるので、越後口は米沢藩に任せるとの姿勢を示した（「木滑要人日記」乾、五月十八日、同月二十四日、同月晦日条）。

一方で、庄内藩の支藩・出羽松山藩の家老であった長坂右近之介（のちの松森胤保、【写真1】）は、白河に兵を割くのは得策ではなく、越後に兵を傾けるべきだと進言とした。長坂は意見書で次のように述べている（松森胤保「北征紀事」）。

> 凡そ米（＝米沢藩）の此挙に与するや、西兵（＝新政府軍）に恨みあるにあらず、幕府に大義あるにあらず、身窮する所あるにあらず、然るに却て起るものは、是他なし、西兵を軽んじ、合従を頼み、佐越（＝佐渡・越後）の旧領を貪るに在るなり。然るに既に西兵と鋒を争て利

郵便はがき

料金受取人払郵便

豊島局
承認

7753

差出有効期間
2021年11月
25日まで

170-8780
021

東京都豊島区巣鴨1-35-6-201

図書出版
文学通信 行

■注文書 ●お近くに書店がない場合にご利用下さい。送料実費にてお送りします。

書名　　冊数

書名　　冊数

書名　　冊数

お名前

ご住所 〒

お電話

読者はがき

これからの本作りのために、ご意見・ご感想をお聞かせ下さい。

この本の書名 ______________________

....

....

....

....

....

....

お寄せ頂いたご意見・ご感想は、小社のホームページや営業広告で利用させて頂く場合がございます（お名前は伏せます）。ご了承ください。

本書を何でお知りになりましたか

....

....

文学通信の新刊案内を定期的に案内してもよろしいですか

はい・いいえ

●上に「はい」とお答え頂いた方のみご記入ください。

お名前

ご住所 〒

お電話

メール

あらず、西兵の強梁今に至て、必ず其意外に出るとせん、我を頼むも我救わず、而して佐越の地、大都既に西兵の有たり。

「米沢藩が越後に出兵したのは新政府軍に恨みがあるからでも、幕府に忠義があるからでも、進退に窮したからでもない。新政府軍を甘く見て奥羽の連合を頼み、佐渡・越後の旧領地を貪らんがためである。しかし、ひとたび新政府軍と抗して利あらず、そのときになって予想外に強敵だとわかったら、我が藩が頼んでも救わず、そうして、越後・佐渡はおおよそ新政府軍の手に帰すだろう」という。

果たして、この後、長坂の予言は的中することとなる。

写真1　松森胤保
鶴岡市郷土資料館所蔵

4、庄内藩の降伏をめぐって

一進一退を繰り返していた越後戦線の戦局を決定づけたのは、慶応四年（一八六八）七月二十九日の新政府軍の太夫浜（現・新潟市北区）上陸、長岡城（同盟側の長岡藩主牧野家の居城、現新潟県長岡市）の再落城（長岡城は五月十九日に新政府軍の手に落ちたが、その後七月二十四日に同盟軍が奪取していた）であった。機を見るに敏な米沢藩の軍務総督千坂太郎左衛門（高雅、のちの岡山・石川県令）と軍務参謀甘糟継成はすぐさま米沢藩兵の撤兵を決した。その後、八月四日に庄内藩からの使者が米沢に到来、「秋田は我が藩一手で請け負うから、越後は貴藩にて御尽力ありたい」と米沢藩に要請するが、米沢藩は「いったん引き上げたうえで再挙を期す」としてこれに応じなかった（「木滑要人日記」乾）。

その後、土佐藩（米沢藩主上杉斉憲の正室貞姫の実家）・高鍋藩（日向国、米沢藩の中興の祖である上杉鷹山の実家）・芸州藩（斉憲の継母昌寿院の実家）から降伏勧告をうけた米沢藩はこれを渡りに船として新政府軍に降伏することとし、九月十一日（八日に慶応から明治と改元）に世子（世継ぎ）上杉茂憲が新発田（現・新潟県新発田市）の新政府軍の陣営にて越後口総督仁和寺宮（のちの小松宮彰仁親王）に謁見して正式に降伏を申し入れた。

降伏に際して、茂憲は、「降伏しない藩があるので、先鋒をお命じ下されば上下一同死力を尽して奮戦したい」と願い出た（「上杉茂憲家記」一）。しかし、その一方で「仙台・庄内両藩へは談判したうえでともに悔悟謝罪しなくては決してすまない。我が藩ひとりの安泰を考えているようでは天下に対して信義が立たない」という声が藩内から挙がっており（慶応四年八月二十四日付斎藤篤信宛て甘糟継成書簡、『米沢藩戊辰文書』所収）、藩主上杉斉憲は、これに配慮してか「早々に降伏するよう同盟諸藩を説得するので、悔悟謝罪する藩には寛大な処分を下してほしい」と新政府軍に願い出ている（「上杉茂憲家記」二）。

こうしたなかで、米沢藩は、八月二十日に木滑要人（中之間年寄）と堀尾保助（役所役筆頭、重興、のちの小倉県参事、館山製糸場長）を仙台藩に派遣して、降伏の意向を伝えるとともに、ともに降伏すべきことを求めた。当時、仙台詰であった庄内藩の白井吉郎はこのことを国許に次のように報じている（八月十五日付大島久弥宛て書簡、「和田光観所蔵書翰之写」所収）。

> 米沢、弥盟約に背き、謝罪の歎願書、賊（＝新政府軍）に指し出し申し候。仍ては越後の賊を引き入れ、村山郡を襲うも計り難く存ぜられ候間、何分御手当て成され候様存ぜられ候。去りながら相成るべく丈け、米（＝米沢藩）にて兵動かし申さざる様、彼是説得いたし、時日を延ばし候策略に御坐候故、急に村山郡へ切り入り候程の事は御坐有るまじく候。尤も仙藩（＝仙台藩）にて欺かれ候模様相分り、是は弥同盟を厚くし、討賊の事に決着の有様に御坐候。先づ以て此所は宜しく御坐候。

すなわち、こうである、「米沢藩はいよいよ同盟の盟約に背いて、賊（＝新政府軍）に謝罪の嘆願書を差し出した。よって越後の賊を引き入れ、村山郡の我が藩領（柴橋、現・山形県寒河江市）を襲撃するかもしれないので、なにとぞ御対応いただきたいと思う。しかしながら、なるべく出兵に及ばないよう米沢藩を説得し、時間稼ぎする策略なので、すぐさま村山郡を奪うというほどのことはないであろう。もっとも仙台藩は米沢藩に欺かれたことがわかり、いよいよ同盟の結束を厚くし、賊を討つことを決したようなので、このあたりはまず安心である」と。

しかし、白井の予期に反して、九月十八日、上杉茂憲率いる庄内追討軍は米沢を出立した。その一方で、米沢藩は、酒田詰の神保乙平を通じて庄内藩に降伏を促してもいる。出兵によって新政府に謝罪の実効を示そうとしつつも、実際に庄内藩と戦火を交えることは本意でなかったのであろう。

さて、米沢藩から降伏勧告をうけた庄内藩は、仙台藩の降伏（九月十五日）もあってこれを受け入れることとした。かくて、九月二十日、酒井帯刀（中世古才蔵の変名）・武藤半蔵・吉野遊平の三名が上杉茂憲のもとに派遣される。三名は柏倉（現・山形市）において米沢藩武頭の石塚武七郎と面会、「尊藩とばかりの戦ならば、どこまでも謝罪するが、敵は薩摩である、薩摩に対してはとても謝罪などできない。よって米沢へ行って尊藩におすがりするほかない」（明治元年九月二十一日付千坂太郎左衛門・毛利上総・竹俣美作宛て新保左馬之助書簡、『米沢藩戊辰文書』所収）と石塚に訴える。これに対して、米沢から駆け付けた中之間年寄の大瀧新蔵は、新政府軍参謀黒田了介（薩摩、清隆、のち総理大臣、伯爵）に降伏を嘆願すべきことを三名に強く勧め、結果それと決した。だが、当の黒田は庄内藩がいまだ兵を引かないことを咎め、降伏の実効（開城、兵器の提出）が示されないかぎり、二十六日を期して領内に討ち入るとの態度を貫いた。酒井と武藤は藩にこのことを復命すべく鶴岡へと帰っていった（「米沢藩戊辰実記」巻之一　庄内之部）。

かかる事態を前にして、米沢藩内ではすでに機を逸したとの声が上がり始めるが、そうしたなか、二十二日に会津藩が降伏・開城し、ここに事態打開の糸口を見出された。中之間年寄の木滑要人は同僚の大瀧新蔵・三潴清蔵に宛てた九月二十二日付の書簡（『米沢藩戊辰文書』）で次のように述べている。

> 会庄（＝会津・庄内）二藩にて此上は何分是非なき次第に付き、力の有らん限りは互いに助け合い、力尽て倒れ候節は共に相倒れ申すべしと、死生存亡を共にし候段に堅く盟約いたし候云々。（中略）右の盟約これ有り候上は、会にて謝罪に至らず相倒れ候節は、庄にて謝罪と申す儀は彼の質朴の国風柄、嘸懸念にもこれ有るべしと相察し候処、会にも前文の都合に相成り候上は、庄内にても安心にて謝罪の運びにも相成るべく候

「会津・庄内両藩は、このうえは致し方ないので、力の有らん限り助け合って、力尽きて倒れるときはともに倒れようと、生死をともにすることを固く盟約したとかいうことだ。（中略）右の

盟約がある以上、会津が謝罪せず倒れたとき、庄内が謝罪するかと言えば、その飾りなく実直な藩風からしても、さぞ難しいと察せられるが、会津が前文の通り降伏したからには、庄内でも安心して謝罪に踏み切れよう」というのである。

おりしもこの翌日の九月二十三日、会津に出征中だった軍務参謀の斎藤篤信（【写真2】）が米沢に帰還した。彼は会津藩に降伏を促すにおいて功があり、このときは新政府軍参謀の板垣退助（土佐、のちの参議、自由党総理、内務大臣、伯爵）、伊地知正治（薩摩、のち参議、左院議長、伯爵）の意を受けて、会津開城を報ずるため清川口（山形県庄内町方面）在陣の西郷吉之助（薩摩、隆盛、のちの参議、陸軍大将、西南戦争で戦死）と黒田了介のもとに赴く途上にあった。米沢藩奉行（家老）の毛利上総と竹俣美作はこれを幸いとして、斎藤に庄内藩降伏に尽力するよう命じる（「米沢藩戊辰実記」巻之二　庄内之部）。

また、京都から米沢に帰還して間もない宮島誠一郎（軍政府出仕、のち左院三等議官）は、二十四日に会津若松へ向かい、板垣や軍務局判事の吉井幸輔（薩摩、友実、のちの宮内次官、伯爵）ら、新政府軍幹部に接触を試みた。庄内攻めの不可を訴える宮島に対して、吉井は「それは管轄違いの案件であり、二十六日討ち入りならばすでに手遅れである」としつつも、西郷と黒田のもとに書簡を発し、庄内征討を見合わせるよう求めることで宮島の意に応えた（宮島誠一郎『戊辰日記』）。

この間、斎藤篤信は黒田にしたがって庄内に赴き、降伏に踏み切ろうとしない庄内藩の説得に

写真２　斎藤篤信（明治初年、『馬陵斎藤篤信行迹』より）

尽力。その甲斐(かい)あって、九月二十六日、庄内藩は新政府に正式に降伏を申し入れる。

　庄内藩にはつねに米沢藩に対する疑念(ぎねん)があった。それは米沢藩が同盟の立役者(たてやくしゃ)でありながら他に先駆(さきが)けて降伏したとき頂点に達した。だが、その庄内藩も降伏する段(だん)にいたっては米沢藩を仲介とせざるを得なかったのである。さらに、前藩主酒井忠篤(ただずみ)や旧庄内藩士たちが鹿児島へ赴き西郷に直接教えを乞うような、維新後の庄内藩と薩摩藩の蜜月(みつげつ)関係を思うと、そのきっかけを作ったのは、戊辰戦争の際、両者のあいだに立って周旋するところがあった米沢藩だったとも言えるのではないか。

参考文献

・野附七郎右衛門「米行日記」（酒田市立図書館光丘文庫所蔵「野附家文書」）
・「甘糟継成意見書草稿」（市立米沢図書館所蔵「甘糟家文書」九四二）
・「木滑要人日記」乾（米沢市立上杉博物館所蔵「上杉文書」）
・松森胤保「北征紀事」（酒田市立図書館光丘文庫所蔵「松森文庫」）
・「和田光観所蔵書翰之写」（鶴岡市立郷土資料館所蔵）
・「上杉茂憲家記」一（東京大学史料編纂所所蔵）
・「米沢藩戊辰実記」巻之一、二　庄内之部（市立米沢図書館所蔵「上杉家支侯家文書」）
・日本史籍協会編『米沢藩戊辰文書』（東京大学出版会、一九六七年）
・宮島誠一郎『戊辰日記（米沢市史編集資料第二十八号）』（米沢市史編さん委員会、一九九八年）
・栗原伸一郎『戊辰戦争と「奥羽越」列藩同盟』（清文堂出版、二〇一七年）
・友田昌宏『東北の幕末維新―米沢藩士の情報・交流・思想―』（吉川弘文館、二〇一八年）

7

ガイドブックや展示説明に書かれない歴史

ある倉庫をめぐる攻防の歴史
―観光スポットの知られざる一面―

【キーワード】
・観光地の裏側
・米穀倉庫
・倉庫間の争い

三原容子

1、観光スポット山居倉庫

山形県酒田市を訪れる国内外観光客の多くが山居町（さんきょまち）にある山居倉庫（さんきょ）を訪れる。団体ツアー用のバス専用大駐車場付きの観光センター「夢の倶楽（くら）」があることに加え、連続テレビ小説「おしん」のロケ地であったこと、明治二十六年（一八九三）の建造から平成三十年（二〇一八）まで一二〇年以上も実際に米を保管してきたこと、品質保持のための二重屋根や西日を遮る欅（けやき）並木が美しいことなどが魅力となっている。一二棟中の一棟は「庄内米歴史資料館」で、倉庫の歴史や米作り、昔の農家のくらしなどが学べるようになっている。ちなみに、主人公おしんの母親は一時期ここで米俵を担いでいたという設定だった。庄内地方には山居倉庫以外にも、遊佐（ゆざ）、本楯（もとたて）、砂越（さごし）、余目（あまるめ）、藤島、鶴岡、羽前大山（うぜんおおやま）、狩川（かりかわ）などのＪＲ駅前に大きな切妻（きりづま）屋根の米倉庫がある。

以下では山居倉庫を中心に、観光ガイドブックや庄内米歴史資料館の展示説明に書かれていな

写真　切妻屋根の山居倉庫（2020年7月筆者撮影）

い歴史について述べていく。あらかじめ戦前の庄内にあった六種の倉庫（①～⑥）について、【関係略年表】とともに簡単に紹介しておこう。

①「山居倉庫」は旧庄内藩主の酒井家によって、実際には菅実秀（すげさねひで）を指導者とする士族集団「御家禄派（ごかろくは）」によって設立された。「株式会社酒田米穀取引所」と「附属山居倉庫」を合わせてそう呼ばれている。②「鶴岡倉庫」は、御家禄派に対抗的な平田安吉ら商人や地主によって鶴岡に設けられた。正確には「株式会社鶴岡米穀取引所」と「附属鶴岡倉庫」である。やがて各地に、特に鉄道開通以後は駅前に両者の支庫が建設され、それらが今日も残っている。観光客が訪れる山居倉庫は戦前の「山居倉庫」の本庫である。

山居倉庫と鶴岡倉庫はどちらも会社経営による倉庫で、互いに張り合いつつ、山居倉庫優勢のうちに庄内地方の生産米の大部分を扱うに至るのであるが、産業組合（現在の農業協同組合等の母体）の倉庫を理想と考える農業倉庫業法が公布さ

関係略年表

明治26（1893）	酒田米穀取引所と附属山居倉庫が設立される。
明治28（1895）	鶴岡米穀取引所と附属鶴岡倉庫が設立される。
明治44（1911）	県営米穀検査実施開始。山居倉庫は免除、県検査の指導を行なう。
大正3（1914）	余目駅・酒田駅開業（大正7年鶴岡駅、大正8年遊佐駅開業）
大正4（1915）	山居倉庫が日銀指定倉庫となり米券の再割引が正式に承認される。
大正6（1917）	農業倉庫業法公布で、産業組合の農業倉庫奨励策が進む。
昭和2（1927）	山居賃貸倉庫株式会社が設立される。
昭和8（1933）	産業組合青年連盟結成、山居倉庫との闘いが活発化する。
昭和9（1934）	北平田と新堀に農業倉庫が完成、以降各地に建設される。
昭和14（1939）	山居倉庫と県購販連（産業組合）の協定で「庄内倉庫」となる。
同年	財団法人北斗会が認可される。
昭和30（1955）	庄内経済連（旧県購販連）が北斗会と山居賃貸倉庫から買い取る。
平成20（2008）	「一県一農協」への統合により全農山形の所有となる。
平成30（2018）	山居倉庫への新米入庫の最終年となる。

れ、次第に米価の管理統制が進められていく中で、営利会社の倉庫ではない農民の倉庫、すなわち産業組合の③「農業倉庫」を設立しようという動きが活発化した。農業倉庫は昭和九年（一九三四）から庄内各地に建てられていった。

昭和十四年（一九三九）、米穀配給統制法によって会社倉庫は許されなくなる。鶴岡倉庫はあっさり新設の日本米穀会社に身売りしたが、山居倉庫は産業組合との間で覚書に調印し、倉庫を「財団法人北斗会」に寄付し、所有は北斗会で経営は産業組合という新体制となって、名称を「庄内倉庫」と改めた（この名称は広がらなかった）。本稿ではそのいきさつを中心に述べていく。

山居・鶴岡・農業倉庫以外に、大地主本間家の小作米のみを扱う④「丸本（まるほん）倉庫（本間倉庫）」があり（米穀市場での米価は山居と同格）、また諸事情で山居倉庫と鶴岡倉庫が半々の出資を行なった⑤「水沢倉庫」（米穀市場では山居と鶴岡の中間格）があった。もう一つ、大正十年（一九二一）米穀法施行に伴い政府買上米貯蔵のために作られた東北地方唯一の⑥「国立倉庫」が酒田にあって、大正十五年（一九二六）から平成四年（一九九二）まで使用されたが、平成二十六年（二〇一四）頃に解体されて今は跡地しか残っていない。

2、庄内米の声価を高めた山居倉庫

明治維新の後しばらく、庄内米には乾燥が不十分で変質するという問題があり、地主や商人にとっては米質の改良が切実な課題だった。本間家は倉庫業を短期間手掛けたが、自らは営利事業を行なわないという家憲に従って酒井家に譲ったため、菅実秀が中心となって山居倉庫を設立したのである。「米ノ取扱ハ常ニ神ニ祈請（ママ）スル心ヲ以テスヘシ」等を掲げる「山居倉庫綱領」と、職員向けの教訓「山居倉庫従業員心得」が定められ、「日本一の倉庫」を自負して業務に励み、米質改良に重要な役割を果していく。

まずは入庫段階での検査である。品質、乾燥、調製などを厳しく見極めて一等から五等を判定した。検査方法の厳密さは、後に県が検査制度を設けた時、県検査が免除されたばかりでなく県に検査方法を指導したことでも良くわかる。ライバルである鶴岡倉庫も同様の検査を行ない、両倉庫は庄内米の声価を高めるのに大いに貢献した。

入庫の際には「荘内米何石何斗何升何合」「何等」「何々倉庫入」などと書かれた「入庫伝票」

（切符）が渡された。切符そのものも売買に使用できたが、それを元に書き替えられた一〇石、五〇石、百石単位の「倉荷証券」は、「米券（べいけん）」とも呼ばれて紙幣同様に通用した（大正に入ってから日銀指定倉庫となる）。小作米を直接倉庫に納めさせれば、地主は検査や取立なしに切符を受け取るだけで済む。また米の出し入れをせずに米券だけで経済が回る。庄内藩時代に行なわれていた方式を踏襲した非常に便利なシステムだった。

入庫する米の俵はすべて一旦解かれ、同銘柄で同等級の米を混ぜて量り直して改めて俵装された（混合斗立（はかりだて））。倉庫間で米を移すことさえあった。こうして「山居米の〇等」という均質な米の提供が保証され、元の入庫者に関係なく入り口近くの俵から順に出庫することが可能となった。

保管方法は米の質に大きく影響する。倉庫建築の工夫に加えて、庫内の温度湿度の調節に気を配った結果、長期にわたる保管でも質が落ちず、米価が高い夏場に販売できる米となった。二硫化炭素やクロールピクリンの燻蒸（くんじょう）も実施された。

なお、検査や保管に要する手数料、保管料、改装料、燻蒸料の諸費用は、山居倉庫の独占が進むにつれて大幅に値上げされていった。

3、山居倉庫と農業倉庫の闘い

山居倉庫が商人・大地主に大きな利益をもたらしたのは間違いない。しかし米の生産者にとっては、諸費用が高額である、保管料を得ようとして長期間貯蔵するために質が二の次になっている、職員が威圧的な態度をとるなどの不満があった。

大正六年（一九一七）に米価調節策の一環として農業倉庫業法が公布された。農業倉庫（設置者は主に産業組合）の設置が奨励され、建築や修繕に国庫補助が出るようになる。会社倉庫は営利目的であって公益的任務を果していないという指摘もなされるようになって、山居倉庫に逆風が吹き始めた。米穀統制の流れは、大正十年（一九二一）米穀法、昭和八年（一九三三）米穀統制法、昭和十一年（一九三六）米穀自治管理法と進み、昭和十四年（一九三九）米穀配給統制法では、会社倉庫自体の存続が許されなくなる。

そのような中でも山居倉庫は積極的に拡大を図っていった。会社倉庫の増設が認められないため、昭和二年（一九二七）に「山居賃貸倉庫会社」を設立して、形式上だけ別会社とする手段も使われた。庄内には倉庫が足りているからこれ以上の農業倉庫は必要ないという既成事実を作っていったのである。大正六年（一九一七）から昭和八年（一九三三）までの山居倉庫と山居賃貸倉庫の収容坪数の激増振りについてはグラフをご覧いただきたい。増設と並行して農業倉庫に対してはあの手この手で妨害を加えた。元々格付で優位にあった山居倉庫はますます独占率を高めていき、米券倉庫に占める入庫米率が「昭和年代には平均して八十%の線を上下している」（小山孫二郎：一九五八）というレベルまで到達した。

山居倉庫・山居系倉庫の収容坪数
（1893（明治 26）～1939（昭和 14）年、左が山居倉庫、右が鶴岡倉庫）

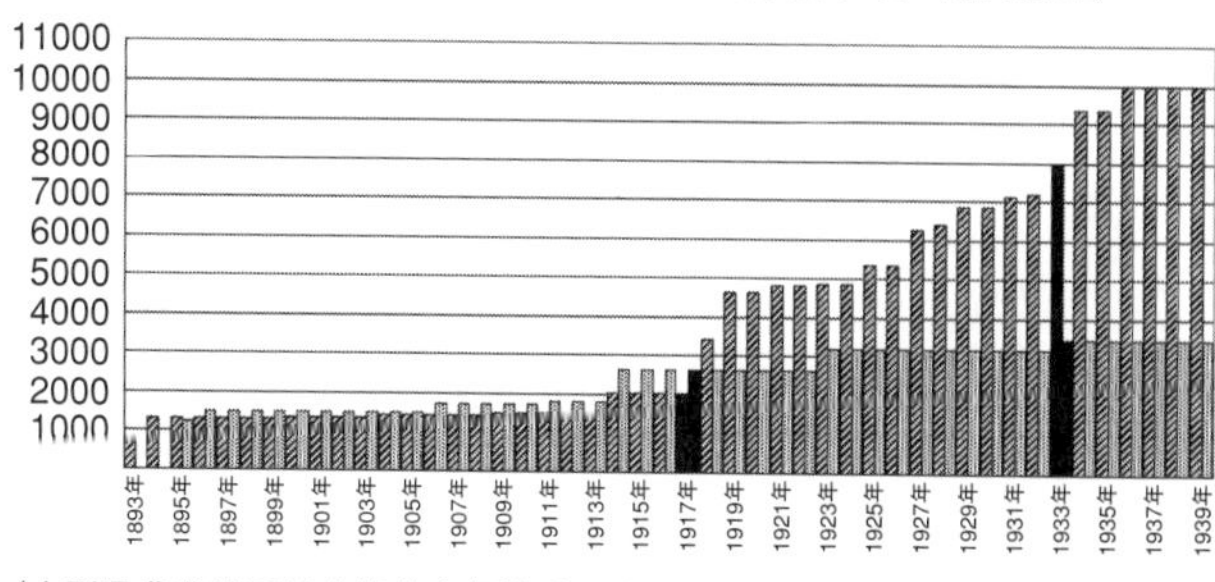

（山形県農業協同組合沿革史編纂委員会：1960 掲載の表により筆者作成）

農業倉庫奨励政策が続く中、昭和七年（一九三二）、八年（一九三三）は二年連続の豊作だった。米価安定のために政府が買入れを増やし、米貯蔵量の急増で保管場所確保が必要となる。その事情にも後押しされ、庄内の産業組合は新堀村（酒田市）の山木武夫と北平田村（酒田市漆曽根）の渋谷勇夫を中心に、産青連（産業組合青年連盟）を結成し、農業倉庫設立へ向けて攻勢に出た。二人は共に「満州開拓の父」加藤完治が所長だった山形県自治講習所の出身者である。新倉庫は不要と認可を出し渋る県に対してはさまざまな作戦を展開し、県内産業組合の応援もあって、まず北平田と新堀（余目駅前）に、続いて庄内各地に建設を進めていった。昭和十二年（一九三七）末、一度に五倉庫の認可を申請した際には、米券倉庫側が商工会議所、農会（農業関係者団体、主に地主によって主導されていた）、県議などを総動員して阻止しようとしたにも拘わらず、県に認可させることができた。これとは別に、鶴岡倉庫では山居に対する米の格差を撤廃する運動が起ってきた。山居倉庫が安泰な時代は過去のものとなっていた。

　山居倉庫は産業組合に対抗するため、農会の支持を得ようと、それまでは身内で所有していた山居賃貸倉庫株式会社の株を開放したり、配当金を寄付したりすることもした。さらに歴史観に関して、農民から敬慕される旧藩主と士族の一団がいて庄内の農民はその恩義を受けてきたという見方を広め定着させることにも努めた。そのため、安岡正篤（まさひろ）によって昭和八年（一九三三）に設立された「篤農協会」の教えを受ける形で、昭和十一年（一九三六）に教学振興を図る「松柏会（しょうはく）」を結成した。会の命名者は篤農協会の菅原兵治（すがわらひょうじ）で、戦後すぐに酒井家の招きにより鶴岡に移り住むことになる。彼は「庄内学」の首唱者でもある。倉庫の士族職員たちは創立以来ずっと儒教書の素読や討議を行なってきてはいたが、この時期に教学体制が強化されたのであった。

　産業組合の側では山居の歴史観に対抗して農業倉庫建設運動を支えようと、昭和十四年（一九三九）に高島米吉（たかしまよねきち）（筆名は黒田伝四郎）の『庄内転封一揆乃解剖』が出た。天保義民とワッパ騒動を題材に、君臣一体の庄内藩という御家禄派史観を根本から覆す批判の書で、庄内産青連のメンバーとの相談の上で書かれたが、山木武夫のクレームによって庄内産青連での発行から高島個人の発行に切り替えるという経緯があった。山居倉庫との合体が目前だった山木は、相手を刺激したくないと考えたのではないかと佐藤幸夫は見ている（佐藤幸夫：二〇〇四）。

4、山居倉庫から庄内倉庫へ

いよいよ昭和十四年（一九三九）、鶴岡倉庫は早々に日本米穀会社に身売りすることになり、山居倉庫の方では、倉庫買い取りの意向がある産業組合（県購販利連）との間に県が入って解決を図ることになった。調印された覚書では、(1)山居側は倉庫を財団法人に寄付し、それを産業組合が「無償」という名で賃貸料を払って借りること、(2)名称は「庄内倉庫」、銘柄は「庄内米」とすること、(3)経営は産業組合によるが、山居側から理事が入り、代表理事（倉庫長）は山居トップで松ヶ岡開墾場総長である旧藩主の子の酒井忠孝とすることなどが決まった。倉庫のうち山居賃貸倉庫会社所有分は、有償で産業組合へ貸与することとなった。

結局、看板に少々変更があったものの、実を取ったのは山居側だろう。「無償貸付」の名で賃貸料を払うのも奇妙である。県購販連専務理事の吉松正彦が交渉の顚末を記した「吉松手記」には、山居側の役員が経営に入る案に対して、山木が「絶対に駄目です。あの連中を入れれば世間で云う通り、山居は名前を借りて従来の山居そのままの経営をすることになる。それでは何にもならぬ」と言い、渋谷も「九寸五分〔短刀のこと〕を持った男を柳行李に入れたものを御土産にもらうようなもの」とまで言ったそうだ。それにもかかわらず産業組合側が調印を「成功」と書いているのはどうにも解せない（山形県農業協同組合沿革史編纂委員会：一九六〇）。

倉庫を所有するために設立された財団法人の名は「北斗会」である。星々の回転の中心は酒井家であり「酒井家ヲ中心ニ庄内ヨリ全国ヲ指導……」との趣旨だった（昭和十五年（一九四〇）の北斗会常務理事本間光勇の挨拶より（高橋義順：一九九七）。当時の『山形新聞』には「産組〔産業組合〕の猛攻に辟易した山居の当事者は暫し風当りを避けるために財団法人といふ殻の中に潜つた」、「所有権は依然御家禄派財閥が握つてゐる」という見方が紹介されている（昭和十四年九月五日夕刊の高山公男「荘内の共有物山居寄付の意義（一）」）。やはり「成功」したのは山居側だろう。

ところで昭和十六年（一九四一）四月、飽海郡蕨岡村杉沢（酒田市）の山中に北斗会の「鳥海農民道場」が設立された（同年近くに設立された飽海郡学事会「鳥海修養道場」とは協力関係にあったが別道場である）。この道場のそもそもの設立は、山木と渋谷の恩師であり、当時は茨城県内原にある「満蒙開拓青少年義勇軍訓練所」所長だった加藤完治の関係による。食糧増産隊の庄内来訪に端を発し、加藤の人脈で人が集められ、日輪兵舎も設営された。朝礼では加藤流の日本体操が行なわれ、加藤自身が開墾の応援にきたこともある。初めは山木・渋谷らによって準備されたが、北斗会に建設維持を交渉して、九月から正式に北斗会の経営に移管した。「北斗会寄附行為」の第三条（事業）に「農道精神ノ涵養ニ関スル施設」があり、その施設となったのだろう。

一体となった庄内倉庫からは毎年多額の賃借料や修理費が北斗会に支払われた。詳細は不明だが、ずっと後の昭和三十年（一九五五）に年額三六〇万円であり、そのうちの一〇〇万円以上が「東北農家研究所」（菅原兵治所長、現在の東北振興研究所）維持費となったと言われる（小山孫二郎：

一九五八）。終戦後羽黒松ヶ岡（鶴岡市）に建てられた東北農家研究所の建物は、鳥海農民道場を移築したものだった。戦前の鳥海農民道場にも相当の額が支出されたと思われる。

強大な山居倉庫と闘った産業組合と聞いて反体制的なイメージを浮かべる人もいるだろうが、山木らの考え方は決してそうではなかったようだ。まして戦時中の一致協力が強調された時代である。御家禄派の体面に配慮した決着であり、鳥海農民道場の存在は、かつての敵であった産業組合と御家禄派が手を結んだ象徴と考えることもできる。

戦後の昭和三十年（一九五五）に、ようやく庄内経済連（農協、旧県購販連）が北斗会と山居賃貸倉庫から倉庫を買い取り、賃貸料などを支払う必要がなくなった。さらに、長く県内に二つの農協があった状況も、平成二十年（二〇〇八）には「一県一農協」への統合で終止符が打たれ、現在では全農山形の所有となっている。米の入庫がなくなった今、酒田市によって保存活用計画の作成と買収が考えられているとのことである。山居倉庫をぶらりと訪れる観光客が攻防の歴史を窺うのは難しい。

参考文献
・小山孫二郎「大地主と庄内米の流通─山居倉庫の顛末─」（『日本農業発達史』別巻上、中央公論社、一九五八年）

・山形県産米改良協会連合会『山形県米穀流通経済史』（非売品、一九五八年）
・山形県農業協同組合沿革史編纂委員会『山形県農業協同組合沿革史』（山形県農業協同組合中央会、一九六〇年）
・鳥海農民道場誌編集『鳥海農民道場誌』（鳥海農民道場誌刊行会、一九八八年）
・山木武夫翁の生涯刊行会編『米よ組合よ故郷よ　山木武夫翁の生涯』（山木武夫翁の生涯刊行会、一九八九年）
・高橋義順『山居倉庫と庄内米』（庄内倉庫株式会社、一九九七年）
・佐藤幸夫『『庄内転封一揆乃解剖』その出版の背景』（鶴岡書店、二〇〇四年）

第3部　地域の歴史における庄内の特徴

庄内平野から月山を臨む。（写真　八尾坂弘喜）

8

地主・豪農ばかりではなかった代家経営

江戸前期の農家のかたち
――庄内に広くあった代家経営――

【キーワード】
・代家経営
・中流農家
・水利問題

本間勝喜

1、はじめに

近世前期を中心に庄内では、農民・町人ばかりでなく武士も田畑を所持し、耕作も行ったのである。その際、武士や町人はもとより、農民でも居村以外の田地を耕作する場合は代家（たや）を営んで行うこともみられたのである。代家（田屋、代屋）については、庄内だけに限られるものではなく、一般には田屋と記されて、古い時代から全国的に存在していたのである。『国史大辞典』では、「たや（田屋）」について、「本宅と離れた遠方の田地を経営するために設けた建物」と説明すると共に、「このような出作（でづくり）小屋の田屋、および地主の手作（てづくり）地経営施設としての田屋は、後世まで東北・北陸・山陰などの山間にひろく存在し、各地にタヤの呼称を伝えている」と、地主の手作地経営として田屋（代家）が東北などで山間地に広く存在したと説明する。

小稿では近世前期を中心に庄内の代家について述べるものである。

2、武士・町人の代家経営

近世前期の庄内では、農業生産力が低かったので、所持する田地を小作地として貸し出し小作料を取立てることは基本的には行われず、主として持主によって手作りされた。そのため、庄内でも近世前期には代家が広く存在していたとみられる。なお、初め田屋と記されたが、次第に代屋、代家と記されるようになったようである。小稿では代家と記すことにしたい。

代家を営んだ理由は三つほどあげることができよう。第一には、前出の『国史大辞典』の説明にあったように、家屋敷から遠く離れた村に所持する田地を耕作するために営まれたとみられる場合があった。元禄八年（一六九五）秋の奥羽大凶作に際し、庄内藩では翌九年五月に町人の保有米の調査を行った。鶴岡荒町（現・山王町）の富商中村勘兵衛家では、保有米六五俵のうち五〇俵については、

同五十俵ハ手作米ニて川北吉田新田村拙者田屋ニさし置申候、是ハ飯米

と届け出ていた（拙著：二〇一五）。川北荒瀬郷吉田新田村（酒田市吉田新田など）に営んでいた代家に保管しており、その分は手作米であるとしていた。同村は酒田の東方に位置し、鶴岡からの通

いでの耕作は不可能であり、手作りするとすれば、代家を営み、雇った農民などを住まわせて耕作をさせることが必要であった。

鶴岡下肴町（現・本町二丁目）の富商石田清右衛門家は元禄十四年（一七〇一）六月に、遊佐郷外野村（酒田市）で開いたばかりの下々田六町五反九畝歩余を村民多数より一括して買入れし、その後も岩川村（遊佐町）などで田地を買取って、合わせて四ヵ村で七町五反歩ほどになった。石田家では屋敷分のある岩川新田村（遊佐町岩川）に代家を営んで、九人ほどの男女を住まわせ馬一疋を持って手作したのであった（拙著：二〇一五）。

設置理由の第二に、遠方に所持する田地だけでなく、鶴岡で相応の商売を行う町人や庄内藩の知行取の家臣は、たとえ近郊の村に所持する田地であっても直接耕作をせず、代家によって耕作したのである。鶴岡の北郊道形新田村は万治二年（一六五九）に開発が始まった村であるが、寛文十年（一六七〇）六月の「道形新田村御検地帳」によれば、三〇名の武士が田地を所持していて、ほとんどが庄内藩士であった。その場合、多くは、

同所（道形）　芳賀安右衛門内
中田六畝九歩　仁兵衛

というような形で記載されている（拙稿：二〇〇八）。おそらくは芳賀家など藩士たちが同村に代家を営み、仁兵衛等を代家守として住まわせ耕作に従事させていたものとみられる。万治元年（一六五八）越後・村上領を欠落してきた笹川村（村上市）の弥蔵一家は、初め狩川村（庄内町）にいたが、万治二年春より「道形新田権右衛門殿代屋ニ罷在候」（「大泉紀年」）と、庄内藩家臣が営んだ代家に一家で住込んで、田地の耕作に従事したのであろう。

道形村には鶴岡一日市町（現・本町二丁目）町年寄で豪商の芳賀次郎右衛門家が宝永元年（一七〇四）十二月時点で代家を営んでいたし（拙稿：二〇〇八）、鶴岡三日町（現・本町一丁目）の御米宿で富商の岡四郎兵衛家は元禄三年（一六九〇）当時同村に三反歩余の屋敷を所持していたので、代家を営んでいたのではないかとみられる（拙著：二〇一一）。

鶴岡五日町（現・本町一丁目）の豪商地主長右衛門家は近世中期に、鶴岡の北西に位置する京田・西郷両地区村々に多数の田地を所持していたのであり、延享二年（一七四五）に右の両地区で高四一三石余に及んでいた（拙著：二〇一一）。同家は元禄十七年二月に大山領面野山村（鶴岡市面ノ山）に代家を設置したが、証文の写しが残されており、その時の代家設置の事情を少しばかり知ることができる。なお、面野山村は大山川に臨んでおり、収穫米などの輸送に便利だったといえる。ただ、鶴岡から通いでの耕作は無理だったとみられる。次が代家設置の時の証文である（【写真①】）。

差上申一札証文之事

一、今度其御村御百姓権太郎殿身代不罷成候ニ付、家屋敷共売可被成と被申候ニ付、我等代屋ニ仕度と存買申候、則代屋拙者親類三左衛門と申者指置申候間、御村なみニ諸役被仰付可被下候、少も御如在仕間敷候、若三左衛門不届ヶ成六ヶ敷儀仕出申候者、貴様ニ御苦労ニかけ不申候而、拙者共急度埒明可申候、為後日如此御座候

鶴岡五日町買主
地主長右衛門
加判尾形四郎左衛門

元禄十七年申二月
大山御領面之山村
名主六右衛門殿
同　傳兵衛殿
御百姓中

（宝永五年三月「大山御領村々水帳面反別」地主範士史料　鶴岡市郷土資料館）

〔書下し文〕

差し上げ申す一札証文の事

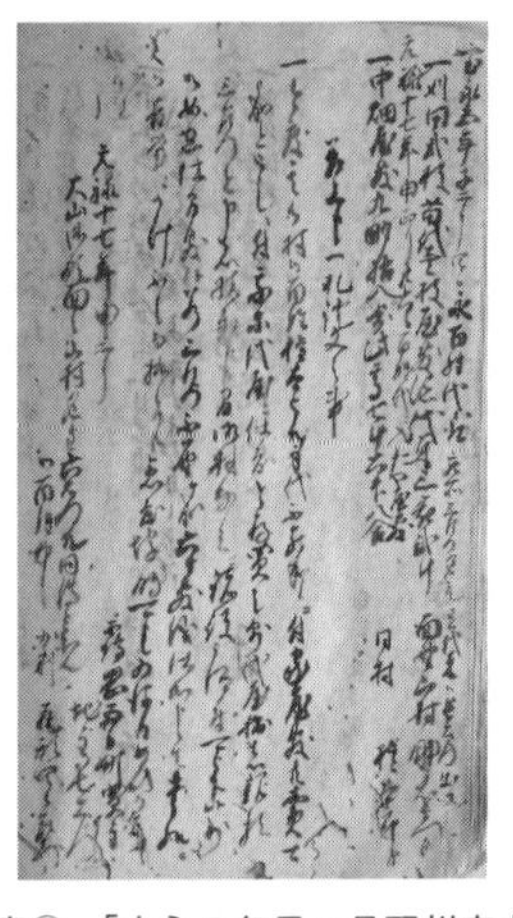

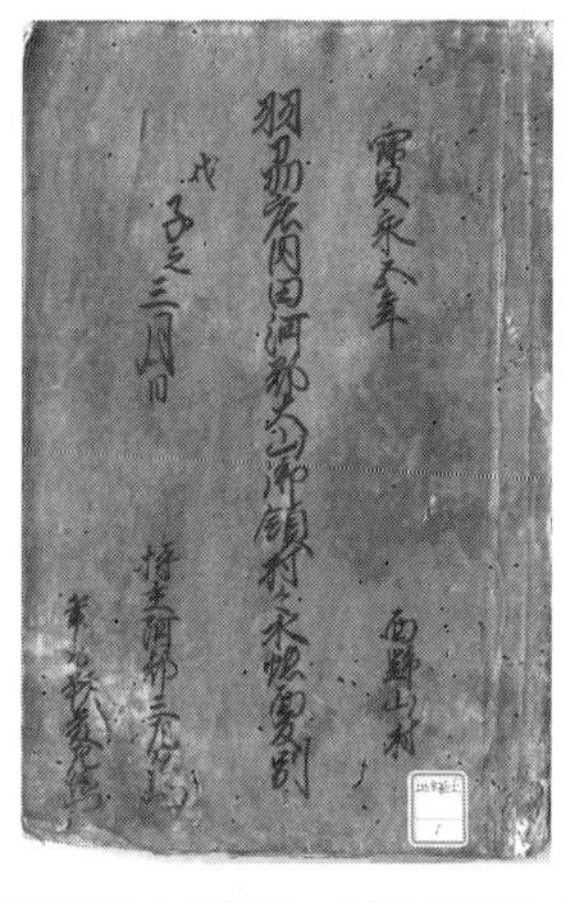

写真①　「宝永５年子３月羽州庄内田河郡大山御領村々水帳面反別」（地主範士史料　鶴岡市郷土資料館蔵）　鶴岡五日町地主長右衛門家の幕領大山領村々での所持田地を記したもの。地主家が大山村領面野山村で代家を設置し、代家守に三左衛門を命じている。

一、今度その御村御百姓権太郎殿身代罷（しんだいまかり）り成らず候につき、家屋敷とも売り成らるべきと申され候につき、我等代屋に仕りたくと存じ買い申し候、すなわち代屋に拙者親類三左衛門と申す者を指し置き申し候間、御村なみに諸役（しょやく）仰付けられ下さるべく候、少も御如在（じょさい）仕りまじく候、もし三左衛門不届しかなり難しき儀仕出し申し候は、貴様に御苦労にかけ申さず候て、拙者共きっと埒明（らちあけ）申すべく候、後日のためかくの如くに御座候、

なお、大意は以下のようである。幕領面野山村の百姓権太郎が困窮し農業を続けていくことができず、家屋敷とも売るというので、自分が代家を設置するために購入したい。代

家守には親類の三左衛門という者を住まわせるので、村民並みの諸役を課してほしい。少しも手ぬかりを致しません。もし三左衛門の不届きにより難しいことが生じた場合は、名主のあなたがたに御苦労をかけず、自分がきっと片付けます、というものである。

地主長右衛門家はその頃前出のように大山領村々を含んで京田・西郷両地区の一七ヵ村に高四〇〇石余の田地を所持しており、多くの田地を代家を営んで手作すると共に、手余り地として多数の田地を小作させていたものとみられ、代家を通じて小作米の取立や小作地の管理なども行っていたのであろう。あるいは右の代家だけでなく、複数の代家を営んでいたことが考えられる。

酒田の豪商本間家は宝暦五年（一七五五）九月の時点で俵田渡口米（小作米）で示すと一七五〇余俵の田地を所持していて、一名の代家（代家守）と二名の支配人が田地の耕作と管理をしていた。その中で、西野村（庄内町）の代家佐藤多兵衛の役割が大きく、代家手作分として俵田米で三三四俵二斗余（一〇町歩以上）の田地を耕作する共に、一〇ヵ村ほどに及ぶ小作地を管理していた。それらの収穫米及び小作米はすべて本間家に納入されると共に、代家での経費一切は本間家から与えられた。なお、当時の西野村の代家には代家守の佐藤家の外に年季奉公人の若勢・下女九人が住み込んでいた（拙著：二〇二〇）。

3、農民が営んだ代家

代家は武士・町人の手作りのためや、遠方に所持する田地を耕作するために営まれることがあったが、また一般の農民が近隣の村に営む場合もあった。

幕領丸岡領深川村（庄内町栄地区）では、宝暦三年（一七五三）三月までに、表のように少なくとも九ヵ所ほどの代家が設置されたが（文政十二年六月「深川村前々より諸証文写シ」庄内町深川地区文書、【写真②】）、いずれも通いでの耕作が可能とみられる農民が営んだものであった。一般の農民であっても、遠方にある田地の耕作という事情ばかりでなく、通いでの耕作が可能な村であっても、田地を所持する村にあえて代家を営む必要がある場合があったと考えられる。近隣の村に出作する農民にとって、基本的にその村に家屋敷を所持する必要はなかったわけである。それでも所持するのは出作地の村の規約、慣行に対応するためだったと考えられる。これが代家設置の理由の第三になる。深川村での代家の設置の事例を二、三示してみよう。

一、甚左衛門屋敷之事、是ハ宮曽根村忠四郎方ニ半田地売渡、半軒前之代家相立候節、居屋敷訳(分)ヶ申事迷惑ニ思召、野畑之内ニ而相渡申度と願被申候得共、甚左衛門手前ニ而屋敷ニ可仕最寄之場所無御座候故、治郎左衛門畑之内五畝拾八歩替地ニ相談仕、其替地ニ仁助・清助畑、治郎左衛門方へおそのと申所ニ而相渡、無高取替申候、然所ニ忠四郎方へ相渡申代

家屋敷ニ者甚左衛門居屋敷五畝拾八歩訳て付申候、

甚左衛門は当時深川村の庄屋であったが、南隣りというべき庄内藩領宮曽根（みやぞね）村（庄内町栄地区）の忠四郎という農民に所持田地の半分を売渡し、合せて家屋敷五畝一八歩の半分も譲ることになっていたのであろう。しかし、甚左衛門は居屋敷を半分譲ることに抵抗感があったのか、半分にすることを何とか避けようとして、代わりに畑地を譲り渡すことにしたが、家屋敷の近くに持畑がなかったので、村民の治郎左衛門に頼み、同人の畑とおそのという所にある自分の畑を交換し、治郎左衛門の畑を忠四郎に屋敷分として渡したというのである。村方でも忠四郎が受取った畑を屋敷地とすることを了承したのであろう。つまり、宮曽根村忠四郎は深川村で甚左衛門分の田地の半分を取入れると共に、同村内に半軒前の屋敷地を得て、そこに代家を営んだのであった。

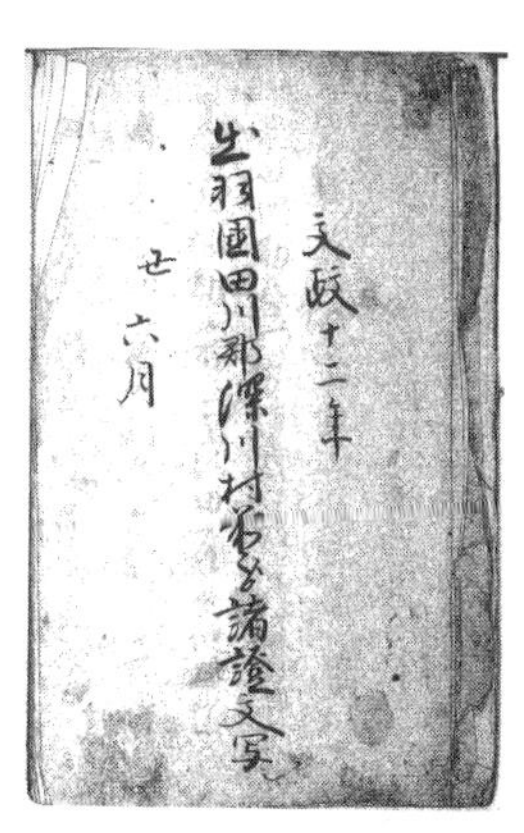

写真②「文政12年丑6月出羽国田川郡深川村前々より諸証文写シ」（深川地区文書　同地区蔵）
幕領丸岡領深川村で近世前期に村内で設置した際の事情を後年「諸証文写シ」としてまとめたもの。

右に名前の出ていた治郎左衛門自身に関しても、

一、治郎左衛門事、谷地畑少々相添、かくち田・道上・赤沼、此三ヶ所にて半軒前之役を付、高田麦村与左衛門方へ売渡申候、其後与治右衛門方相渡り代家相立、諸役半（軒脱カ）前宛相勤候所ニ、其後与治右衛門方ニ而田地段々取添申ニ付、壱軒前と相成申候、

と、治郎左衛門は近隣の丸岡領高田麦村（庄内町栄地区）の農民与左衛門に田地三ヵ所に少しばかりの谷地畑を添え、それに半軒前の役を付けて売渡した。与左衛門は代家を設置しなかったが、深川村で半軒分の諸役を務めた。その後、与左衛門は同じ村の農民とみられる与治右衛門にそれらの田畑を譲ったのであり、代った与治右衛門は深川村に代家を営み、半軒前の村役を勤めていたが、段々所持の田地を増加させたので、ついに一軒前の代家となったのであったという。

治郎左衛門のその後であるが、

一、治郎左衛門事段々困窮仕、屋敷計り相成候所ニ屋敷も持兼、宮曽根村忠四郎方へ谷地少々相添、外丸沼村分無地高共売渡、依之忠四郎代家壱軒前ニ相成申候、

と、治郎左衛門は次第に困窮して所持する田地はなくなり、屋敷ばかりとなったたし、それも持ち続けることができなくなって、屋敷に少々谷地（野原）と他村に持っていた無地高の分を添えて、

前出の宮曽根村忠四郎に売渡した。それによって、忠四郎の分はそれまで半軒前の代家だったのが、一軒前の代家になったというのである。

4、隣村（庄内町）に代家を営む理由

深川村の場合、入作農民が営む代家には半軒前とか一軒前とか、区別があったが、基本的には譲受ける相手の屋敷全体をそのまま所持するのか半分だけ所持するのか、というように屋敷の所持の仕方によったようである。ただ、場合によっては所持する田地の反別（高）によったこともあったようである。

どうやら、半軒前とか一軒前とかは、半軒前の役（やく）を務めるのか一軒前の役を務めるかということに関わったようである。役とは村役を含む諸役のことと思われる。この役を村民並みに務めることが草刈場の利用や用水の利用の権利やその程度に関わったとみられる。あるいは村寄合（よりあい）への出席権の有無にも関わったことも考えられる。

利水（りすい）について、後年の文化二年（一八〇五）七月の深川村「割水定之事（わりみず）」（庄内町深川地区文書）では、その頃水不足だったことによるものか、村民を中心に用水利用の仕方について記したうえで、他村よりの入作（いりさく）農民については、

> 猶又出作、局村七左衛門・市左衛門井杉浦村定右衛門、右三軒前面（表）百姓へ引込ミ半みな口仕、旱水之節表テ百姓田数水半分行届キ候ハヽ、出作田方江水通シ可申候定相極メ申候、

とあり、理解しにくい点も一部あるが、入作農民のうち三軒は深川村の「面（表）百姓」に準じた扱いとしながら、それでも渇水の時には本百姓とみられる表百姓の田圃の半分程度に水が行届いた時点で入作農民の田地へも水を引かせるというものとみられる。右の三人以外の入作農民については右の定書に記載がないが、一段と不利な扱いがされたのであろう。つまり他村よりの入作の者は渇水時の用水の利用では甚だ不利に扱われたのである。

その頃には、本間家の小作地・小作人管理のための「代家」を除いて、手作りのために営まれた代家は全く消滅していた。代家が広く存在していた時代には、入作の者は用水利用の点で厳しい規制があって、入作の者は不利に扱われていたと思われる。おそらく一軒前の代家を営んだ者に対しては、村民に準じた利用が許され、半軒前の者はそれに次いだ利用が許されたのに対し、単なる入作の者は著しく制限されたとみられ、特に渇水時にはその規制が厳しく強いられたことであろう。

深川村は北楯堰の末尻に位置していたので、水不足は常のことであったが、それだけに村民にとって水利の問題がもっとも大事であり、近隣からの入作農民がわざわざ代家を営んだのも、用

表　深川村に営まれた代家

元の持主	代家の持主等	軒数
久左衛門	上ヶ候代家屋敷	
甚左衛門	宮曽根村　忠四郎	半軒前→1軒前（※とも）
治郎左衛門	高田麦村　与治右衛門 宮曽根村　忠四郎	半軒前→1軒前（※とも） 半軒前（※）
助左衛門 }	宮曽根村　弥助	1軒前 }
弥助 } 助左衛門	寿右衛門 （村名不明）	1軒前 } →2軒前
惣左衛門	寿右衛門	1軒前
仁助	杉浦村　重右衛門	半軒前
四軒屋敷	廿六木村　長左衛門 →入作4人	1軒前（カ）

（註）文政12年丑6月「深川村前々より諸証文写シ」（庄内町深川地区文書）

水のことが一番の理由であったと思われる。

なお、草刈地の利用についての規定は残されていないが、深川村は近くに山林はなく、おそらく草刈地も不足しがちであったのではないかと思われる。入作者に対し、入会地（いりあいち）である草刈地の利用についても制限が設けられていた可能性もある。

5、むすびに代えて

近世前期の庄内では代家が一般的にみられた。武士が営む代家は割合早く消滅したが、町人・農民の営む代家は宝暦年間（一七五一―一七六四）頃まで存在していた事例もみられた。その後は自作地以外は、小作地として貸付け小作米を取立てる形になっていく。

代家は遠方に所持する田地を耕作したり、また武士や町人を含む地主の手作り経営のために営まれたばかりでなく、例えば隣村からの入作農民であっても代家を営んだことは、用水や入会地などの利用のため、入作地の村の村民に同等ないし準じた扱いを受けるための措置であったと考えられる。その点で、右のような代家を営む農民は必ずしも地主・豪農層ばかりでなく、中等程度の農民の場合もあったはずである。従来、このような形での代家についてはあまり注目されてこなかったのである。

なお、近世中期以降にあたっても、近隣の村々からの入作は存在したのであり、手作りもされたが、もはや代家を営むことはみられなくなった。各村々とも家屋敷を所持することから、持高（もちだか）を重視するようになって、それに伴って入作者に対する扱いにも変化が生じたのであり、わざわざ家屋敷を所持し代家を営む必要がなくなったからと思われる。

参考文献

・鶴岡市史編纂会『大泉紀年』中巻（鶴岡市、一九七九年）
・本間勝喜「江戸時代の道形」（道形町史刊行実行委員会編『道形史』道形町内会、二〇〇八年）
・同『庄内藩城下町鶴ヶ岡の豪商Ⅰ』（東北出版企画、二〇一一年）
・同「下肴町の有力町人だった石田清右衛門家」（『人物と家でみる庄内の江戸時代』庄内近世史研究会、二〇一五年）
・同『庄内藩城下町鶴ヶ岡の御用商人』（庄内近世史研究会、二〇一六年）
・同「酒田・本間家の田地取得の開始と代家経営」（『庄内藩の藩制と周辺　上巻』庄内近世史研究会、二〇二〇年）

9

代官の新しい実像
――庄内農政史に一石を投ずる――

守られ続けてきた資料から空白を埋める

【キーワード】
・中間管理職
・身分上昇
・顕彰

小野寺雅昭

1、庄内藩代官の職務と代官所

農政を担当する庄内藩代官は領内八組（最上川以北三郷と以南五通、【図1】参照）に二名ずつ、計一六名いた。禄一〇〇石～一五〇石の中級武士から選任された。上司は農政・財政を総括し、農政改革を主導した郡代（ぐんだい）である。普請・山林・治水と人足管理・公事訴訟とを担当した郡奉行（こうりぶぎょう）と職務を分ける形で、代官は、年貢徴収・検見（けみ）農事督励のほか、火事・海難吟味を担当した。自宅を代官所（役宅）とし、勘定（会計）帳や皆済（かいさい）目録や願書・上申書の決済を行い、下僚の納方手代（おさめかたてだい）による事務、郷村派遣を監督し、自らも検見に出て、代家（たや）（藩設定の郷宿）吟味も行った。

幕領では、遠国役人となり徳政碑・仁政碑のある名代官がいる。出羽国では尾花沢代官大貫（おおぬき）次右衛門や柴橋代官池田仙九郎が有名である。庄内農民の生活規制を村で読み聞かせた五人組帳前書作成の契機となった元禄三年（一六九〇）「出羽国由利・櫛引・遊佐郡御代官所御法度」（光丘文

図１　寛政７年～文化12年の庄内藩代官一覧

<table>
<tr><td rowspan="2"></td><td colspan="6">寛政</td><td colspan="3">享和</td><td colspan="12">文化</td></tr>
<tr><td>7</td><td>8</td><td>9</td><td>10</td><td>11</td><td>12</td><td>元</td><td>2</td><td>3</td><td>元</td><td>2</td><td>3</td><td>4</td><td>5</td><td>6</td><td>7</td><td>8</td><td>9</td><td>10</td><td>11</td><td>12</td></tr>
<tr><td rowspan="2">遊佐</td><td colspan="4">三宅文兵衛</td><td colspan="8">三浦正蔵</td><td colspan="9">渡部藤四郎</td></tr>
<tr><td></td><td colspan="5">高橋万右衛門</td><td colspan="5">山崎岩次郎</td><td colspan="5">諏訪部権三郎</td><td colspan="5">永原久助</td></tr>
<tr><td rowspan="2">荒瀬</td><td colspan="5">北爪五郎兵衛</td><td colspan="4">稲葉名兵衛</td><td colspan="9">志賀和右衛門</td><td colspan="3">中台少介</td></tr>
<tr><td colspan="8">明石次郎兵衛</td><td>A</td><td colspan="7">高橋助七</td><td colspan="5">黒谷太四郎</td></tr>
<tr><td rowspan="2">平田</td><td colspan="18">白井重太右衛門</td><td colspan="3">朝比奈仲右衛門</td></tr>
<tr><td colspan="11">北爪九蔵</td><td colspan="10">長谷川半太夫</td></tr>
<tr><td rowspan="2">狩川</td><td colspan="7">中村貫蔵</td><td colspan="8">横山八太夫</td><td colspan="6">白井九平治</td></tr>
<tr><td colspan="4">加藤文内</td><td colspan="15">富田甚右衛門</td><td colspan="2">末松彦</td></tr>
<tr><td rowspan="2">中川</td><td colspan="9">服部筑右衛門</td><td colspan="9">和田甚蔵</td><td colspan="3">大川治右衛</td></tr>
<tr><td colspan="8">高田織大夫</td><td colspan="2">矢口儀右</td><td colspan="8">早田七太夫</td><td colspan="3">中川少介</td></tr>
<tr><td rowspan="2">櫛引</td><td colspan="18">加藤文内</td><td colspan="3">朝比奈仲右衛門</td></tr>
<tr><td colspan="16">松浦金太夫</td><td colspan="5">永原久助</td></tr>
<tr><td rowspan="2">京田</td><td colspan="4">本田十右衛</td><td colspan="4">（不明）</td><td colspan="13">諏訪部権三郎</td></tr>
<tr><td colspan="11">笹平九郎</td><td colspan="5">長谷川半太夫</td><td colspan="5">服部八九郎</td></tr>
<tr><td rowspan="2">山浜</td><td colspan="10">中台式右衛門</td><td colspan="11">安食与兵衛</td></tr>
<tr><td colspan="3">中村又右衛門</td><td colspan="18">吉川津右衛門</td></tr>
</table>

『新編庄内人名辞典』をもとに作成。Ａは出奔した金井甚太右衛門。

庫所蔵）発布の寒河江代官小野朝之丞も印象的である。しかし、私領庄内藩における代官の実績は評価されにくい。郡代の影に隠れ、郷村支配の要である大庄屋との間に位置する、まさに中間管理職が代官であった。次のような庄内藩代官の顕彰例①・②がある。災害・財政危機の中、庶民思いの代官が庄内にもいた。

①和田伴兵衛　享保十三年（一七二八）生～文化十一年（一八一四）没

安永元年（一七七二）賄方、次いで家中由緒改役、天明七年（一七八七）より寛政七年（一七九五）まで山浜通代官（禄一〇〇石）となり、凶作の村を率先して救済し、生祠が建てられた。幼少より学問を好み、宝暦十一年（一七六一）江戸の儒学者松崎観海に師事して漢学を修め、藩主酒井忠徳に書を講じた。著書五、六〇巻に及ぶ。

②諏訪部権三郎　宝暦二年（一七五二）生～文化六年（一八〇九）没
寛政元年（一七八九）金請払役・買物方、同七年預地元締を経て、享和二年（一八〇二）より文化六年まで遊佐・京田代官となり、文化元年（一八〇四）六月鳥海山噴火・大地震で甚大な被害にあった農民に独断で藩備蓄米四〇〇〇俵余を貸与した。同年十一月その咎で京田通代官に左遷された。嘉永年間に郷民は遊佐本願寺前に建碑した。

庄内藩寛政改革（郡代白井矢太夫主導、A貸付米金の徳政・B郷負担削減・C困窮与内米設置）を開始した寛政七年（一七九五）の荒瀬郷代官の動向を考えよう。〔史料1〕の「寛政七乙卯已来十ケ年荒瀬御代官控抄目録」（庄内酒田古文書館所蔵）によれば、【表1】のように、時期に応じた執務と災害等の臨時出張があった。三月、熊胆（生薬）の御用献上は小姓頭へ代官が提出し、郷村の持参者へは旅籠が提供された。振人とともに武家奉公の雑用を務める郷中間や年貢不納で雑務につく荒子の管理も行った。火

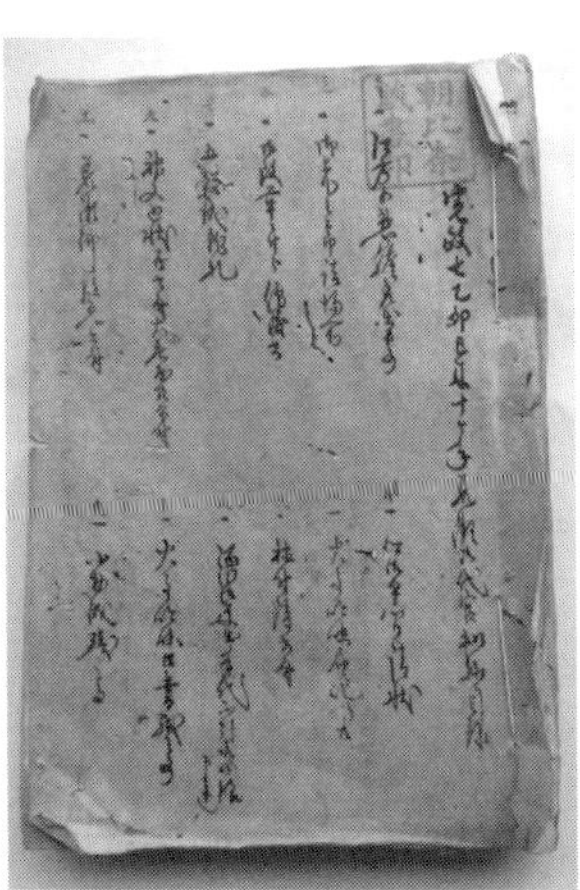
史料1　寛政七荒瀬郷代官控目録

表1　荒瀬郷代官の行動記録　寛政7年（1795）

番	月／日	内　容	番	月／日	内　容
1	3／21	熊胆の小姓頭へ提出	14		八組組村遣金の表勘定実施
2	3／23	郷中間の請状受領	15		萱場役人へ荒子関係の懸合
3		藩主上下時の詰場所へ配置	16		内手代出郷の手配
4		火事吟味届・刑罰、後処理	17		永久籾蔵給・下敷萱代支払
5	5／	改革被仰渡書取り扱い受理	18		預地納方手代へ与内米支給
6		植付検分後の書付提出	19		内手代飯料・見習手当支給
7		江戸より五穀成就札の受領	20		納方手代の役目米支給
8		酒田米沖出時、手代在留	21		役所取立米札銘の指定
9	7／25	神文廻状到来後、書付提出	22		年貢入用上戸代米支給
10	8／	火事吟味口書半紙大法提出	23		皆済一紙を郡代役所へ提出
11	8／	荒瀬郷請免・検見書付提出	24	12／19	大庄屋書役扶持米等の支給
12		小物成残高の元〆衆へ提出	25	2／8	大庄屋への組村遣勘定催促
13	9／12	検見一件・召仕給与処理			

「寛政七乙卯已来十ケ年荒瀬御代官控抄目録」（庄内酒田古文書館所蔵）より作成

事吟味では口書の清書提出、五月、田植え見分後の確認書、年貢の請免か検見かの申込書を提出し、江戸藩邸から送られた五穀成就札を受領した。七月、年貢収納の厳格な役職を示す神文の管理も行った。秋は年貢（本途）のほか、薪・藁・草・糠などの雑税＝小物成残高、組村遣金の勘定、手代・書役等に与える手当金の支給事務もあった。重要な皆済一紙も郡代役所へ提出した。提出は上級役所である郡代所が多い。上申は大庄屋が多い。提出は、村肝煎→大庄屋→代官→郡代というルートである。

次に「平田役所控抄書　一」（庄内酒田古文書館所蔵）より、（1）代官身分、（2）代官交代について考えてみる。この史料は平田代官関係記事の先例を集成している。

（1）代官身分

天明元年（一七八一）代官は城下を離れる時は槍を持つように心得た。文化九年（一八一二）七月、高価な脇指取締りなど生活規制がしかれる中、年番代官も郡代犬塚祐吉（いぬづかゆうきち）に持参刀の城中置き場所を伺った。結局、次のような置き場所になった（〔史料２〕）。

〔翻刻文〕

覚　拙者共御用御座候而　御城中江罷出候節、桜間御掛縁江刀差置申候、然処、大督寺御参詣等之節、差置候儀不相成候様御番頭被申聞候、外ニ差置候所無事迷惑仕候、依之左様之節者桜間御唐紙際ニ差置申度奉存候……申（文化九年）七月

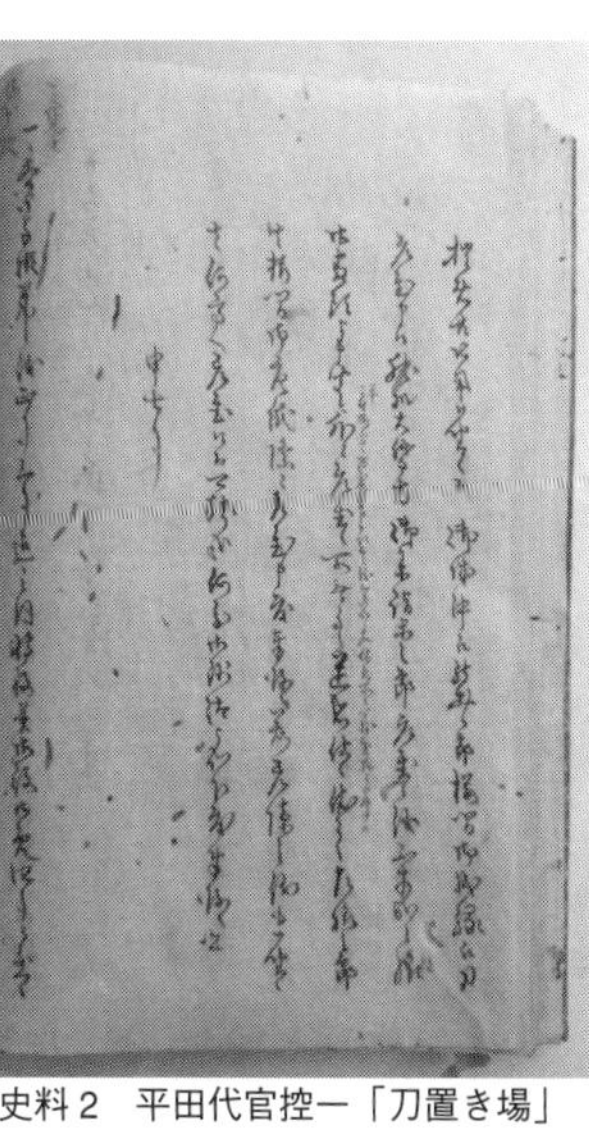

史料２　平田代官控一「刀置き場」

〈読み下し文〉

覚え　拙者ども御用御座そうろうて、御城中へ罷り出そうろう節、桜の間の御掛縁へ刀差し置きそうろう、然るところ、大督寺（だいとくじ）（藩主酒井家菩提寺）御参詣の節、差し置きそうろう儀あい成らざるそうろうよう御番頭（ばんがしら）申し聞かされそうろう、ほかに差し置きそうろう

所なき事迷惑つかまつりそうろう、これにより、左様の節は桜の間御唐紙ぎわに差し置き申したく存じ奉りそうろう（以下、省略）申七月

（訳）

覚え　私たち代官が御用あって城中へ行く時、桜間の掛縁へ刀を置いている。しかし、藩主大督寺参詣等の時は、置かないようにと番頭が申される。ほかに置き場所がないのは迷惑である。だから桜間の唐紙ぎわに置きたい（以下、省略）。

（2）代官交代

【図1】を見ると、寛政七年（一七九五）から文化十二年（一八一五）までの約二〇年間に寛政七年・享和三年（一八〇三）・文化九年前後の三度の大きな交代時期がある。寛政七年は寛政改革による交代である。享和三年は代官組替えがあり組座席も再編され、代官勤続年数調査もあった。同年十月夜、荒瀬代官稲葉名兵衛は役所米金引負により出奔し、相役金井甚太右衛門も免職になる。その後、文化四年（一八〇七）平田・京田代官長谷川半太夫は自身の役所が類焼し、役所用留のほか御用書物を焼失した。おそらく困窮与内米を算定する地主籾勘定年番だったが、文化二年にも成箇（年貢のこと）勘定帳も失い、自ら「差控」を申請した。同五年にも長谷川と相役白井重

表2　安永9年（1780）櫛引通の納方手代

担当	納方手代
黒川組	村井伊兵衛・佐藤利助
嶋組	大川悦右衛門・和田林蔵
青龍寺組	加藤義右衛門・佐藤茂七
本郷・田沢組	清野悦兵衛・長坂兵八
酒田払	佐藤利助・長坂兵八・和田林蔵
嶋蔵	伊藤斧太・清野喜蔵
青龍寺蔵	大瀧此七・佐藤兵蔵

「御用留控帳」（平瀬家文書、個人蔵）より作成

太右衛門は「請免一紙」の間違いを犯してしまった。その中で代官交代により関係書類は引き継がれた。気を引き締め、年番白井は相役加藤文内とともに文化九年四月十三日会所に呼ばれ、家老席にいた郡代犬塚祐吉も同席、中老より「覚」を渡された。郷方の衣服締方の趣法を各代官が封書で提出するよう言われた。同十二年四月二十九日家老水野内蔵丞重栄は八組代官に郡奉行の職掌だった郷人別・郷普請・振人扱い等を代官の任務とした。郡奉行は組担当がなくなり、その下僚郡手代は組外となった。これにより代官は支配頭を郡代とし、郷村への影響力が増した。

2、納方手代と代官所

代官所には下僚の納方手代が各一〇～一二名、計八六名程度いた。【表2】は安永九年（一七七八）櫛引通の納方手代一二名の分掌を示す。酒田払役三名佐藤利助・長坂兵八・和田林蔵はそれぞれ黒川組・本郷田沢組・嶋組の担当でもある。青龍寺組と嶋組には蔵役が二名ずつ配置されている。年貢米や貸米等の管理が本務であった。納方手代は米と蔵の管理者だった。しかし、本間家の安永地盤立てや寛政改革などを経て、その後、勘定や手当米金支給、証文との整合、文書作成等事

務能力も必要とした。代官は見習手代（内手代：手代の子息で世襲が多い）を書役で雇い事務を代官所で行わせた。寛政以降見られる「差引掛（さしひきかかり）」は納方手代の組代表で、手代の組割を通知した。足軽組でいえば小頭にあたる。

（1）代官所の寄合と手当米

代官一六人のうち二名が年番代官となった。平田郷代官所の納方手代万年庄吉（まんねんしょうきち）「雑日記」（鶴岡市郷土資料館所蔵、〔史料3〕）によれば、安政元年（一八五四）平田郷代官所では、一月十一日加藤文内役所で御用始めを行った。同二十日相役で年番白井九平治（しらいくへいじ）役所で「八組寄合（はちくみよりあい）」があり、総寄合となった。平田郷内では、白井が年番で八組全体をまとめ、郷内の庶務は加藤役所が行った。加藤役所では二月朔日年貢と証文の照合、四日年貢勘定、八日籾勘定を行った。十月十日年番を白井より加藤役所に移した。同十三日、加藤役所で役所付の手代（多くは内手代＝書役）の寄合があった。事務手続きの打ち合わせであったろうか。郷通単位で集まる寄合を「仲間寄合」といった。詳しくは拙稿「庄内藩の納方手代」（参考文献）を参照してほしい。

寛政七年（一七九五）九月調査（「平田役所控抄書　三」）では、平田郷代官一人前一二六俵余を前年代官役料として得ていた。家禄とは別にである。ほかに年番給米が三俵、両役所用紙一五俵を役所より支給されていた。一方、納方手代は役料が四一俵余と給扶持米一九俵余で計六〇俵余が一人前だった。給扶持米は六石二人扶持にあたる。これが家禄の代わりだった。内手代は、給扶持米は納方手代と同額支給だったが、役料米の代わりに書役であるため筆炭代米二〇俵、計三九俵だが、役所より引足米（補填）二〇俵をもらい、計五九俵余となった。今でいうボーナス賞与もあり、暮には役所より三俵、盆前には金三歩があった。郷通によってはさらに手当米があった。

このため、寛政九年十月改革によって、代官の手当米は一律一〇〇俵とし、十二月渡し七〇俵、四月渡し三〇俵とした。ただし月割で、途中転勤した代官には前職と新職とで計一〇〇俵となった。従来は「一切組抱」（郷通独自の支給）だったが、ここにおいて下僚の納方手代が給与的にも給人（下級武士）並みになったことを意味する。改革主導の郡代白井矢太夫が藩主酒井忠徳への上書に、郷方役人の綱紀粛正のためには、下役人の下級武士化（身分上昇）の必要があったように、代官所下僚も手当米を削減一律化しつつ、身分上昇によって役人化されていく流れにいた。文化十一年、納方手代の辞儀の仕方が「粗末無礼」であると問題になっている。身分上昇の動きの中で周囲の意識は高まっていた。

史料３　万年庄吉「雑日記」（嘉永７年）

役所では、身分上昇策とともに、能力評価を行い、享和二年（一八〇二）山浜通納方手代加藤喜惣治が村上久右衛門・上野利吉の門弟で居合棒術に長け、二刀流で免状を受けたので、役所金より一〇〇疋賞与とした。またその子弥惣次も父同様算術を鍛錬したため各一〇〇疋を与えた。

（２）出郷での動き

万年庄吉「雑日記」安政元年でみる限り、平田郷納方手代の出郷は七回に及ぶ。代官白井九平治は六月、納方手代浅野十助と万年庄吉を連れ、十三日坂本新田村（酒田市）肝煎市助宅に宿泊し翌日小女房村→升田村→田沢村→笹山村→中村（すべて酒田市）に順で回り、大庄屋加藤役宅に泊まった。十五日は名勝十二滝を見て、二か月前に郷方改役阿部源五兵衛と郡方下役本間常哉（足軽級）と万年が視察した北俣山銀試掘場を代官自ら見分し、山谷堤から飛鳥権現堂仁王像を参詣した。さらに十六日は市条村（酒田市）から茨堰分水を見て、現在朝日山八幡神社の敷地内にあった「矢流川庵」に泊まった。この草庵は村役人の交流センターと考えられる。代官と納方手代の行動は常に一緒とは言えないが、納方手代が籾蔵から貸渡す仕事の間に代官は種々の見分もしている。八月の見分では、平田郷代官二人（加藤文内・白井九平治）が手分けして回っている。帰りは、土淵村（酒田市）の辰湯に行き、赤川を渡って帰った。

前年まで平田郷代官だった朝比奈半介が、同年九月三日死去した。世話になった万年庄吉は六日その葬儀で帳付を行い、名代焼香した。九日の初七日法要のため茶一斤を送った。朝比奈代官所や出郷先、そして謡の師匠だった朝比奈代官との深い交流が想起されよう。ちなみに、今回紹介した史料の中で「寛政七乙卯已来十ケ年荒瀬御代官控抄目録」「平田役所控抄書」（全一二冊）は、最近まで朝比奈家で大切に保管されてきた史料で、数少ない庄内藩代官関係史料の空白をうめるものである。万年庄吉家文書には、平田郷代官が封印して役箪笥や櫃に納め置いた文書の入記、元文元年（一七三六）「平田郷御用之書物納置候入記」（鶴岡市郷土資料館所蔵）には、元禄十一年（一六九八）の上書された「酒田妙法寺濱畑肝煎方江為取替証文」や「御百姓連判証文」が紙包一個となって保管された貴重な史料の目録がある。享保十九年（一七三四）に伊勢参宮に行った六人のうち、一人の女性が金沢で死亡する一件の書上もあった。この目録は封印した平田郷代官渋谷惣兵衛と石井幸右衛門の名で作成され、今に伝えられている。朝比奈代官はもちろん、各代官が史料を守って来た。

　長い年月、史料が受け継がれ残されてきた。そして、今新しく歴史の史実が見えてくるという貴重な体験に喜びを感じる。こうした史料は、一度なくなったら二度と戻って来ないということも、肝に銘じていきたい。

参考文献

・鶴岡市史編纂会『荘内史要覧』（一九八五年）
・庄内人名辞典刊行会『新編庄内人名辞典』（一九八六年）
・本間勝喜『出羽幕領支配の研究』（文献出版、一九九六年）
・鶴岡市史編纂会『庄内農政史料　上巻』（一九九九年）
・同『　同　下巻』（一九九九年）
・西沢淳男『代官の日常生活』（講談社選書メチエ、二〇〇四年）
・酒田市『平田町史　上巻』（二〇〇四年）
・同『　同　中巻』（二〇〇八年）
・本間勝喜『シリーズ藩物語　庄内藩』（現代書館、二〇〇九年）
・小野寺雅昭「庄内藩の納方手代」（伊藤清郎編『最上氏と出羽の歴史』高志書院、二〇一四年）
・本間勝喜『人物と家でみる庄内の江戸時代』（庄内近世史研究会、二〇一五年）

10

江戸時代の庄内の伝染病とその対策

神送りから予防へ

【キーワード】
・疫病神
・疱瘡（天然痘）
・予防接種（種痘）

秋保　良

1、伝染病流行の実態

江戸時代の伝染病は疫病（えきびょう）とか流行病（はやりやまい）と呼ばれ、細菌やウィルスが原因で起こることが知られていなかったために手の施しようがなく、度々猛威を振い多くの人命を奪った。代表的な伝染病としては、「疱瘡（ほうそう）」（天然痘）・「麻疹（ましん）（はしか）」・「傷寒（しょうかん）」（チフス）・「痢病（りびょう）」（赤痢）・「風病」（流感）・「コレラ」などがあった。鶴岡市郷土資料館に所蔵されている当時の庄内地方の人々が書き残した史料によって、その流行の実態を解明してみる。

伝染病の初見は、「諸類集覧（しょるいしゅうらん）」の「慶長六年（一六〇一）酒田合戦の後、疫病時花（はやり）人多く死す」である。延宝六年（一六七八）鶴岡町中で悪病がはやったので修験による祈祷が行われ、町々の木戸には木札が打ち付けられた。天和二年（一六八二）には「からかさ病」で多くの婦人が死亡し、享保七年（一七二二）の「おしゃらく病」でも酒田で三〇〇〇人が死亡したという。宝永五年

(一七〇八)に江戸で麻疹と疱瘡が大流行し、藩邸にいた庄内藩主酒井忠真の一粒種の忠辰も、姉・母と共に麻疹に罹患し、快癒したが、間もなく疱瘡に罹って翌六年正月十九日に一〇歳で亡くなった。同月十日には将軍徳川綱吉が麻疹、二月九日にはその奥方が疱瘡で、相次いで亡くなった。

天保の飢饉で庄内では餓死者が殆ど出なかったが、天保五年(一八三四)傷寒病と風病が大流行し、鶴岡や酒田では一日に三~八〇人が死亡したという。

安政五年(一八五八)、全国に「コレラ」が蔓延した。暴かに腹が瀉って吐き、七転八倒して忽ち死亡するので「暴瀉病」、またコロリ〱と死ぬので「コロリ」とも呼ばれ恐れられた。庄内藩士の金井国之助の姉は八月二十五日の七ツ半(朝五時)に発病し、四ッ半(午前一一時)に死亡している。遊佐の医師・堀文庵によれば、アヘン剤で吐瀉を止め、清涼剤で乾きを鎮めるしかなかったという。流行は六月下旬から始まり、江戸で一二万人が死亡、江戸藩邸でも二〇人が亡くなった。当地では七月下旬に新潟・酒田・宮野浦(酒田市)など海岸部からはやり出し、数百人が死亡した。湯野浜温泉では湯治人が死亡したので全員が引き揚げている。九月下旬に一旦終息したが、翌六年八月に再びはやり出し、酒田で一〇〇人、加茂(鶴岡市)で三〇人、鶴岡や大山近辺でも大勢が死亡した。中楯村(鶴岡市)と下興屋村(鶴岡市)には、遺骸を埋めたコロリ谷地やコロリ石(現在は三界万霊塔と大小九体の地蔵尊)があり、酒田の北千日町には「コレラ山」の地名が残っている。蕨野村(現・鶴岡市山五十川)では病気見舞や弔問に行って死亡する人が相次いだので、これを取り止めるようになり、また契約講も中止され、付き合いも疎遠になったという。

文久二年（一八六二）には六月から九月にかけて麻疹が流行した。この時は傷寒やコレラも重なって、酒田で一〇〇〇人（或いは三七〇人）、遊佐郷で三六〇人が死亡、八月末からは鶴岡にも伝播し数百人が死亡。大部分は懐妊中の婦人であった。藩主の酒井忠寛（さかいただとも）も麻疹に罹病（りびょう）し、蘭法と漢方の両方の医師が治療に当たったが、九月十七日に二四歳で逝去した。

慶応元年（一八六五）にも麻疹が蔓延し、酒田で一二〇〇人、鶴岡や郷村でも多数死亡した。

これを病気別にまとめたのが【表1】で、代わる代わる流行を繰り返していたことがわかる。庄内藩医・鳥海玄柳（とりのうみげんりゅう）も、麻疹を例に「二一、三〇年おきに流行する気運ノ邪気（じゃき）」と見ていた。

2、神仏への祈願と疫神送り

江戸時代の庄内の人々は、伝染病（疫病）をどう捉え、これが流行するとどのように対処したのであろうか。安政五～六年のコレラ流行時の史料を中心に、①～④の対処例別に見てみよう。

①疫病の退散を神仏へ祈り、疫病神を川へ送り流す。

一、「百万遍」（数珠を廻しながら念仏を唱える）を行えばコレラが入ってこないということで、八月十六日頃から村でも町でも百万遍で疫病を送り出した。二十日過ぎからは所々の山伏たちの祈祷が始まり、太鼓を打ち鳴らして騒々しい。但し御家中は静か。

表１　江戸時代の庄内の伝染病年表

和暦	西暦	疱瘡（天然痘）	麻疹（はしか）	風邪（流感）	傷寒（チフス）	痢病（赤痢）	コレラ	その他
延宝 6	1678							○病名不明
天和 2	1682							○からかさ病
宝永5～6	1708	○	○					
宝永 7	1709	○						
享保 7	1722	○						○オシャラク病
享保15～16	1730 1731	○	○					
享保 18	1733			○				
延享 4	1747							○とん病（俄か病）
宝暦 3	1752		○					
宝暦 7	1757							○病名不明
宝暦 9	1759							○病名不明
明和 9	1772	○						
安永 5	1776		○					
安永 6	1777				○			
安永 7	1778	○						
天明 4	1784	○						
寛政 2	1790					○		
寛政 3	1791	○						
寛政 4	1792	○						
享和元	1801							○病名不明
享和 2	1802			○				
享和 3	1803		○			○		
文化 3	1806	○						
文化 12	1815			○時疫				
文政元	1818					○		
文政 4	1821			○時疫		○		○霍乱
文政 7	1824	○	○					
文政8～9	1825	○						
文政 12	1829	○						
天保 2	1831			○				
天保 5	1834			○	○			
天保 8	1837		○					
安政 5	1858	○					○	
安政 6	1859						○	
万延元	1860	○						
文久 2	1862		○		○		○	
慶応元	1865	○	○					
慶応 2	1866			○				

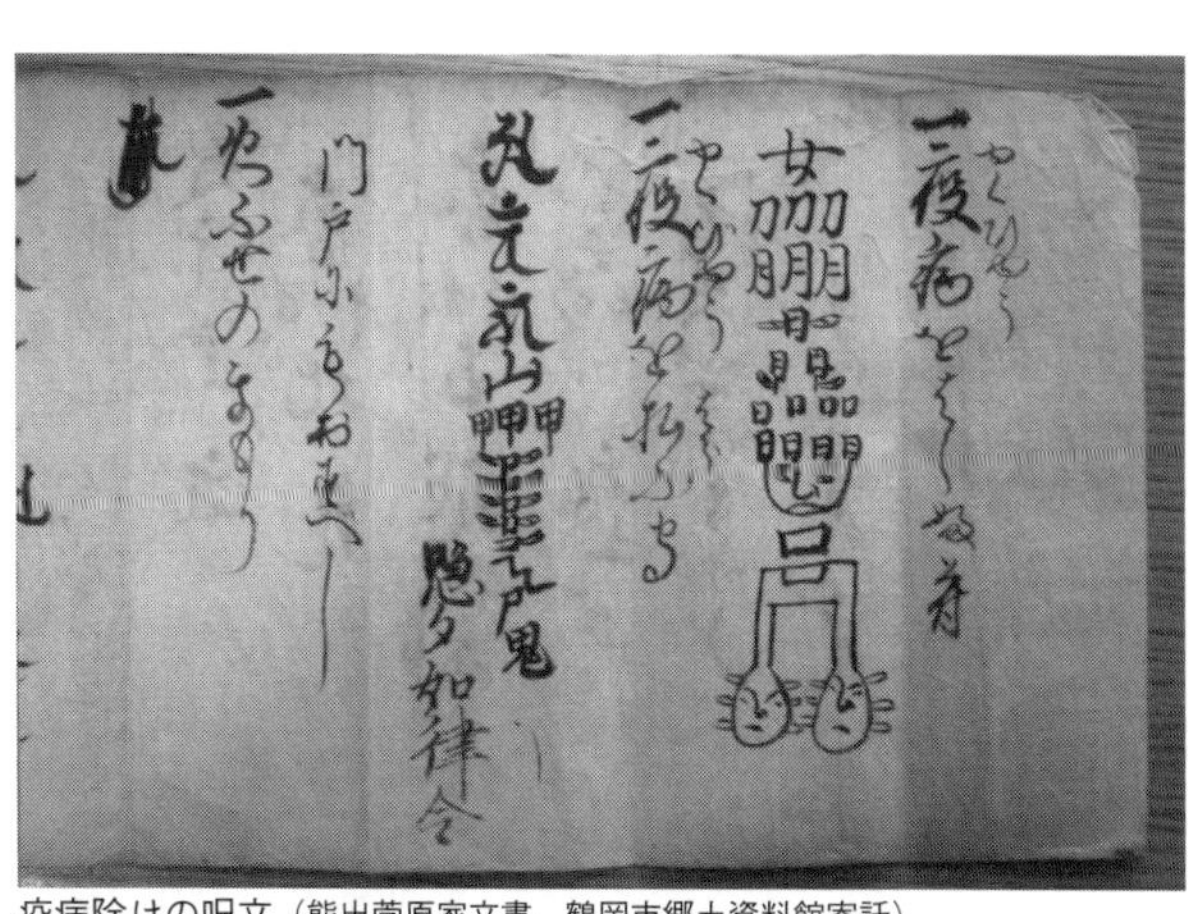
疫病除けの呪文（熊出菅原家文書、鶴岡市郷土資料館寄託）

一、百万遍を行い、供養の木塔を立て、村の三ヶ所の入口に大注連縄（しめなわ）を張り、村民総出で和尚の先達で、念仏を唱えながら川まで疫病神を送り、正月休みをした。

一、温海海岸に五〇〇〇人余の老若男女が集まり、社人による流行病退散の大祈祷が、鏑矢（かぶらや）を射る「蟇目（ひきめ）の法」によって行われた。

一、鶴岡の天満宮で疫病退散の祈祷が行われ、町々から地口行燈（ぢくちあんどん）が奉納された。

一、後に即身仏（そくしんぶつ）になった湯殿山行者（ぎょうじゃ）の鉄門海（てつもんかい）を招いて懸け念仏で神送り、病人の体を梵天（ぼんてん）で撫（な）で廻し疫病を払ってもらった。（寛政三年・享和元年）

一、羽黒・金峯・月山・鳥海の四山へ祈祷が命じられ、領内の全戸へ神供御洗米が配布された。

一、神信心をして賑（にぎ）やかにすれば疫病神が近づかないということで、村民総出で念仏を唱え太鼓や鉦（かね）

を鳴らしながら村中を巡り、寺で百万遍を行なった。

②道化神楽などの芸能で邪気を払う。

一、村民三〇〇人に赤飯や酒をふるまい、若勢に相撲をとらせた。また今も伝わる「山戸能」も上演された。

一、コレラは不潔な所に住んで邪気に侵されたのが原因なので、日夜、賑やかにすれば病気が退散すると、市中にお堂を立てて神仏を尊び、鉦や太鼓で踊ったり狂言をしたり、また船を作って念仏を唱えながら送り流したところ、コレラは自然と下火になった。

一、新形村（鶴岡市）では、神社に道化神楽を奉納したところ無難（無事）であった。

一、千安村（鶴岡市）では藁で獅子頭、筵で幕を作って村内を舞い歩いたところ、一人も死者が出なかった。これは今も伝わる滑稽な安丹神楽（道化神楽）の起源である。湯田川（鶴岡市）にも同様な道化神楽が伝わっている。

一、牛頭天王を祀る天王寺（現八坂神社）に神楽を奉納し、結願の日に神楽をしながら赤川まで「コロリ送り」を行った。この演目の中にも「道化」がある。

一、鶴岡や酒田では、人々を陽気にするために祇園囃子や所作踊りが繰り出し、塞道小屋が懸けられて賑わった。

③「三日正月」を行って、早く悪い年が明けることを祈る。

一、前年（天保四年）は災害続きの大悪年で、その悪気が今年に及んで疫病が流行したので、早く新年になれと三日正月を祝い、門松を立て注連縄を張り餅を搗いた。

一、宝暦九年には武家や町方・農村に三日正月が命じられたが、収穫時期なので十一月十二日だけ休んで、門松を立て餅をつき雑煮餅を食べ御霊棚を飾り、正月の儀式を行った。京都では八月に正月を行ったという。

④神社で疫病神を祀る。

疫病神を祀った神社としては、三瀬村（鶴岡市）境の降矢に疱瘡神社がある。寛政四年（一七九二）に温海温泉に湯治に行った角田二口村（三川町）の佐藤市右衛門の紀行文には、「街道から背の低い赤い鳥居が立ち並び、疱瘡を患う子供の信仰を集めている」と記されている。藩主の崇敬も厚く、祭礼日には近郷近在から子供を連れた人々が列をなし、境内には茶屋が並んだ。この日に売り出される「まご杓子」で体を撫でると疱瘡が軽く済んだという。実俣村（現・鶴岡市山五十川）でも寛政四年に疱瘡堂を建立し、「羽黒山絵図」にも黄金堂の裏に「疱瘡神」の祠が描かれている。

3、予防と治療

幕府では享保十六年と天保五年、安政五年の疫病流行の際に、予防法や薬の製法について御触れを出し、庄内藩でもこれを伝達しているが、根本的な解決策となるものではなかった。大山の医師・松山醐盞は、神頼みの諸行事は人心を安らかにする一助にすぎず信用できない。大切なのは日頃の飲食養生（ようじょう）と室内を清潔に保つことであると科学的な見方をしている。藩では天保五年と安政六年に、村々の要請に応じて藩医を派遣し、困窮者に対して無料で治療を行っている。

鳥海玄柳（とりのうみげんりゅう）によれば、同じ麻疹でも、年によって症状や対処法が異なり、安永五年（一七七六）の流行は「宣毒発表の症」で「熱毒は薄く」、葛根湯（かっこんとう）が効き目があったが、次の享和三年（一八〇三）の流行では「熱毒の症」が多く麻疹の形も大粒で、石膏や犀角（さいかく）・滑石（かっせき）が効用あり葛根湯は効かなかったという。

4、疱瘡の予防接種「種痘」の導入

疱瘡（天然痘）は、人類が根絶に成功した唯一の伝染病である。全身に発疹が生じて多くの子供の命を奪い、治ったとしても顔面に痘痕（あばた）が残る恐ろしい病気であった。その予防対策として一七九八年にイギリスのジェンナーによって発見された世界で最初のワクチンが「種痘（しゅとう）」である。これは疱瘡に似た「牛痘（ぎゅうとう）」に罹った牛の膿（うみ）（痘苗）、即ちウイルス（病原体）を針で人の腕に接種して故意に感染させることによって免疫（抵抗力）を得させる予防注射で、古くからあった「人痘（じんとう）接種法」に比べて安全であったので世界中に広まった。

種痘（植え疱瘡）が日本に初めて伝来したのは嘉永二年（一八四九）八月、長崎オランダ商館の

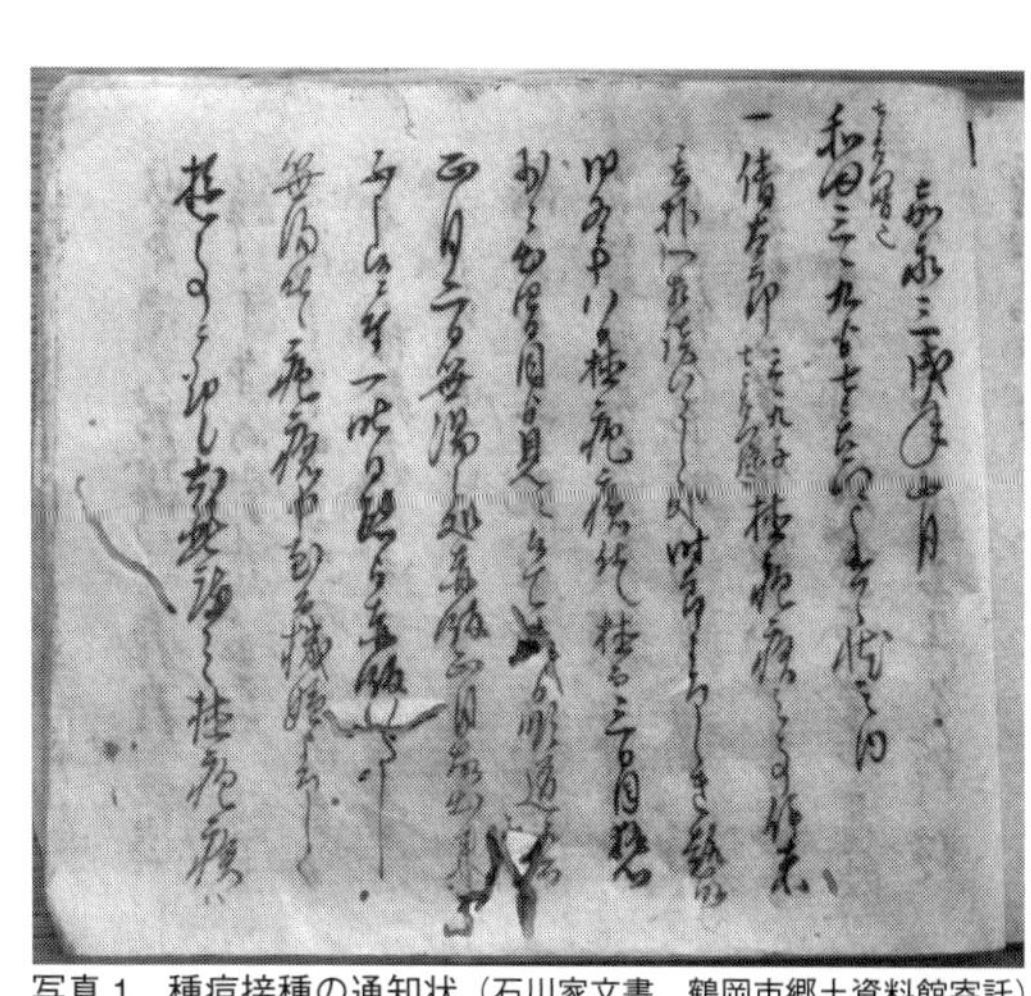

写真１　種痘接種の通知状（石川家文書、鶴岡市郷土資料館寄託）

医師・モーニッケによってであった。藩主鍋島直正の嗣子・淳一郎に接種して成功したのがきっかけで、またたく間に全国に広まり、同年十一月には初めて江戸にも伝えられた。十二月二十五日には江戸で開業していた佐賀藩医・伊東玄朴によって藩主の娘・貢姫に接種が行われている。

鶴岡市郷土資料館に寄託された石川家文書「東都諸備忘録」の中から、嘉永三年正月に和田三三九という庄内藩士の子弟が国元の父・七郎右衛門に宛てた次の書状が発見された（【写真１】）。

〔史料〕

嘉永三戌年正月

和田三三九（七郎右衛門婿也）より七郎右衛門へ

申遣候状之内

一、倩太郎（三々九子、七郎右衛門孫也）植疱瘡

之事、伊東玄朴へ相談いたし候処、時節よろしき趣故、旧冬十八日植疱瘡仕候、植而三日目熱少々出、四日目より見へ候て、夫より順道ニ而正月二日笹湯之処、赤飯正月故出来不申候ニ付、一昨日態与赤飯いたし笹湯仕候、疱瘡中至而機嫌よろしく遊事ニ御座候、尤此度之植疱瘡ハ昨年蘭人持渡り之疱瘡ニ而牛痘と申、牛の乳房ニ出来候を子供ニうつし候事ニ而、只今迄蘭家ニ而いたし候植疱瘡と違ひ大丈夫之事ニ御座候（中略）、鍋島公大徳ニ而倩太郎等も疱瘡かるくいたし候事、難有事ニ御座候（中略）、右ニ付米沢より渡部吉郎参り同様之植疱瘡いたし、所々拵させ、いつれも軽痘之よし

〔読み下し〕

一、倩太郎植疱瘡の事、伊東玄朴へ相談いたし候処、時節よろしき趣ゆえ旧冬十八日植疱瘡仕り候、植えて三日目熱少々出で、四日目より見え候て、それより順道にて、正月二日笹湯の処、赤飯、正月ゆえ出来申さず候につき、一昨日わざと赤飯いたし笹湯仕り候、疱瘡中、至って機嫌よろしく遊ぶ事に御座候、もっとものこのたびの植疱瘡は、昨年蘭人持ち渡りの疱瘡にて牛痘と申し、牛の乳房にでき候を子供にうつし候事にて、只今迄蘭家にていたし候植疱瘡と違ひ大丈夫の事に御座候、（中略）鍋島公の大徳にて倩太郎等も疱瘡かるくいたし候事、ありがたき事に御座候、（中略）、右につき米沢より渡部吉郎（わたなべきちろう）参り同様の植疱瘡いたし、所々

拵えさせ、いづれも軽痘のよし。

〔要約〕

息子の倩太郎（せいたろう）に種痘を接種してくれないかと伊東玄朴（いとうげんぼく）へ頼んだところ、時節もよいというので嘉永二年十二月十八日に行った。三日目に少し熱が出て、四日目に善感して膿（うみ）が現れ、それからは順調で、正月二日に全快を祝う笹湯の儀式を行い赤飯を焚くつもりだったが、正月のため一昨日に行った。この種痘は昨年オランダ人がもたらしたもので、牛痘といって牛の乳房にできた疱瘡を子供に移すもので、これまで蘭医が行っていた植え人痘よりも安全である。（中略）鍋島公のお陰で倩太郎も疱瘡が軽くて済み、ありがたい事である。（中略）江戸で種痘がうまくいっているのを聞いた渡部吉郎が、米沢から来て何人かに試したところ、いずれも軽痘で済んだという。

つまり嘉永二年（一八四九）十二月十八日に、江戸の深川に住んでいた和田三三九が、江戸に伝わったばかりの種痘を伊東玄朴から息子の倩太郎に接種してもらって免疫がついたこと、米沢から来た渡部吉郎もこれを試みて成功したことがわかる。

吉郎は置賜郡黒沢村（飯豊（いいで）町）の生まれで華岡青洲（はなおかせいしゅう）に西洋医学を学び、江戸でも開業した名医で、天保八年（一八三七）には庄内藩医たちの推挙で鶴ヶ岡城内への出入りを許され、藩から五人扶持を給された。嘉永元年（一八四八）には「鶴岡ニ痘苗ヲ携ヘ来リ施術接種シ」（『飽海郡衛生誌』）、庄内における種痘の起源とされてきた。これには松前伝来との説もあるが、『（第一次）山形県史』には、吉郎が「嘉永三年（一八五一）酒田ニ牛痘ヲ携ヘ来リ其術ヲ伝ヘタ」と記されており、嘉永元年は嘉永三年の誤りで、吉郎が江戸で成功した種痘を江戸→鶴岡→酒田と植え継いでいったと解される。即ち和田三三九の息子が受けたのは庄内人で最初の種痘であり、庄内の種痘の先がけをなすものであったことは推察に難くない。

『（第一次）山形県史』によれば、その時「人々は種痘を奇怪の術として信用せず」普及しなかったが、安政元年に疱瘡が大流行し、患者の半分以上が死亡した時、種痘を済ませていた子供は一人も感染しなかったので、初めてその予防効果を知ったという。

幕府は嘉永二年三月に蘭方医学の禁止令を出し、種痘にも無関心であったが、開国によって方針転換し、安政五年五月に伊東玄朴が主宰する種痘所（東京大学医学部の前身）を開設した。また庄内藩でも藩主の子弟に種痘を行い、同六年四月には藩医たちの申立てにより鶴岡一日市町の大庄屋宅で定期的に種痘を始めた。酒田では同五年三月に竹内伊右衛門が自費を投じて医会所（十全堂）を開設し、鶴岡から藩医の板垣貞保を招いて定期的に種痘を始め、接種者は二年間で二五四人に上った。

安政五年に疱瘡が流行した時、鶴岡の上薬湯屋（かみのやくとうや）では三豆湯（さんとうゆ）という疱瘡湯を立てて入湯を勧めている。翌六年に温海湯治の途中で三瀬の疱瘡神社を通りかかった藩医・進藤周人（しんどうしゅうじん）は種痘を済ませていたので参詣しなかった。慶応二年（一八六六）安倍親任（あべちかとう）は立ち並んでいたその鳥居が朽ち損じて倒れているのを見て世の盛衰を嘆いている。慶応元年に庄内で疱瘡が流行したが、種痘が普及していたので「あちらこちらに一人か二人の死亡者があるのみ」であったという。明治八年（一八七五）疱瘡が流行した時は、酒田町で八百余人が死亡したが、種痘を受けた者は殆ど感染しなかったという。

明治九年（一八七六）天然痘予防規則によって種痘が国民に義務づけられ、鶴岡県にも種痘局が設けられた。昭和五十五年（一九八〇年）の世界保健機関の宣言によって疱瘡（天然痘）は地球上から根絶されるに至った。

参考文献

・門山秀智『飽海郡衛生誌』（一八九六年）
・斎藤美澄『飽海郡誌　巻之三』（飽海郡役所、一九二二年）
・『（第一次）山形県史』（『山形県史　資料編1』、一九六〇年）

・アン・ジャンネッタ著、廣川和花訳『種痘伝来』（岩波書店、二〇一三年）
・青柳明子「鶴岡種痘伝来」（未定稿、二〇一四年）
・高橋　拓「華岡青洲の弟子渡邊吉郎の足跡」（『米沢史学』第三十一号、二〇一五年）
・秋保　良「庄内への種痘の伝播についての新史料」（未定稿、二〇一七年）
・『大泉叢誌　第四集』（致道博物館、二〇一七年）
・中島陽一郎『病気日本史　普及版』（雄山閣、二〇一八年）

◆鶴岡市史編纂会で編纂した史料集は以下の通りとなる。（書名と発行年のみ）
・『筆濃余理』（一九七八年）・『川上記　上巻』（一九八四年）・『明治維新史料　幕末期』一九八九年）・『生活文化史料』（一九九六年）・『図録庄内の歴史と文化』（一九九六年）・『古代・中世史料　下巻』（二〇〇四年）

◆地元自治体史・地域史は、主に以下の文献を参考にした（書名のみ）。
・『温海町史　上巻』・『大山町史』・『豊浦の歴史』・『湯野浜の歴史』・『平田町史　中巻』・『栄村史』・『余目町史資料　第一号』・『新庄市史　第四巻』

◆本章では以下の史料を引用、参照とした。
・「荘内昔雑話（夢宅年代記）」・「大飢饉色々留控」・中野俣村中野井某「諸鑑記録」・「下肴町肝煎御用留」・松山醐盞「暴瀉病養防記」・進藤周人「偕老浴史」・「金井国之助日記」・「名山蔵」・「東都諸備忘録」（石川家文書）・「温泉紀行」（二口文書）・「雑日記」（万年家史料）・大網郷土史研究会文書・新形村井上繁矩「万世見聞相場記写」・蕨野村本間佐左衛門「寝覚実那志草写」・安丹自治会文書写（以上、鶴岡市郷土資料館蔵）・鳥海玄柳「八元談」（筆者蔵）

食文化の源流の探し方

11 庄内藩士たちの宴会
——江戸時代の献立から見る食の系譜——

【キーワード】
・食文化
・寄合
・日記と家計簿

今野　章

1、はじめに

庄内平野は近世期から米の産地として知られている。寛文十二年（一六七二）には河村瑞賢が出羽国の幕領米を江戸・大坂に輸送するべく、酒田を拠点として西廻り航路を開いたこともあり、全国的にも庄内米は広く流通していた。その一方で、庄内に於いて近世期には米以外の作物は商品作物として発展することがなかったが、村々ごとの「ブランド野菜」が受け継がれており、「温海カブ」「民田ナス」「小真木ダイコン」「外内島キュウリ」など今日でも生産が維持されている。これらは「在来作物」として近年注目されており、全国的に知られている「ダダチャ豆」なども明治期に名称が定着している。さらに海側に目を向けると、約六〇キロメートルに及ぶ庄内地域の海岸線には、現在大小一七の漁港があり、豊富な魚種が水揚げされている。近世期において、それらは領内に供給されたが、城下では上肴町（現・鶴岡市本町三丁目）・下肴町（現・鶴岡市本町一丁目）という肴問屋が軒を連ねる二つの町に運ばれ、藩主・藩士をはじめ、城下に住む人々にとってのタンパク源として消費された。

　こうした土地に根ざす長年の食物の系譜は今日にまで継承されており、平成二十六年（二〇一四）十二月に鶴岡市はユネスコの食文化創造都市に認定されたが、これを契機として、当地の食文化は近年ますます注目されていると言える。本稿では、現在の食文化の源流というべき姿を明らかにするといった意味で、今回は史料に残る庄内藩士の宴会を紹介していきたい。

2、藩士たちの交流「寄合」

郷土史家である渋谷光敏は安政三年（一八五六）に藩士の家に生まれるが、彼が著した『庄内沿革誌』（一八九四）には、庄内藩の制度や政治や教育、風俗等が記されており、藩政時代の様子を伝えている。その中で、藩士同士の交際について以下のように伝えている。

> 高録の士は朋友の交際粗なるものの如くなるも、禄高四五百以下の士は朋友の交際甚親密にして寄合と称へ、夜会を催しも縷々あり、其定日は多く一・六・二・七・三・八と云ふが如し、又其所は会員順次輪番なり、その種類は書物寄合・稽古寄合・殺生（鳥刺し、釣りなど個人単位の狩猟の総称）寄合等、皆其類を以て相会し、粗茶を飲み、果物もしくは煎餅等の粗菓食

ふて談笑、夜の更を知らさるものの如し、然れとも飲酒の会ハ甚だ稀なり、偶飲酒の会あるも各獲る所の魚鳥類を持来り、之れを煮或焼て快飲するの習慣にして、現時の如く、高楼に美酒佳肴を備へて宴会を催し等の事なし、

ここにあるように、藩士は料理屋で会合を持つことは滅多になく、「寄合」と称して頻繁に互いの家を行き来していたことがわかる。その際、何時何処で寄合を開催するか、参加者に知らせなければならないが、一つの例として、上野逸翁という隠居が寄合のために通知した明治初年の史料を紹介したい。

〔史料①〕

廻状　乍御世話御順達被下度奉希候

来ル二十日御寄合久々ニテ御宿仕候ニ付、いもこ汁ニテ御膳上申度候間、午後二時頃より御出被下、宵迄緩りと御話被下度奉待上候、右申上度如斯御座候也、

十月十五日　（後略）

（上野家文書）

〔読み下し〕

廻状　御世話乍ら御順達下されたく希ひ奉り候、来る二十日御寄合、久々にて御宿仕り候
に付き、いもこ汁にて御膳上げ申したく候間、午後二時頃より御出で下されたく、宵迄緩り
と御話下されたく待ち上げ奉り候、右申し上げたく、斯くの如く御座候也、

文中にある「いもこ汁」とは、現在も山形県内全域で食されている「芋煮汁」のことであり、仲間内で鍋を囲むこの寄合は「いもこ汁寄合」とでも言えようか。現在は河原や海辺など屋外で開催される「芋煮会」の原型は、本史料が存在することから少なくとも一五〇年以上前に遡ることができよう。ちなみに、天保十四年（一八四三）に江戸に出府していた金井国之助という藩士の日記（「金井国之助日記」）に「（九月七日）植木屋にていもこ壱斗買、味噌ハ本郷ニテ求め候ていもこ汁致す」とある。現在、山形県内における芋煮汁のベースは内陸地方では醤油、庄内地方では味噌となっているが、本史料からこの頃から庄内では味噌ベースだったことが証明されるわけである。

また、当地において博物学者として名高い松森胤保という、庄内の幕末維新期を代表する人物が記した文久元年（一八六一）の日記（個人蔵）によれば、この他にも「一町寄合」「弁当寄合」という寄合の種類があった。前者は屋敷のある町単位であり、この年は六回開催されている。後者については詳細がわからないが、この時期、胤保は藩校致道館で助教という役職にあり、おそら

く仲間内と弁当を持ち寄って会食したものかと思われる。また、この場合、寄合は定日となっていたようで、月の五日が「弁当寄合」、十七日が「一町（いっちょう）寄合」、と定められていた。この寄合の他にも、気のあった仲間同士が互いの家を行き来することが頻繁であり、胤保の場合は致道館の同僚や藩医らと親しく交流しており、時には温泉にも一緒に出掛けることがあった。こうして見ると、当時の藩士たちの交際は、かなり親密だったということがわかる。

ところで、庄内藩では「身体の鍛錬」「武用の一助」として、藩士たちが約三里（一二キロメートル）離れた海岸まで遠出して磯釣りをしたり、城下周辺の村々を駆け廻って鳥刺し（五メートル弱の竹竿の先端に粘着性の高いトリモチを付け、止まっている小鳥を目掛けて竿を突き出し、トリモチに小鳥を付着させるという猟のこと）をすることを奨励していた。秋保政右衛門（あきほまさうえもん）が文化十一年（一八一四）から明治二年（一八六九）にわたり記録した「野合日記（のあいにっき）」（秋保家文書）には、磯釣りや鳥刺しのように野外に出掛け、「殺生」を含んだ野遊びを楽しんだ様子がその日その日の成果と共に記されているが、この「野合」のカテゴリーに仲間たちと郊外で飲食する「肴汁会」「鳥汁会」という催しも含まれていた。とりわけ「鳥汁会」についてだが、これは鳥刺しと大いに関わっており、「突く」という動作が鳥刺しと鎗術に相通じるとされ、例えば文政十三年（一八三〇）の三月二十日の項に「夢極（むごく）稽古処申合鳥汁、鳥七拾余集ル」として、毎年一回、夢極流鎗術稽古の一環として鳥刺しが行われていた。仕留めた小鳥たちは、そのまま鍋にして振る舞われたが、これは「稽古寄合」と称されるべきものであろう。

３、日記と家計簿から見る宴会の献立と値段

山内政孝という二五〇石を給されていた藩士は几帳面な性格だったらしく、天保五年（一八三四）から文久二年（一八六二）までの日記（日向文吾収集史料）と嘉永元年（一八四八）から同五年（一八五二）までの家計簿（「物成請払控」）を残している。日記の中にも、町の寄合である「一町寄合」や、藩校致道館に出仕している同僚たちとの会合である「句読師寄合」などの記述があるが、それとは別に彼が物頭という役職にあった嘉永四年（一八五一）から同七年（一八五四）まで、六月二十日前後に行われる鉄砲稽古の後、配下の足軽たちを自宅に招いて慰労会を開催することが恒例になっていた。日記の中では、この時に饗応された料理がすべて記されており、家計簿にはそれに要した材料費も記されている。それでは、嘉永六年六月二十八日の様子をのぞいてみよう。

〔史料②〕

◆日記　早朝組ノ者召連、検分ニテ三日町矢場へ出候（中略）都合十四人来ル、吸物小鯛・茄子・茗荷汁、皿へ小鯛一枚・アワビ二切・焼玉子渦巻二切・茄子二ツ・葉生姜膳ニ付ル、酒肴一ハ、鯇、一本素麺一ハ、イガイ七十ヲ皿一ツへ二ツ宛入ル、豆ユデ三重出ス、晩前帰ル、

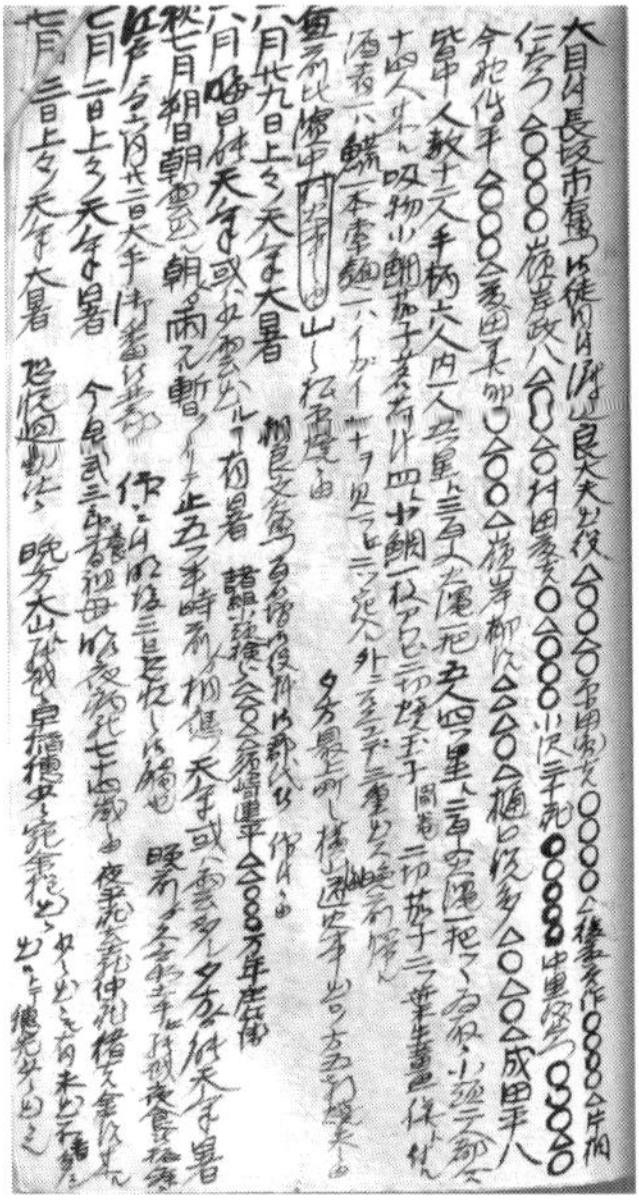

「山内政孝日記」（日向文吾収集史料）
日記と家計簿が対となる珍しい史料

◆家計簿　一、金一歩二朱銭百四一文
六月二十八日、組之者之検分祝儀入目内、四十五文・サザレ梅　七十五、代一貫六十四文・小鯛三十八枚代但一枚十八文価金斗也、三百五十文アラ一、代三百五十文・鮑五ツ、代二百十文・イ貝七十、代百七十五文・玉子二十□、代□□・□□□、代百七文・素麺一玉半、代百五文・葉生姜代、六十文・木豆六把、代四十五文・二番酒小ナガラ、代六十文・茗荷五合、〆一貫五百七十一文、両替六貫四百八十文、（□は虫喰い）

家計簿に支出額が記されていることから、藩からの助成はなく、あくまでも山内家で宴会費用を支出していたことになる。庄内藩では物頭（ものがしら）には常時二〇名前後の足軽が就いていたが、その他の物頭もこのような慰労会を開催していたかはわからない。また、当時、武士の身分は「御家中」

と「御給人」に厳然と区別されており、一〇石前後の切米と扶持米が支給されるだけの御給人は藩校致道館に入学することも許されなかったが、年に一回とはいえ、自宅に配下を招いて酒席を共にする機会があったことになる。合計金額は金一歩二朱銭一四一文となるが、現在に換算すると二～三万円程度になるだろうか。

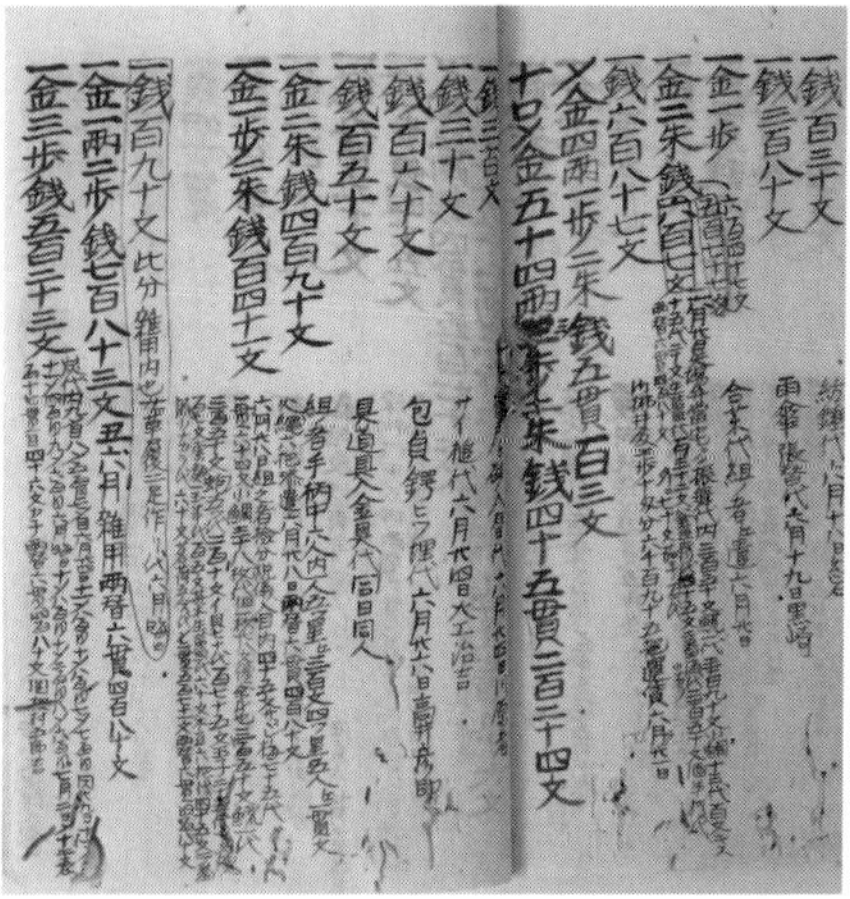

「物成請払控」（SL資料）　家計簿については、嘉永元年（1848）から同6年（1853）までが現存している。

さて、当日提供された特徴的な食材を見てみるが、まず最初に𩺊という魚について説明する必要があろう。この魚はスズキ目ハタ科に属し大きいモノは一メートルを超えるが、現在、寿司ネタとして見かけることはあるものの、地元ではほとんど馴染みがない。しかしながら、前述の松森胤保が記した「両羽博物図譜」（酒田市立光丘文庫蔵）では庄内沖で獲れる魚としてこの魚を紹介しており、また、明治十四年（一八八一）に明治天皇が鶴岡に巡幸した際にこの魚が献上されている（「御巡幸事務一途」鶴岡町役場資料）。恐らく鱈と比肩するほど近世期の庄内を代表する魚種であったと思われるが、当時から価格も高めで家計簿の中では小鯛が一枚一八文に比べて、𩺊は一尾三五〇文の値が付いていた。大正五年（一九一六）に発刊された『山形県西田川郡水産漁業誌』によれば、大正年間（一九一二～一九二六）まではそれなりの漁獲高があったことが記録されているが、海流の関係からか、今ではすっかり幻の魚になってしまっている。このように近世期の食文化は、もちろん反対のケースもあるものの、必ずしも今日に受け継がれていない場合もあるようだ。

次に「木豆（きまめ）」であるが、これは枝豆のことである。一把（いっぱ）あたり一〇文となるが、たっぷりの枝豆を茹で、塩をふって重箱に山盛りにして供する事情は、現在とまったく同じである。本来、枝豆は大豆となり、家庭でも味噌などの原料として使われ、全国的に青豆のうちに食する習慣は今日ほど盛んではなかったと思われるが、庄内では当時から「夏に枝豆」文化が根付いていたことがわかる。ちなみに、この当時、「みやげつと」（「玄々（げんげん）堂叢書（どうそうしょ）」巻二四所収）という史料には「クリ（九里）にも及ばず」という意味で、「八里半豆（はちりはんまめ）」という品種があったことが記されている。庄内藩では藩

収穫前のダダチャ豆。
（写真　八尾坂弘喜）

士も屋敷内に畑を作っていたこともあり、それぞれの家で枝豆の味を競ったと伝わるが、ともかく近世期から枝豆栽培には熱心な土地柄であり、その情熱が明治期に名称が定着する「ダダチャ豆」として結実し、現在では全国的にもその名が知られるようになったわけである。

ところで、こうした大人数の料理は家人だけで調理することができたのだろうか。この日記の嘉永五年（一八五二）十月十五日の項に「母の七十一歳之御年賀」ということで三四人の来客があったことが記されているが、祝いの席の饗応のため料理人が雇われていたことがわかる。「料理人」という職業については、天保十年（一八三九）三月一日の出火で被害を受けた店舗や家屋の持ち主の名前を記した史料（「十日町三日町五日町出火絵図」村田孫助家史料）の中に「料理人源七」という記述があることから、当時は店舗を持たないで、料理人として生計を立てていた職人がいたようだ。宴会について書かれた史料には特段記されていないものの、当時は、冠婚葬祭もすべて家で行われていたため、こういった出張料理人たちの需要も多かったのだろう。

4、藩士たちの外飲み

前述した『庄内沿革誌』では、藩士は滅多に外で飲まないと記されていたが、もちろん例外もあったらしく、前述の「野合日記」文政六年（一八二三）五月の項には以下の記述がある。

〔史料③〕

（四月）十四日御列卒さなぶりニ参ル、於下薬湯、弐歩分賄申付候由、壱人前弐貫五十七文
とられ、
吸物　初メあら、後きす・竹の子・めうが（茗荷）
肴酒　蟹・焼き玉子　鱠　砂魚（はぜカ）・あぶらこ　さし身　甘露梅　その外にもあり
御頭よりも出、三種壱樽定例也、

「御列卒」とは、藩主自らが陣頭に立つ、合戦になぞらえた大がかりな鶉狩りのことを指し、「城廓内ヲ西組、廓外ヲ東組」に分け、より多くの鶉を捕まえた方が勝ちとなった。（「勝山重良の回顧談」日向文吾収集史料）御列卒には一五歳から四〇歳までの藩士が参加することになっており、「さなぶり」とは、本来、田の神を送るという意であるが、「早上り」が転じたとも言われていることから、この場合は互いの労をねぎらう打ち上げということになろうか。秋保政右衛門は文化十一年（一八一四）から天保十一年（一八四〇）の二六年間で五回しか参加していないが、この「さなぶり」は誰かの家に集うのではなく、薬湯屋での宴会ということになる。

なお、鶴ヶ岡城下には荒町（現・鶴岡市山王町・鳥居町の一部）にあった「下薬湯」と檜物町（現・鶴岡市三光町）にあった「上薬湯」と二つの薬湯屋があり、例えば文政十二年（一八二九）のさなぶ

りの際は上薬湯で開催されている。薬湯屋は一階が湯屋で二階は宴会場となっており、まさに映画「千と千尋の神隠し」に登場する湯婆婆の湯屋を想像させる。ここには下級武士や町人たちも出入りしたという記録もあり（「納方手代日記」万年家文書）、まさに城下の人々の憩いの場として、日々賑々しく営業を続けていたのだろう。

このように、少ない機会ではあるが、藩士たちも決して家飲みばかりしていたわけではないようである。藩士たちが江戸に出府すると外で飲食をする機会もあるため（「金井国之助日記」庄内古記録）、料亭での飲み会も心得ている者も多かっただろう。華美に流れることを、当時は「江戸風」と称していたが（天明六年「武芸奨励の被仰出書」石川家文書）、「某は、今日も茶屋通いか」といった噂が立つことを嫌い、国元では「寄合」という独特の会合文化が発達したという一面もあるだろう。ともかく、気の合った誰かと一緒に飲食をしながら語らいたいという欲求は、当時も現代もそう変わらないのではないだろうか。

参考文献
・深見隆編『山形県西田川郡水産漁業誌』（山形県西田川郡役所、一九一六年）
・『鶴岡市史　上巻』（鶴岡市役所、一九六二年）
なお、文中で引用されている史料については、特別な表記がない限り、鶴岡市郷土資料館所蔵となる。

第4部　語り継ぎたい人物史

斎藤秀一（ひでかつ）（明治41年〈1908〉～昭和15年〈1940〉、鶴岡市郷土資料館蔵）言語学者。山形県東田川郡山添村東荒屋（旧櫛引町、現鶴岡市）に生まれる。ローマ字教育やエスペラント語の普及に尽力し、自らが発行した会報を通じて、庄内に居ながら国内外の言語学者と交流し実践活動を続ける。しかし、この活動が特高警察の目に留まり、昭和13年（1938）11月に治安維持法違反で検挙され、同15年（1940）結核が悪化したことで自宅療養となるものの、この年9月に逝去している。ペンと紙が与えられない獄中で、支給された薬が包まれた紙（薬包紙）に針のような先の尖ったものでローマ字の詩を刻み込んだ21枚は、現在、鶴岡市郷土資料館で所蔵している。

12

史料の少ない人物に迫る

幻の戦国武将、鮭延秀綱
――庄内という第二の故郷――

【キーワード】
・戦国武将
・謀反
・九死に一生

早川和見

1、はじめに

鮭延越前秀綱は、陸奥出羽を中心として戦国時代末から江戸時代初頭まで活躍した戦国武将である。

ここでは「鮭延秀綱と出羽庄内」との関係について考察してみたいと思う。

秀綱は出羽真室城主で知行高一万一五〇〇石、通称名は源四郎、典膳、越前と称し、後に出羽山形城主最上義光、家親、義俊と三代にわたり老臣として仕えている。

鮭延秀綱を地元真室川町にて永く研究され、筆者とも親交のあった故佐藤貢氏（一九二三～二〇〇六）によると「越前公は、地元では現在でも何かと話題に登る著名人ですが、確固たる史料が少ない夢、幻のような人物です」とよく苦笑して話された。

さて今回のテーマとなる「鮭延秀綱と出羽庄内」についてであるが、秀綱が若年時代に一時庄内の武藤氏のもとで人質生活を送っていたことを、筆者も佐藤氏も同様に知っていた程度で、具体的なことは何も知らなかった。

その意味で、ここで取り上げることは、それなりに意義あることと信じる次第である。

2、「鮭延越前守口述録」について

鮭延秀綱の終焉の地となった下総古河においても、同氏に関する史料は僅少ではあるが、近年特に注目されている史料が存する。この史料にはそもそもタイトルがないことから、後年これを取り扱った者が任意にタイトルを命名して現在に至っている。古河では過去に「鮭延秀綱勲功記」「鮭延越前守一代記」などと記されており、山形では「鮭延越前守秀綱公功績録」「鮭延秀綱旧臣岡野九郎左衛門覚書」「鮭延越前聞書」などと命名され、山形では既に活字化され既刊行本に採録され流布している。

また、史料に目を通した方であれば理解していただけると思うが、晩年の秀綱が出羽時代から仕えている家来達を前に、現役時代の手柄話を得意満面となり吹聴しているものでは決してない。むしろ過去に自ら経験した様々の局面の中での後悔、失意、失態等々を縷々語り、まさに秀綱の人間性が垣間見える内容となっている。その意味で後年、「鮭延秀綱勲功記」、「鮭延越前守秀綱公功績録」のタイトル命名は、相応しくないと考えている。

ここでのタイトルは便宜上、筆者の任意に命名した「鮭延越前守口述録」とさせていただく。以下は「口述録」と略す。

土井家の客将鮭延秀綱は、古河城下大堤の自邸にて正保三年（一六四六）六月二十一日に没した。出羽時代から随伴していた家来達は、主君秀綱の屋敷址に曹洞宗の寺院を創建した。寺名は生前の姓に因んで「鮭延寺」と称し、今日古河の名刹となっている。

そして秀綱没後、家来達が主君の生前に採録した口述録を、時の家老岡野九郎左衛門により編纂されたものが「鮭延越前守口述録」である。この「口述録」は、明暦四年（一六五八）六月に秀綱の一三回忌法要が菩提寺鮭延寺で挙行された際、同寺に奉納されたものである。今日伝存するものは原典ではなく、これを土井家家臣早川与市右衛門豊音（御旗奉行二二〇石）が元禄八年（一六九五）九月転写し、同家に代々伝えられ

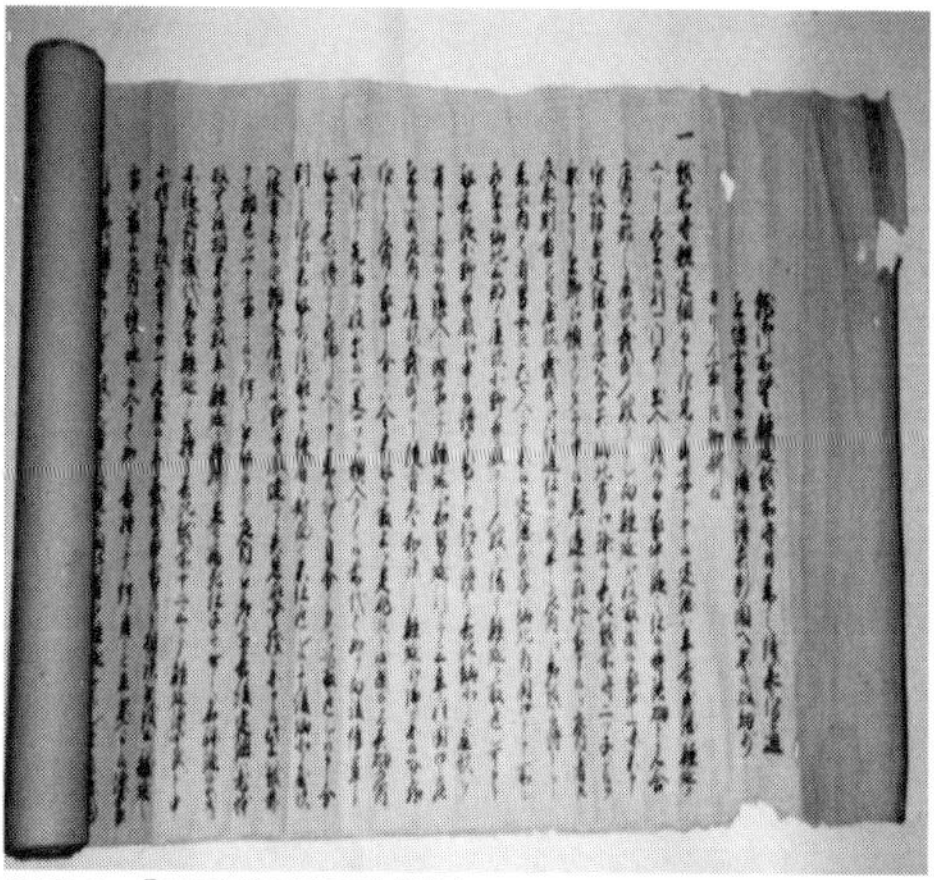

写真１　「鮭延越前守口述録」
古河では藩政時代からその存在は知られていたものの、容易に解読はされなかった。

たものである。この伝写本の原典は、紙製、縦三六cm、横一〇m一三cm程でかなり長大な一巻となっている（【写真1】）。

3、「口述録」の信頼性と秀綱の年齢

この「口述録」については、以前からある程度信頼性の高いものと認識されてはいたが、先行研究が皆無なこともあって、全く手が付けられなかった経緯（けいい）がある。近年に至り土井利勝時代の鮭延秀綱及び同随伴家来達の動向について、解明が進んだことが背景となり「口述録」の信頼性、その意義などが理解されるようになった。

この「口述録」の世界で秀綱は、過去の時代について元号を用いず、自らの年齢で年代を特定している。このことから秀綱の生没年が精確に特定できることから、「口述録」の信頼性も追究することができよう。

しかし秀綱は自らの意思により、鮭延家を当代のみとしたため、同系譜書が伝えられていない。筆者は、鮭延家系譜書の原典もしくは伝写本が、菩提寺である真室川町の正源寺（しょうげんじ）、古河市の鮭延寺に伝存するのか、調査したことがあるが、残念ながら存在していない。この関係では「鮭延寺開基之縁起」が伝えられているが、信頼性に問題点も見受けられる。

そういった状況の中で、特に注目に値するのが「森川家譜」である。秀綱は元和八年（一六二二）

写真２　森川家譜　森川家初代秀勝条の一部、正保２年父鮭延秀綱から愛用の具足、短冊を賜る。

最上家改易後、土井利勝に身柄を預けられ江戸本郷森川宿にて謹慎することとなった。この時秀綱の正室、嫡男秀義はともに死去しており、秀綱は事実上単身者となっていた。このため秀綱は身辺の世話をして貰う者がどうしても必要で、在郷の娘に奉公させている。翌九年、奉公していた在郷の娘から男子が誕生している。

当時の秀綱は、誕生した男子を嗣子とはせず、庶子扱いにして、姓は生誕の地森川宿に因み「森川」と称し、幼名は秀綱の亡き嫡男「左右衛門」から一字をとり、「左近」と名乗らせている。さらに実名は、自らの「秀綱」から一字を与え「秀勝」と称させたのであった。秀勝は寛永十五年古河城下で元服し「森川弥五兵衛」と称して、当時土井家に奉公していた秀綱の家来に列した。「森川弥五兵衛」の出自については土井家でも公然の秘密としたが、関係者には周知されていたらしく、『大日本史料』一二編の四七にも採録されている（【写真２】）。

ここで特に注目するのは、秀綱が正保二年（一六四五）にわが子秀勝へ下賜した自筆和歌の短冊に「八十四翁秀綱書之」との添え書きがあり、当時秀綱の年齢を八四歳（満年齢ではなく数え年）と記している点にある。

また「同家譜」に秀綱の生年は、永禄五年（一五六二）と記し、没年は正保三年六月二十一日であり、行年八五歳と記している。この行年は、古河藩士井家史料の「古侍伝考記」とも符合している。

さらに「口述録」によれば、秀綱の鮭延城主就任は「廿一に罷り成候年……其年の冬鮭延江源四郎入部仕り候事」とある。この年は武藤義氏が自害した天正十一年（一五八三）の前年冬のことで、天正十年（一五八二）を指している。同年は秀綱が満二〇歳で、数え年では二一歳となる。このことは「口述録」の信頼性が高いことを裏付けるものであろう。

現時点で秀綱の年齢については、「口述録」における秀綱の年齢記事と、「森川家譜」、古河藩士井家史料の「古侍伝考記」は共に符合することが確認されており、これにより「口述録」の内容で武藤義氏に関する事柄は、総じて信頼性が高いと云えるだろう。

4、鮭延秀綱と庄内

以下の内容は、専ら「口述録」の記事をもとにしたものである。

秀綱が二歳の時、鮭延城（現真室川町所在　真室城とも云う）は庄内の武藤義氏（義増）に攻略されこれを持ち堪えることができず、同城は庄内勢により占拠されたのであった。このとき秀綱の父定綱、兄氏孝は共に当時の主家仙北の小野寺領へ一時避難を余儀なくされ、まだ幼年の秀綱は、当時城下の在郷で養育されていたが、やがて武藤氏に捕捉され庄内へ連れ去られている。その後、秀綱の父定綱は、何とか自力で城を奪還しようとしたが果たせず、当時主家であった小野寺家の加勢も儘ならなかった。このためしばらく膠着状態が続き、秀綱は庄内での人質生活を強いられ続けた。

こうした中で、やがて武藤氏と鮭延定綱との間で和議が成立、定綱は何とか鮭延城主へと復帰はできたものの、以後同城は庄内武藤氏の支配下に置かれたものとみられる。

しかし鮭延城主へ復帰後の定綱（秀綱の父）時代は、長くは続かず老齢により没し、後は嫡男氏孝（秀綱の兄）が家督したものの、同氏も若くして没したため城主不在となった。当時鮭延家内では家督を継ぐ人も無く、やむなく庄内武藤義氏は、家中の者を鮭延城代に派遣して統治していた。この当時秀綱は一二、三歳で名を「鮭延源四郎」と称し義氏の小姓として仕えていたという。

庄内大浦城城主武藤義氏の許で人質生活を強いられていた秀綱が、許されて鮭延城主に就任できたのは天正十年（一五八二）冬で、数え年二一歳あったと云う。年明けて翌十一年正月に秀綱は、武藤義氏への年頭の挨拶のため庄内大浦城を訪れている。その後秀綱はすぐに鮭延城へ帰城する予定でいたが、義氏の勧めもあって同地に二、三ヶ月緩々と滞留したという。

そうした中で庄内の武藤義氏は、家老前森蔵人に命じ天正十一年（一五八三）三月五日由利へ向けて出陣させたのであった。この出陣の様子を秀綱はじめ周辺領民達も見送ったのであった。

しかしながら、大浦城は叛乱を起こした前森蔵人の率いる将兵等により包囲され、同城内にも反乱軍が侵攻してきたのである。この時点で主力軍は叛乱軍の首謀者前森蔵人側にあって、大浦城には少数の留守部隊しか存しなかった。従って前森蔵人が挙兵した段階で、勝敗は誰の目にも明らかであった。

さて「口述録」により、前森蔵人の叛乱を一部読み下して説明すると、

子細は庄内の家老前森蔵人と申す者、義氏へ申候は、雪も消え最早能時分に候間、由利陣に罷り立つべきに候、尤も然るべく由にて、（天正十一年）三月五日吉日の由にて、庄内の人数召し連れ一里程中途へ打ち出し（中略）是より引き返し屋形（武藤義氏）に切腹いたさせ申すべく候、

とあるように、武藤義氏は家老前森蔵人に命じ天正十一年三月五日由利へ向けて出陣させたのであった。ところが出陣した将兵等は、突然中途で引き返して帰城して来たのである。この光景を前に、出陣を見送った大浦城近辺の領民達や同城の留守を預かる将兵達は、唖然として一体何が起こったのか、初めは理解できなかったであろう。

「口述録」によれば、前森蔵人の叛乱に至った理由について、「此の屋形（武藤義氏）常々行儀法度強く、万事家中当り悪しく呆果て候を見合せ候にしての逆心に候間…」と記している。

義氏は常日頃から立ち振る舞いに問題があって、特に家中法度に極めて厳格で、寛容の精神が無く、その上何かあれば自ら責任を負わず家中の者に当たり散らす悪しき振舞いが目立ち、みな呆れ果てていたというのである。このため家老前森蔵人が部下に対し逆心の意志を表明しても、特に異議などなく、むしろ遅い位との意見もあったという。しかし秀綱自身は必ずしも、そうではなかったらしく、主君として敬服していたようである。

屋形（武藤義氏）の城は庄内大山（城址は現鶴岡市大山）にあり、大浦城（後に尾浦城）と称されていた。前森蔵人による謀反発生時、秀綱は武藤義氏の側近にあり、前森軍による大浦城攻めとなって秀綱自身も勝敗は、主力軍のある前森蔵人側にあり、すぐさま自らの生死も時間の問題であることを悟ったようである。その時が到来したら秀綱は義氏とともに自害して果てるつもりでいた。秀綱はその心境を「口述録」で「義氏自害致され候へば、最期の供と一筋存じ詰め罷り在り候」と記している。

なお天正十一年三月五日の合戦初日は、巳の刻（午前一〇時頃）から極晩（夜遅く）まで七、八回戦ったが、城兵は大して討たれていないように見えたが、味方の城兵は三〇〇人のうち半分位も討たれてしまったという。

翌六日は辰の刻（午前八時頃）から敵兵（前森蔵人派）は本丸へ攻め上がってきたが、義氏派の城兵は二〇〇人足らずになっていたという。この日秀綱は奮戦し、敵兵の中で身の丈六尺の大男で羽黒山一の悪僧と戦い、首級を挙げる戦功をあげている。秀綱はこの首級を義氏に直接検分してもらおうと、彼の許に向かった。しかしその時既に、義氏は自らの運命を悟った様子で、八〜九歳位の我が子を刀にかけ、その大刀の血を小袖で拭っている惨状を目にして、秀綱は強烈な衝撃を受けたのであった。

さて六日も大変な激戦となったが、容易に決着はつかない有様であった。攻め倦んだ敵方は、現状のままでは大浦城の早期陥落は困難と考え、城兵の防禦が手薄になったことに目を付け城の二層目に放火した。この火が煙硝蔵にも類焼して大火となり、義氏軍もついに籠城が困難に至り、城外への脱出を余儀なくされた。

この火災で義氏軍は、みな退去できたものの動揺の波紋がひろがり、この混乱で肝心の義氏が一時行方不明に陥った。このため皆で義氏の行方を探索したところ、仲間の中で「義氏公は自害のため新山林の八幡堂に御座あるべく」と申す者があった。そこで仲間一五、六人で早速現地へ赴いていくと、案じていた通り、義氏が最期の酒盛りの最中であった。義氏は「出羽奥州にて隠れ無き鬼神のように云われ給う屋形にて御座候が、何とて御自害を備わり候や」、と申し最期まで得心がいかぬ様子であったという。

しかし事態は大変緊迫しており、前森軍は早くも本丸より当地に向かって進軍中の報が入り、「敵方がここまで攻めて来ようが、我々が抑えるのでその間に殿（義氏）は、この八幡堂にて自害されたい」と申し出ている。そして義氏は自害した。時に行年三三歳であったという。

そして残った仲間一五、六人は申し合わせて、これより本丸へ引き返し前森軍と戦い、もし討たれ無くば、再び八幡堂へ返り自害した義氏のもとで切腹するという決意であったという。既に周りは暗闇となって交戦相手の顔もよく確認できないため、互いに交戦する前に、銘々自ら姓名を名乗ってから戦闘を開始した。

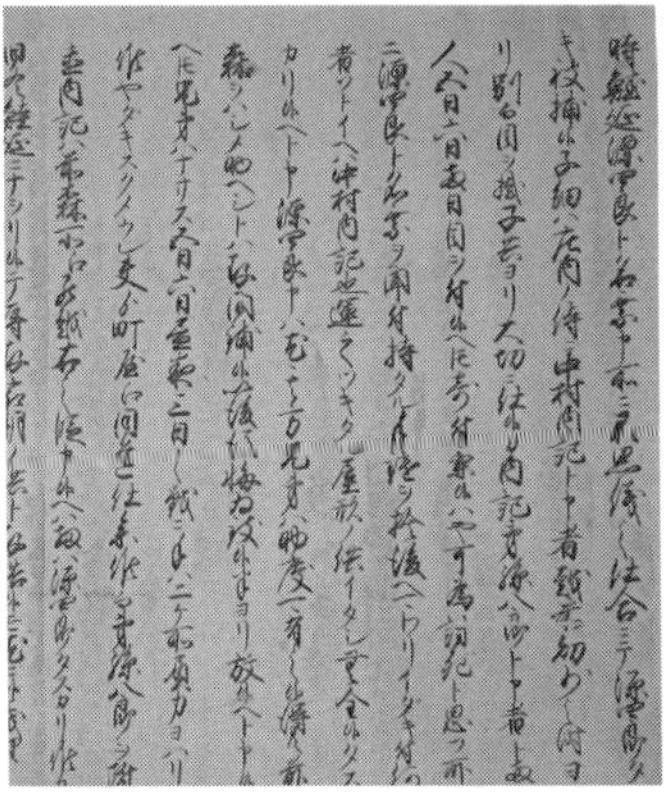

写真３「鮭延越前守口述録」
秀綱が中村内記によって救出された部分
古河市　早川家文書。

ここで秀綱は、交戦相手に自ら「鮭延源四郎」と名乗ったところ、敵方で武器を棄て背後から抱き寄せる武士がいた。相手方の顔をよく見れば「中村内記」という知己の者であった。内記は庄内の武士で、秀綱が幼少の人質時代から何かと目にかけ大切にしてくれた恩人であった。このとき内記は弟孫八郎と一緒で五、六日の両日秀綱の姿を見つければ、何とか助命してやろうと、戦場を捜し続けたのだという。しかし見つけることも叶わず秀綱は、最早討たれたかと考えていた矢先のことであったという（【写真3】）。

内記は、秀綱に対し「運の尽きたる屋形（武藤義氏）の供致しても詮無く候。助かり候へ」と呼びかけたが、秀綱は「其の方兄弟がいくら助けたいと思っても、前森をはじめとする叛乱軍はそうでないであろう。このままでは其の方にも迷惑がかかるので、釈放してほしい」と懇願したという。

この時秀綱は五、六日連日の激戦で、手に二ヶ所負傷してとても戦える状態にはなく、そのまま反乱軍の囚われの身となった。そして虜となった秀綱には、孫八郎が監視役となって片時もそばを離れず、内記は前森蔵人のもとへ出向き、秀綱の助命嘆願の交渉役を引き受けたのであった。

「口述録」によると、前森は「（秀綱は最期まで義氏を見棄てず）義理の強き人也。以来とても粗略に存じまじく候、満足致し候」と申したという。

このような中村兄弟による懸命な助力の結果、三月七日朝、秀綱の許に前森からの使者が来訪して、秀綱は正式に赦免となり救われたのであった。

では、なぜ前森蔵人が秀綱を赦免したのか。恐らく秀綱が義氏を遺棄し戦場から逃亡したり、敵へ寝返ったり、義氏を警護せず戦意なく単なる傍観者であったなら、この時に間違いなく斬首されたに相違ない。鮭延城主への復帰の途も存しなかったであろう。

実のところ、敵側により秀綱の具体的な戦闘シーンは、能く観察されていたのであったろう。前森蔵人が秀綱を殺すのは、誠に惜しい人物として評価していたのは間違いない。彼をこのまま生かしておけば、万が一の際、助力も期待できる頼もしい人物と視たのであろう。

こうして見てきたように、秀綱は前述のような「九死に一生を得る」経験を経て、ようやく鮭延城主に復帰し得たのであった。秀綱にとって庄内時代は、その生涯において決して忘れることのできない貴重な経験でもあったろう。そして庄内地方は、秀綱にとって生誕の地真室川町に次ぐ、第二の故郷でもあったことであろう。

参考文献

・『鶴岡市史　上巻』（鶴岡市、一九七四年）
・早川和見『山形最上家と古河土井家について』（私家版、一九八六年）
・早川和見「鮭延越前守口述録について」（『山形県地域史研究』第三四号、二〇〇九年）
・早川和見『シリーズ藩物語　古河藩』（現代書館、二〇一一年）
・早川和見『藩祖土井利勝』（Kプランニング、二〇一九年）
「鮭延越前守口述録」が活字化された史料
・『郷土史資料叢書　第三輯　戸沢氏以前史料集』（新庄図書館、一九六七年）

・『鮭延城記』（真室川町教育委員会、一九八〇年）
・『新庄市史　史料編（上）』（新庄市、二〇〇一年）
・鶴岡市史資料編『古代中世史料　下巻』　荘内史料集一－二（鶴岡市、二〇〇四年）
・保角里志『南出羽の戦国を読む』（高志書院、二〇一二年）

13

藩の責任を背負わされた人物が顕彰されるまで

庄内藩叛逆首謀人、中老石原倉右衛門成知

【キーワード】
・朝敵藩への処罰
・叛逆首謀人の特定
・顕彰運動

阿部博行

1、奥羽越列藩同盟諸藩の戦後処分

明治元年（一八六八）十二月七日、勅書により朝敵となった奥羽越列藩同盟諸藩へ処分が下された。削封されたのは一七藩・八九万石におよび、奥羽越諸藩の総石高の三分の一強である。処分を決める廟議は容易に決まらず会議を重ねるが、藩主は死罪を免れ謹慎となり、首謀の重臣が厳罰に処されることになった。

会津藩への処分が最も厳しく、領地没収の上、前藩主松平容保と藩主喜徳は他家預り、家臣は降人として各地に収容された。明治二年（一八六九）十一月に、容保の実子で生後五カ月の容大に家名再興が許され、下北半島にあった旧盛岡藩領三万石が与えられ、斗南藩が成立した。しかし、農業に適さぬ火山灰地で、実高は七〇〇〇石に過ぎなかった。移住した一万七〇〇〇人余の悲惨な生活は、石光真人『ある明治人の記録』などに詳しい。明治四年（一八七一）の廃藩置県後、ほ

とんどの藩士は離散することになった。

同盟の盟主である仙台藩は、半分以上の減封となり、例えば支領の亘理(わたり)領の場合、二万石からわずか五八石となった。帰農する者、新天地を北海道に求め開拓する者も多く出た。もう一方の盟主米沢藩は降伏後、同盟藩への降伏勧告や同盟藩を討つための派兵に尽力したことが評価され、四万石の削封、世子茂憲(もちのり)の家督相続が認められた。

仙台・盛岡・庄内・二本松・棚倉・長岡の諸藩は一旦領地が没収されたが、すぐに家の存続を認め、血縁の者を継嗣に奏請させ、減知の上存続させた。庄内藩は忠篤(ただずみ)の弟徳之助(とくのすけ)（後の忠宝(ただみち)）を届け出た。盛岡藩は七万石、庄内藩は五万石を召し上げられ、盛岡藩は白石へ、庄内藩は十二月二十五日、会津若松へ、明治二年（一八六九）五月に撤回され、新たに六月十六日、磐城平への転封を命じられた。両藩とも藩内に旧領復帰運動がおき、七〇万両の献納を条件に認められた。庄内藩は最初に三〇万両を納め、残りの四〇万両は免除となった。盛岡藩は五万三〇〇〇両しか納められなかった。領地の三分の二を削られた長岡藩は、財政的に藩を維持できず、明治三年（一八七〇）に、盛岡藩と同じく廃藩を申し出た。

２、諸藩の叛逆首謀人とその後

各藩では首謀人を明治二年一月まで届け、五月に処分が下され、五、六月に断罪された。命令は刎首であったが、藩によっては自刃の方式で武士の体面を全うさせたこともあったという。すでに死亡している場合は、家名断絶とした。政府は明治十六年（一八八三）に家名復興を許可、明治二十二年（一八八九）の大日本帝国憲法発布の大赦により、罪の消滅が通達された。

会津藩は家老の田中土佐・神保内蔵助が、籠城の際に自刃し、萱野権兵衛が処刑された。死の直前、前藩主松平容保より感謝の書状と容保の義姉照姫より見舞状・和歌が贈られた。会津若松市には、明治二十九年（一八九六）に阿弥陀寺に建てた「会津藩相萱野長修遙拝碑」、昭和九年（一九三四）に鶴ヶ城城内に設置された「萱野国老顕彰碑」がある。仙台藩は戦争存続の是非をめぐり藩論が分裂し、八月に奉行（家老）の但木土佐・坂英力が失脚した。降伏後、東京に幽閉され、刎首の処分が下された。仙台護送がかなわず、麻布の仙台藩下屋敷の芝生ににわかづくりされた控所と刑場で処刑された。但木の二七回忌にあたり、宮城県大和町の菩提寺に招魂碑が建てられた。裏面の誌は従弟の第二代日本銀行総裁富田鐵之助が書いた。令和元年（二〇一九）六月、一五〇回忌追悼式が営まれ、業績を記した顕彰板が設置された。坂一族の家財は没収され、家族は無一文から維新後を生きた。仙台市にある坂の菩提寺には、大正二年（一九一三）、個人が碑を建立した。令和元年八月、親族が集まり、一五〇年法要を執行した。

米沢藩は新潟で戦死した軍務総督色部長門を届け出た。藩は色部の家名断絶後、嫡子に他家を継がせ、二〇〇〇石を下賜した。昭和七年（一九三二）に、新潟市に追念碑が、昭和三十四年

（一九五九）に米沢二の丸跡に同じく追念碑が建てられた。平成三十年（二〇一八）八月、米沢市の追念碑前で碑前祭が挙行された。

盛岡藩は奥羽南部での戦線で同盟軍側が劣勢となった八月九日、家老楢山佐渡の主導で参戦した。降伏後、楢山は東京に護送され、明治二年（一八六九）年六月、盛岡に移され刎首となった。令和元年（二〇一九）六月、菩提寺で一五〇回忌遠忌が営まれ、知事・盛岡市長などが参列した。

長岡藩は家老河井継之助が長岡落城後に会津に落ちる途上只見村で死亡した。長岡と只見に記念館が、長岡東郊の悠久山に河井と山本帯刀大隊長の碑と墓がある。

村上・山形・村松三藩は、減封はなかったが、それぞれの家老である鳥居三十郎・水野三郎右衛門・堀右衛門三郎が刎首となった。平成三十年（二〇一八）年九月、村上で一五〇年忌法要が、山形では鳥居の銅像の前で戊辰殉難者慰霊祭が挙行された。村松藩の斎藤久七は中級藩士であるが、藩内の勤王派の弾圧に大きく関わった報復として刎首となったといわれている。

3、石原倉右衛門への首謀人指定

庄内藩でも届け出る首謀人として、軍事掛として戦争を指導した松平権十郎（親懐）とか、家老上席の石原平右衛門などの名前が出たが、容易に決まらなかった。明治元年十二月二十一日、庄内藩の俣野市郎右衛門と戸田総十郎（後の開拓使大判官・松本十郎）が米沢に派遣され、米沢藩の首謀人指名の情報を探った。両人は、政府よりしきりに指名を迫られ、特に松平権十郎を差し出せとの要求があり当惑していると話した。衆目の見るところ松平だったのである。藩としては藩主忠篤が隠居となり、弟の新藩主忠宝が一二歳と年少であるため、松平の指名は避けたかったのである。

米沢藩では新潟で戦死した家老の色部長門と決めたとし、同じく戦死した中老の石原倉右衛門にしたらどうかと忠告すると、「首謀ニモ無之者ヲ死者ト雖ドモ書キ出シ候ハ心苦シキ次第ナリ。帰舎ノ上熟評可仕」といって辞去したという（宮島誠一郎「戊辰日記」）。

各藩では十二月から翌年の一月にかけて届け出た。庄内藩では主臣同心同慮して事を謀ったので、首謀として名前を差し出せないとしたが、庄内藩だけいないということはできないとし、家人の中で新潟で外交を担当した石原倉右衛門の名前をあげた。しかし、庄内藩では全く主臣一同事を謀った上は敢えて首謀の者とは申せないと言上した。

石原倉右衛門成知は、慶応三年（一八六七）十二月二十五日の薩摩藩邸焼き討ちの総指揮をとり、戊辰戦争がはじまると、吹浦口の主将として秋田藩兵と戦った。その後新潟に派遣され、米沢・仙台・会津三藩と協議し、外国との折衝、武器の買い付けにあたった。慶応四年（一八六八）七月二十五日、駕籠に乗り帰藩の途中、上陸してきた新政府軍と松ケ崎で遭遇、戦死した。享年四二。遺体の懐中からオランダ人商人スネルとの武器売買契約書など機密書類が発見され、日本最初の領事裁判に発展した。

届け出た明治二年の月日は定かでないが、結局は出さざるを得ず、当時東京で会津若松への転封を阻止し、庄内復帰工作をしていた菅実秀らは、松平ではなく、石原を首謀人に指定するべく奔走した。五月、政府から酒井徳之助宛に、「昨臘依　御沙汰取調差出候叛逆首謀石原倉右衛門、存命候ハ、刎首可被仰付之處、既ニ落命ノ旨申出候得共、素ヨリ不可容之大罪ニ候條、家名断絶申付候事」との処分が発令された。

六月八日、大殿忠発は石原の後継である弟孝五郎を呼び、一旦家名断絶となるが、まもなく勤めを申しつける、これは我が身にかえても行うので、不敏ではあるが国家のため萬民のため心ならずも承諾するようにと説諭し、直書と太政官の沙汰書を示した。孝五郎はいかにも有難く恐れ入り帰宅したという。孝五郎には酒井の姓が与えられた（酒井成光）。他藩の首謀人のほとんどが他家を継いだのにくらべ破格の扱いである。また、家禄八〇〇石の継承と上座御番頭就任、弔い料として一〇〇俵が支給された。

4、石原倉右衛門の顕彰運動

昭和二年（一九二七）、新潟市史編纂部は現地（現・新潟市北区松浜）に村人が建てた「南無阿弥陀仏」碑と石原が乗っていた駕籠を発見し、翌年が戊辰の年にあたることを機に、遭難地に記念

石原乗用の駕籠　個人蔵

碑を建立することを企画した。それを聞いた鶴岡市立図書館内の「荘内史談会」が、他郷の人士の義挙を座視するべからずとして、五〇銭以上の寄付金を募る文書を出した。本間家五〇円・酒井伯爵家一〇円・遺族三円、他に荘内史談会員を中心に一三円、合計七六円が集まり、新潟市史編纂部に送金した。

昭和五年（一九三〇）五月、松ケ崎に「石原倉右衛門成知殉難遺蹟碑」が建立され、七月二十五日の除幕式には松ケ崎浜村長と新潟市史編纂部長が祭文を奉読した。元新徴組士で郷土史家の千葉弥一郎が某新聞に語った「藩主謀の臣石原倉右衛門」（石原重俊史料）がある。千葉は一藩を代表して責を負った忘れるべからざる石原を、わずか半世紀を過ぎた今日、知らない者が多いのは慨歎の至りであるとした。また、碑の建立にあたり、「同郷の恩人に対し、史談会員の外馬耳東風敢て省みざるに至っては他郷の人之を何とか云わん」と嘆いている。

昭和四十二年（一九六七）八月、新潟開港百年祭の一環として「維新殉難ノ士石原倉右衛門百年祭追善供養」が、松浜町史跡保存会の主催、新潟市・新潟市教育委員会の後援で、殉難碑のある坂一帯に幕を巡らし挙行された。保存会会長の祭文奉読、新潟市長が挨拶した。新潟市では山形新聞社を通じて子孫を捜し、子孫と庄内藩旧藩主家からとの二名が招待され、差し回しの車で参列した。また、平成三十年（二〇一八）七月二十五日、石原の子孫一二名と地元有志五名が参列し、石原倉右衛門一五〇年祭追善供養を執行した。この様子が地元のタウン紙に報じられた。

石原倉右衛門成知殉難遺蹟碑　筆者撮影

前述の千葉だけでなく、「庄内藩の叛逆首謀人」（『荻村堀先生遺稿』所収）を書いた堀維孝は、庄内旧藩および郷里の大衆は慰霊の祭典をあげ、彼の魂魄に謝すべし、と高唱し、『菅臥牛観』を著した菅実秀の外孫・山口白雲は、これは維新百年祭を好期とする郷党子孫の一つの責任なりと記している。しかし、現在まで鶴岡市で石原を記念する企画が実施されることはなかった。理由は判然としないが、渡部功「庄内藩士からカトリックの伝道師となった人・

酒井成光」）（『ワッパ騒動義民顕彰会誌』第五号）に推測できる材料がある。

明治四年（一八七一）に成立した酒田県は、旧藩の軍事力の維持と士族授産のために、翌年八月、鶴岡郊外の松ヶ岡開墾に着手した。開墾地では桑と茶を栽培したが、酒井成光は茶の栽培と製茶作業に従事した。そして、約二年間、宇治茶の産地である京都府久世郡で修業するが、滞在中、カトリックに入信するのである。開墾地での茶栽培は、寒冷地であるため不適とされたため断念、フランス人神父のもとで副伝道師として夫妻ともども布教活動を行った。

禁教の高札が撤去され、大日本帝国憲法で信教の自由が認められても、人々のキリスト教に対する偏見は払拭されなかった。まして、士族社会では疎外されたことは想像に難くない。これが士族による石原に対する顕彰が進まなかった要因とみられないだろうか。

5、石原倉右衛門墓所への「案内板」設置

前述のように、戊辰一五〇年などを記念し、「賊藩」といわれた地域でも叛逆首謀人として処刑された重臣たちの追善供養が挙行された。鶴岡市では庄内と西郷隆盛との親交を取りあげた企画が行われたが、明治初年に菩提寺の安國寺に改葬された石原倉右衛門に関する記念企画はなかった。

それで、令和元年（二〇一九）六月、歴史関係者・医師・主婦の五名（代表・阿部博行）が呼びか

石原倉右衛門成知案内板　筆者撮影

け人となり「石原倉右衛門成知を後世に伝える会」を立ち上げ、安國寺に案内板と墓の標識を設置する募金をはじめた。この会は継続的な会でないため、災害などで破損した場合には（現に令和元年六月末、山形県沖地震により境内にある江戸期の多くの墓石が倒壊）、鶴岡市第六学区郷土史研究会に協力を依頼することとし、また、同研究会を通して鶴岡市文化財愛護協会へ補助金の交付を申請した（四万六〇〇〇円交付）。完成は石原の命日七月二十五日を陽暦に換算すると九月十一日にあたるので、その日をめどにした。

　一口三〇〇〇円の協賛金を募集したところ、一四七の個人・団体から寄せられ、より頑丈な案内板の設置、冊子の作成・送付の後、修繕準備金を遺族に引き継ぐことができた。

　九月十一日の案内板設置完成式当日はあいにくの雨だったが、約四〇名が参加し、本堂で挙行した。式の様子は五紙に掲載され、遺族の、胸のつかえが取れたような気持ち、

石原倉右衛門の墓　筆者撮影

倉右衛門が一五〇年ぶりに古里に帰ってきたようで感無量、という言葉も紹介された。

参考文献

・山口白雲『菅臥牛観』（一九五二年）

・『荻村堀先生遺稿』（一九五六年）

・東京大学史料編纂所『復古記』第八冊（東京大学出版会、一九七五年覆刻）

・「石原重俊史料」『諸家文書目録Ⅶ』（鶴岡市郷土資料館、一九九一年

・米沢市史編さん室『米沢市史編集資料』第二八号（米沢市役所、一九九八年）

・『ワッパ騒動義民顕彰会誌』第五号（ワッパ騒動義民顕彰会、二〇一七年）

・『戊辰戦争時の庄内藩中老　石原倉右衛門成知』（石原倉右衛門成知を後世に伝える会、二〇一九年）

・渡辺好明『越後村松藩の戊辰戦争』（二〇一九年）

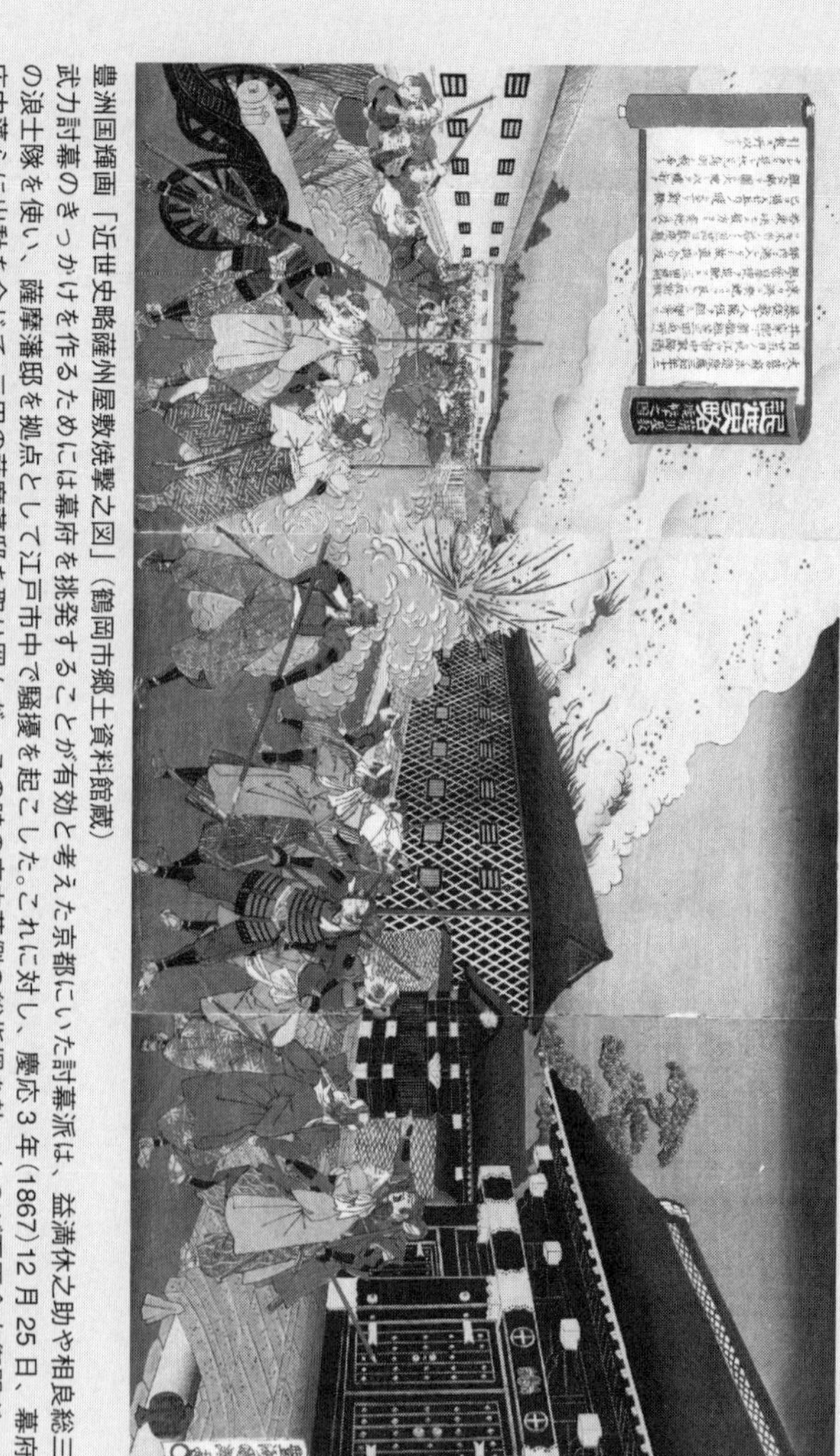

豊洲国輝画「近世史略薩州屋敷焼撃之図」（鶴岡市郷土資料館蔵）

武力討幕のきっかけを作るためには幕府を挑発することが有効と考えた京都にいた討幕派は、益満休之助や相良総三らの浪士隊を使い、薩摩藩邸を拠点として江戸市中で騒擾を起こした。これに対し、慶応３年(1867)12月25日、幕府は庄内藩らに出動を命じて、三田の薩摩藩邸を取り囲んだ。この時の庄内藩側の総指揮を執ったのが石原倉右衛門だった。

14

攘夷運動のなかのある若者

幕末に散った若きいのち
――笠井伊蔵について――

【キーワード】
・幕末の能吏
・清河八郎との出逢い
・攘夷運動

小野寺裕

1、はじめに

清河八郎(きよかわはちろう)は庄内(しょうない)が生んだ奇才であり異才であった。山路愛山(やまじあいざん)が「西の吉田松陰(よしだしょういん)、東の清河八郎」と喝破(かっぱ)したことは、その才を識(し)る人ならではのことである。幕末は攘夷(じょうい)というパンデミックが流行し、多くの若い才能が不本意に命を失っていった時代である。清河八郎も本稿の笠井伊蔵もそれらの一人であった。私の笠井伊蔵に関する知識は、清河八郎の町人無礼人斬りに連座して牢獄で亡くなった人だということと、「虎尾(こび)の会」の発起人の一人で、名簿の末席に内弟子(うちでし)として出て来る人である、ということだった。はからずも庄内町立図書館所蔵の清川村役場文書のなかに笠井伊蔵が書いた文書と関連する文書があったので紹介するものである。

2、笠井伊蔵の人物像

笠井伊蔵は文政十年（一八二七）、現在の埼玉県川越市の西北にある坂戸町勝呂村の出身で、本名は小谷野元三郎といい、武士になりたくて御家人株を買い幕臣となった。清河八郎が安政四年（一八五七）に江戸の淡路坂に文武の塾を開いた時、西川練造の世話で清河塾に内弟子として住み込み、伊庭道場や講武所に通っていた。安政六年、塾が火災に遭い神田お玉が池（現・千代田区岩本町）に移ると引き続き塾に留まる。性質は正直で剛胆、無口で眼光が鋭い人物だったようで八郎から信頼され、八郎不在中は塾を任されていた。

八郎は笠井が実家に帰る時など、同志である狭山市下奥富の天台宗広福寺（清河八郎が無礼斬りの後潜伏した最初の場所）章意などに手紙を託していたようである。同志の西川練造は川越在の医師であるが、その長女は、後年「元三郎（笠井伊蔵）は清河さんの使いで度々私の宅に来て泊まって行ったものです」と話している（以上は主に小山松勝一郎『清河八郎』による）。なお、西川練造も笠井と同日に捕縛されて入牢して、同年の十二月中獄中で死亡している。

さらに、『藤岡屋日記第十巻』によれば、文久元年（一八六一）六月十五日付の清河八郎の無礼斬り一件で以下のような記載がある。

〔史料①〕

○文久元年酉年六月十五日

（略）

御先手、金田(かねだ)式部(しきぶ)組同心佐助弟

笠井伊蔵

三十五

改揚屋江遣ス

（略）

右於石谷因幡守御役宅申渡之、立合御目付浅野一学相越ス。

酉ノ六月十五日

○六月二日御届

私組同心七之助弟笠井甲蔵義、石谷因幡(いしがやいなば)方江被召捕(めしとられ)、揚屋入(あがりやいり)ニ相成候間、七之助遠慮之義相伺候処、番(ばん)遠慮可申渡旨(もうしわたすべきむね)、遠藤但馬守(たじまのかみ)殿被仰渡(おおせわたされ)候、依之(これにより)申上候、以上

金田式部

但、五月廿一日四ツ谷組屋敷ニ於而、笠井甲蔵被召捕候。

一、右甲蔵義は、清川八郎同国羽州庄内出生ニ而、江戸下谷長者町医師木藤来輔(きとうらいすけ)ハ叔父ニ付、是へ尋来り、右世話ニ而御先手金田式部組、四ツ谷坂町組屋しき小屋頭同心笠井七之助養子

ニ相成、当時講武所剱術世話心得江出役相勤居候、然ル処八郎ハ元来知り人故、儒者之弟子ニ相成、同居致し居候。

なお、金田式部の届出には笠井「甲蔵」とあるが、「伊蔵」の誤記かと思われる。同史料によると、清河八郎一件に連座して捕縛された文久元年に三五歳とあり、この年清河八郎は三二歳で笠井のほうが年配となる。笠井伊蔵は清川齋藤家の記録には十月十六日牢死となっている。なお、笠井の墓は郷里勝呂石井の宗福寺内にあり、「顕元院義刀明亮居士」と刻まれている。

＊先手は幕府の職名の一つで若年寄の支配下にあり、江戸城本丸諸門の警備と将軍外出時の警備にあたった。

3、清川村役場文書史料の紹介

今から十年以上前になろうか、庄内町立図書館所蔵の「清川村役場文書」を閲覧していたら笠井伊蔵に関する史料があった。何故、この史料が清川役場文書に紛れ込んでいたのかは謎である。それまで笠井伊蔵は清河八郎に関する一件では単に脇役として出てくるにすぎず、それほど存在感のあるものではなかった。役場文書を閲覧し、笠井伊蔵は薩摩藩が幕府に献上した軍艦「昌平丸」に関係していることを知り、前記の本や庄内町で刊行している資料集第二号『清河八郎関係書簡二』には咸臨丸（かんりんまる）との関係は記載してあるが、昌平丸に触れているものは見かけず、紹介する価値があり脇役では気の毒に思われたのである。「昌平丸」は薩摩藩が幕府の許可を得て建造した軍艦「昇平丸」で、安政元年（一八五四）に桜島の造船所で竣工し、翌二年八月幕府に献納され、その後、「昌平丸」と改称されている。本格的な西洋型軍艦であった。

紹介する〔史料③〕はその昌平丸の修復が完了し、乗組員の招集を要請する文書である。年度の記載がないので判然としないが、薩摩藩から献納された直後点検整備に廻されたのではないかと思われ、操練所が出来た安政四年頃と推定される。また、招集された一四名の乗組員についてはそれ以上の記録がないので、彼らの生国、役務内容についてはわからない。

〔史料②〕

以廻状啓上仕候（かいじょうをもってけいじょうつかまつりそうろう）。然者、此度（こたび）昌平丸御修復出来致し、早々出帆仕候間、明後二日四ツ時操練所（そうれんしょ）江御出勤可被成（なさるべく）候。廻状急々御順達可被成候、以上。

四月廿九日　　笠井伊蔵　印

猶々、廻状御止リ之方ハ明後二日御出勤之節御持参可被成候。

丹下隼之助様　御廻状之趣承知仕候、即刻鹿嶌鍔蔵殿江順達仕候。

長崎保之助様　御廻状之趣委細承知仕候、早々上川井鎌吉殿江御順達仕候。

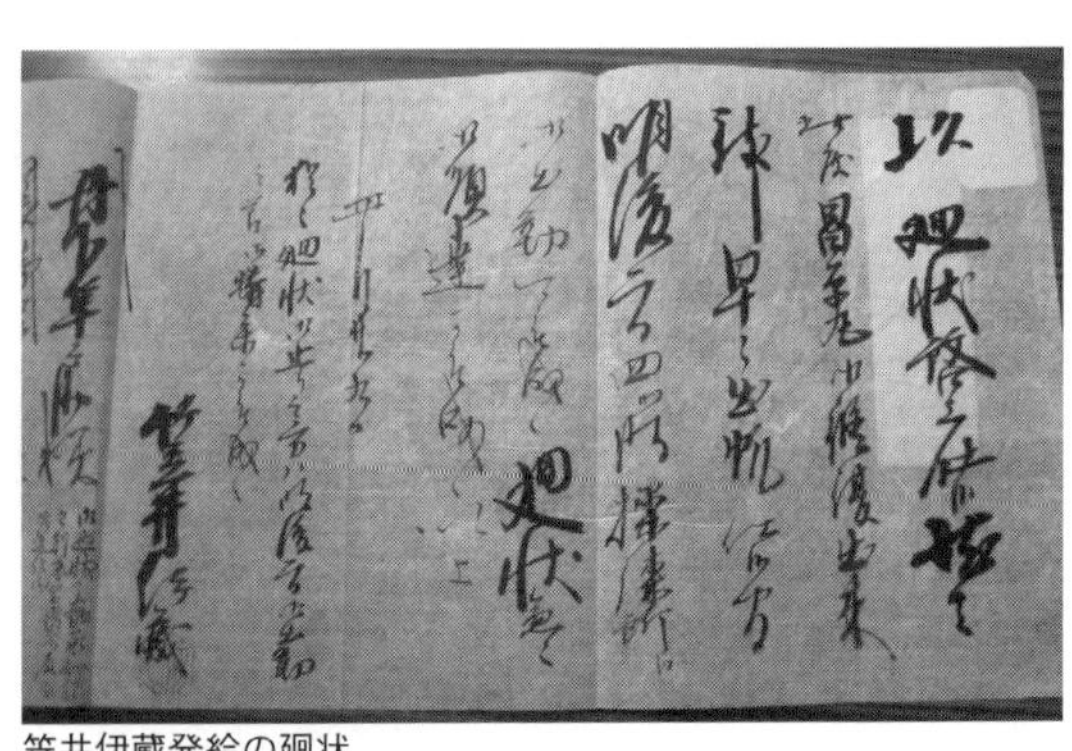
笠井伊蔵発給の廻状

浅野高三郎様　御廻状并御別紙之趣承知仕候、即刻、
　菊池兼助方江順達仕候、五月朔日
（以下、田中種三郎、山本謙三郎、奥原市太郎、志村孝次郎、松本亀次郎、若江泉九郎、上川井鎌吉、菊池兼助、河嶌瀬兵衛、鹿嶌鍔蔵、藤田範平の名前あり）

　操練所とは安政四年（一八五七）、築地の講武所内に開かれた軍艦教授所のことであり、のちに軍艦操練所と改称され、同六年築地の地は軍艦操練所の専用地となり、講武所は神田小川町へ移転することになる。

　次に紹介する史料は、昌平丸乗組員として招集された鹿嶌鍔蔵が笠井に宛てた書状で、体調不良で期日に出勤出来ない旨の内容である。

〔史料③〕

以手紙、致啓上仕候、不揃之季候ニ御座候処、益々御機嫌克奉賀上候、然者、私義久々不快ニ而御厄介之次第、奉恐入候。漸々、快方ニ趣候間今日出勤可仕旨存候処、又々りういん差起、甚難渋仕押候而も出勤仕兼候間御断申上候、長々、御一統様へ御厄介甚恐入候ニ付、乍残念御免奉相願度奉存候、御免願書振合之義如何御座候哉、御先例も御座候ハヽ奉伺度、私頭方へ差出候哉、操練所御奉行衆へ差出候哉、何れニ而も両様之内与存候得共、御先規ニ随度候間、乍御面倒さた被仰下度奉願候、且、願書振合案も奉拝見度奉願候、被仰下次第早速仕候間、何分此段、伏而奉希上候、長々御助合相願、其上出勤無之御免相願義、実以恐入候得共無余義次第ニ付懈整を以御仁恕之程九拝奉願候、御一統様へ別段御吒伏差出候間、可然御執計奉願上候、右奉願度如此御座候、以上、

五月二日　　　　鹿嶌鍔蔵

尚々、節角時候御自愛之程奉念候、呉々も本文之次第賢察を以御用捨奉希候、以上

笠井伊蔵様

〔書き下し〕

手紙を以て啓上(けいじょう)致し仕り候、不揃之季(ふぞろいのき)候ニ御座候処、益、御機嫌克(よ)く賀上奉り候、然者(しかれば)、私義久々不快ニて御厄介之次第、恐れ入り奉り候、漸々(ようよう)快方ニ趣候間、今日出勤仕るべき旨

存じ候処、又々りういん差起、甚難渋仕り押候ても出勤仕り兼ね候間、御断り申し上げ候、長々御一統様へ御厄介甚だ恐れ入り候ニ付、残念乍ら御免相願ひ奉り度く存じ奉り候、御免願書振合之義如何御座候哉、御先例も御座候ハヽ、伺ひ奉り度く、私頭方へ差し出し候哉、操練所御奉行衆へ差し出し候哉、何れニても両様之内と存じ候得共、御先規ニ随ひ度く候間、御面倒乍らさた仰せ下され度く願ひ奉り候、且、願書振合案も拝見奉り度く願ひ奉り候、仰せ下され次第早速仕り候間、何分此段、伏て希ひ上げ奉り候、長々御助合相願ひ、其上出勤これ無く御免相願ふ義、実に以て恐れ入り候得共、余義無き次第ニ付懈整を以御仁恕之程九拝願ひ奉り候、御一統様へ別段御叱伏て差出候間、然るべき御執計願ひ上げ奉り候、右願ひ奉り度く此の如く御座候、以上。

五月二日　　鹿嶌鍔蔵

尚々、節角時候御自愛之程念じ奉り候、呉々も本文之次第賢察を以御用捨希ひ奉り候、以上、

笠井伊蔵様

文中にある「りういん（溜飲）」とは、大槻文彦『言海』によれば、「飲食、胃ニ留リテ消化セズ、腐リテ酸キ液ヲ醸スモノ」とある。食あたりみたいなものか。この史料を説明すると、四月二十九

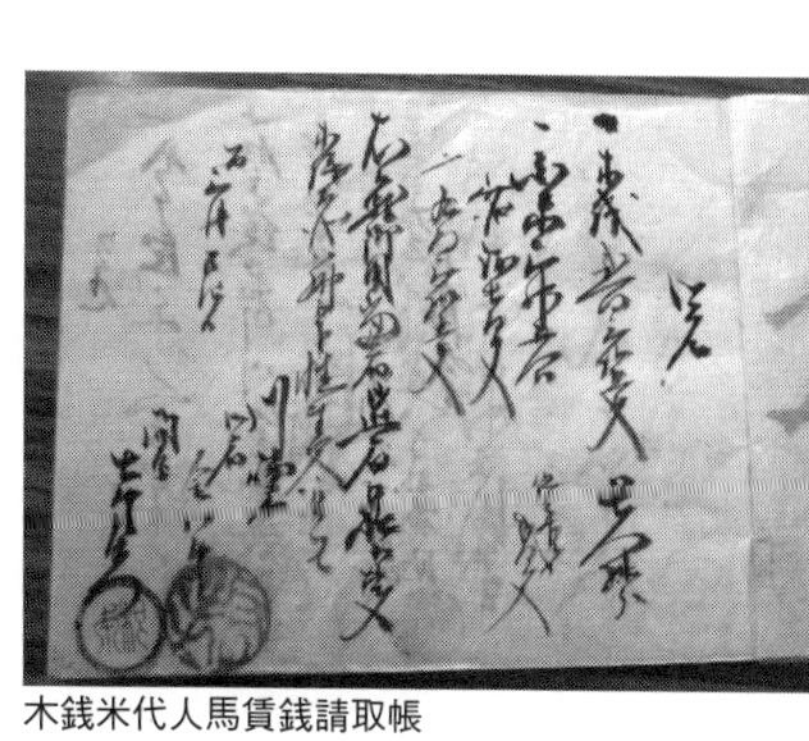
木銭米代人馬賃銭請取帳

日の笠井伊蔵の招集命令に対し、出勤日の五月二日当日については体調不良として欠勤の届出を上司に出すのか、操練所奉行に出すべきなのか笠井伊蔵に伺いを立てる内容となる。四月頃からどうも当人は気候不順による体調不良でいたようだ。残念ながら鹿嶌鍔蔵についてはその役柄、生国についての史料が無くこれ以上のことは分からないが、「私頭方差出候哉」とあるので直属の部下ではなかったようである。この文書から笠井は差配役（さはいやく）の役割をしていたのではないかと推測される。

次の史料は、文久元酉歳三月表題「木銭米代人馬賃銭請取帳」で、帳面の裏側に「御軍艦講武所方　笠井側」と記されたものである。この文書は出張旅費の支払書の受取で、これだけの史料から文言に隠された内容を知ることは難しい。

〔史料④〕

覚

一木銭弐百三拾五文　御七人様分
一白米三升五合　　但壱升ニ付弐百文

此代酒七百文

〆九百三拾五文

右蔵御用当宿御止宿御旅古屋入木銭御代御払被下(くだされ)、慥奉受取(たしかにうけとりたてまつり)候、以上、

酉三月廿四日

川崎宿御宿金八郎　印

問屋　七郎左衛門　印

（中略、以下四月九日品川宿、同日川崎宿、同日川崎宿が出てくる。）

覚

一百七拾弐文　　人足弐人

一三百四拾弐文　　馬弐疋

〆五百拾八文

右上り御払下置、慥奉請取候以上

酉五月十九日

問屋　清一郎　印

一壱貫九百五拾文　半旅籠代十三人様分

右上り御払被下、慥奉請取候

酉五月十九日

神な川代問屋清一郎　印

御宿　源兵衛　印

（以下略）

木銭（きせん）について再び大槻文彦『言海』のお世話になろう。それによると「薪ノ料。木賃即チ、旅泊ニ旅人自ラ米ヲ携（たずさ）ヘテ、炊之薪ノ代ノミ払ヒテ宿ルコト。此ノ如クシテ宿ス旅店ヲ、宿、木賃宿トイフ」とある。史料の中に「白米○升○合」とあるのを見てもわかる。

史料の見方は難しい。当時の人にとっては分かりきった事でも、後世の私たちには文言に隠されたものは謎として残る。例えば「笠井側」とあるのは、笠井の所属している部署で笠井はそこのトップだと見られる。また、「蔵御用」とは米蔵に関するものなのか、それとも武器蔵のことなのか判然としないが、このことは笠井が講武所御蔵御用の役職も担当していたことを示している。この帳面は文久元年二月二十四日から五月二十日までのもので、最後の日時は笠井が捕縛された前日の記録となる。この三ヶ月間で何があったのか。築地の講武所から品川宿、川崎宿、神奈川まで頻繁に往復しており、文言に隠れている事実は何なのか、その当時の複雑な政治情勢も見て興味を引くのである。残念ながら往復内容は謎として残る。

4、さいごに

笠井伊蔵は青雲（せいうん）の志を持って江戸に出て御家人（ごけにん）となり文武に研鑽（けんさん）を積んで講武所に入った。御軍艦講武所に勤務したということはその当時の能吏と見て良い。そこで講武所では文武の道を教授しており、また、軍艦の見廻り差配の役目をしていたと②の史料から推察される。知人の紹介で清河八郎と運命的な出逢いがあり、彼の思想に共鳴し内弟子として清河八郎のメッセンジャーの役割と秘書としての役割を果たした。「虎尾の会」結成の発起人の一人であり、山岡鉄太郎などとともにこの会の主要なメンバーであった。不幸にも幕府の詐略(さりゃく)による密偵(みってい)斬り一件に連座し獄死の運命を辿った。実は幕府が五月十九日に清河グループの捕縛を命じており、二十日にその密偵を斬ってしまった。この事件については従来から幕府がかかわっていると見られていたが、近年江戸川区にある史料ではっきりと幕府の陰謀によって「虎尾の会」一網打尽を目的とするものであったことがわかった。清川塾の留守番をしていた笠井伊蔵や八郎の妻女お蓮など数名が捕縛された。

この当時の世界は列強による植民地主義が吹き荒れ日本も植民地化の危機を迎えていた。そのため攘夷運動が吹き荒れ、多くの若者が参加していった。そして死んでいった。笠井もその一人であった。非寛容の時代の悲劇と言っていい。現在は新型コロナと非寛容のパンデミックが吹き荒れていることを悲しむものである。これで笠井の実像が解明された訳ではなく、清河八郎記念館には未解読の文書が多くあるとのことで、笠井についての史料が出てくる可能性がある。

最後に今回のささやかな史料紹介が「笠井伊蔵」「昌平丸」研究の一助になれば幸いである。

15

立憲国家樹立に向けて邁進した人物

森藤右衛門、東京へ行く
――日本憲法史としてのワッパ騒動――

【キーワード】
・日本憲法史
・一揆から言論へ
・建白書提出

長沼秀明

1、森藤右衛門が結んだ地方史と国の歴史

森藤右衛門(もりとうえもん)は、天保十三年（一八四二）酒田の有力商人（三十六人衆）唐仁屋(からにや)の次男に生まれた。二七歳で御一新を迎え初期町政においては副戸長として行政に携わり、ワッパ騒動では多数の農民による実力闘争を中央政府への訴願闘争へと導き、勝訴を獲得するのに重要な役割を果した。ワッパ騒動をつうじて森の名は全国へ知られるようになり、各地の自由民権運動家との交流も始まった。その後は圧倒的な支持を得て酒田戸長に当選し、さらに山形県会議員に当選したが、約一年後の明治十八年（一八八五）山形市で急逝した。四十四年の生涯であった（三原：二〇一二）。

庄内で活躍した森は酒田から、はるばる東京へ出かけている。森藤右衛門は、いったい何をしに東京へ行ったのか。明治八年（一八七五）に東京には何があり、どのようなことが起こっていたのか。今回は森藤右衛門がワッパ騒動をつうじて庄内の地方史と国の歴史とをつないだ様子を憲

写真　森藤右衛門
（提供：鶴岡市郷土資料館）

法史という視点から見ていくことにしよう。

2、日本憲法史の見方

憲法の基本書は数多い。そのうち、ほぼ全ての本に世界史的視野からの憲法史、そして日本の憲法の歴史が叙述されている。かつて私が大学の法学部法律学科、および大学院法学研究科で学んでいた頃に比べると、日本の憲法の歴史に関する記述は増加しているように思われる。その内容を見ても昔のように宮沢俊義の「八月革命説」によって日本国憲法を大日本帝国憲法と対比しつつ、両者の断絶を強調する見方が展開されているばかりではない。

昨年のはじめ文庫本で再刊された大石眞『日本憲法史』は、「憲法というものを実質的意味でとらえる」（大石：二〇二〇）。大石が言う「実質的意味」の憲法とは、「国家や政府の組織・運営にかかわる基本的な原理や規範をあらわすもので、この場合、その原理や規範は、必ずしも文書化されている必要はなく、慣習など不文の形のままでも構わない」。しかし「わが国の憲法学は正面から取り上げることをせず、もっぱらそれを国史学や日本法制史に委ねている」（大石：前掲）。

昨年秋に刊行された坂野潤治『明治憲法史』（坂野：二〇二〇）のように「大日本帝国憲法と日本

国憲法との断絶を強調するのみでなく、両者の連続性に着目すること」（橋本：二〇一八）を含め、日本における実質的意味の憲法の歴史を叙述する作業が必要となる。

3、穂積八束と吉野作造

穂積八束は、帝国大学法科大学の初代の憲法学教授である。にもかかわらず今日、彼の名を憲法学の基本書に見出すことは難しい。彼は、もはや過去の人のようである。だが、それは今に始まったことではない。穂積八束は、生前から異端の憲法学者であった（長沼：二〇一八）。その彼が晩年、まさに自らの死を覚悟しつつ日本憲法史を一気に叙述した。「憲法制定之由来」が、それである（長尾編：二〇〇一）。

明治天皇崩御から間もない大正元年（一九一二）九月『法学協会雑誌』第三〇巻第九号に掲載された、この論考には「学生諸君に対する告別辞」と題する副題が付されている。法学協会は、明治十七年（一八八四）一月に東京大学法学部の教授・学生・卒業生により結成された団体である。三月には『法学協会雑誌』を創刊し、この雑誌は今なお続く。帝国大学創立後の明治二十一年に制定された法学協会規則は「本会ハ帝国大学法科大学学長、教授、講師、学士、学生生徒其他大学ニ縁故アル者ノ会合ニシテ、法律ニ関スル学理及応用ヲ研究シ、傍ラ会員相互ノ親睦ヲ謀ルヲ以テ目的トス」と規定していた。

穂積八束の「憲法制定之由来」は後に、吉野作造、尾佐竹猛ら明治文化研究会に集う人びとにより昭和三年（一九二八）刊行の『明治文化全集』第四巻（憲政篇）に所収されることになる（吉野ほか：一九二八）。明治元年から数え、ちょうど六〇年目の年であった。明治文化研究会は大正十三年（一九二四）十一月、前年九月に起った関東大震災により明治期の貴重な資料が大量に消滅したことを憂えた吉野作造が中心となって設立された研究団体である。会の目的は、「明治初期以来の社会万般の事相を研究し之れを我が国民史の資料として発表すること」であった。そして昭和二年から五年にかけ吉野らは、全二四巻の資料集『明治文化全集』を「国民史の資料」として刊行したのである（明治大学史資料センター：二〇〇七）。

なぜ吉野は穂積の「憲法制定之由来」を「国民史」の資料集たる『明治文化全集』憲政篇に収めたのか。吉野は、この全集の解題で次のように述べる（吉野：一九二八）。

> 先生は病の故を以て大正元年の夏帝大教授の職を辞し、二十年来担当し来れる憲法講座を離るるに臨み、この告別に代ゆるの一篇を草し、当時法学協会雑誌を主宰せられし山田三良教授の乞にまかせて之を同誌の九月号に寄せられたのである。故に之は単純なる史実の列挙ではない。中に焔々たる先生の熱情が包まれて居るを看逃すことは出来ない。（略）先生は之を書かれてから間もなく逝去された。

そして、こう続けるのである。

> 私は不幸にして先生と憲法の解釈に関する意見を異にするも、この一篇を読むとき毎に先生憂国の至誠に対して自ら敬畏の念を禁ずることを得ないのである。兎に角この一篇はいろ〱の意味に於て永く後世に伝ふべき文献であると考へる。

「私は大学に学んで同先生の教を受けた一人である」と、この解題の冒頭に語っているとおり東京帝国大学法科大学政治学科に学んだ吉野作造は穂積八束の憲法講義を受講した。しかし、やがて民本主義を鼓吹するようになる吉野は穂積とは「憲法の解釈に関する意見を異にする」。そして、この憲法解釈の相違は日本憲法史の理解の相違とも重なるのである。吉野は言う。

> 日本の憲法は政治史的には二つの勢力の交錯の結果として生れたものと観るべきであるが、先生の説明は即ちその一方の立場を最も卒直鮮明に代弁せるものなるは明白である。帝国憲法の由来の説明にも又その解釈にも之と対角線的関係にある他方の立場もあることを我々は看却してはならない。本書を読むに当ても先づ予めこれ丈けの注意は必要であらう。

ここで重要なことは、吉野が日本憲法史を考察するにあたって「二つの勢力の交錯」という歴史的事実に注目している点である。そして穂積八束の描く日本憲法史は、その「二つの勢力」のうち「一方の立場」のみを代表するものであり、大日本帝国憲法の制定過程および憲法解釈においては、「之(これ)と対角線的関係にある他方の立場」があることを強調している点である。

では、この「二つの勢力」とは、いったい何なのか。そして、このことはワッパ騒動と、どのように関係するのか。

4、ワッパ騒動に見る「二つの勢力の交錯」

吉野作造は、日本憲法史を「二つの勢力の交錯の結果」として捉えた。吉野は「憲法制定之由来解題」において穂積の「一気呵成(いっきかせい)に書き流してあつた」論考を「前後七章に区切り」各章に次のとおり表題を付した（吉野：前掲）。

「一、緒言」「二、維新ノ宏謨(こうぼ)」「三、明治八年ノ改革」「四、明治十四年ノ大詔煥発(たいしょうかんぱつ)」「五、憲法制定ノ根本方針」「六、帝国憲法ノ起草及制定」「七、結語」。

このうち「三、明治八年ノ改革」とは大阪会議の結果をうけて出された立憲政体樹立の詔、そして、この詔による元老院(げんろういん)および大審院(たいしんいん)の設置を意味する。国民との関係に着目すれば、前者は国民からの建白を受理する機関であり、後者は国民からの訴訟を受理する機関であった。そして元老院は、その権限をめぐる政府部内での激しい対立を経て権限を縮小しながらも翌九年九月、国憲（すなわち憲法）起草の勅語を得て憲法起草を開始する。

　ワッパ騒動は、まさに、この時期、前著（シリーズ『地方史はおもしろい』第一冊）で見たとおり、酒田の森藤右衛門により建白・訴訟運動へと転換していた。吉野作造が言う「二つの勢力の交錯」とは立憲政体樹立をめざす「二つの勢力の交錯」にほかならない。すなわち政府と国民（正確に言えば国民になることをめざす人びと）との交錯である。そして穂積八束は政府の立場に、吉野作造は国民の立場に、それぞれ立脚しつつ日本憲法史を描いたのであった（長沼：二〇〇七）。

　そもそもワッパ騒動は庄内地方の人びとによる過納年貢償還運動であり、酒田県の年貢徴収方法に対する異議申し立てであった。当初は一揆の形態をとっていたものの、森藤右衛門の尽力により、この時期、言論による建白・訴訟の形態へと大きく転換したことは前著で詳しく見た。そして、まさに「明治八年ノ改革」と時期を同じくして酒田と鶴岡とに「法律学舎」という名の法律学校が森らの手により開校したことも、これまた前著で「法律学舎支校開業願」という史料を紹介しつつ、その画期的意義を強調したところである。「先駆的な実証的憲法史家」であった尾佐竹猛は、「「立憲的意味の憲法」を中心にすえた」日本憲法史を叙述した（大石：前掲）。「立憲的意味の憲法」とは大石眞によれば「実質的意味の憲法」と並ぶ用法であり、「立憲主義という政治思想をその内容とする（略）国政上の基本的原理や規範を指す」。すなわち「制度上、国民の権利や自由を守るために権力分立の原理を採用し、国民を国政（とくに立法）に参与させることを重要な標識とする」（傍点引用者）。吉野作造とともに明治文化研究会を主導した尾佐竹は、まさに、この立場から明治維新史および日本憲法史を叙述したのであった（明治大学史資料センター：前掲）。

穂積八束は「憲法制定之由来」において、「抑々我カ立憲ノ第一着歩ハ維新ノ大業其ノ者ニ在リ。維新史ヲ読ムニ非サレハ我カ憲法ハ之ヲ解スヘカラサルナリ」と喝破した。日本憲法史は、「実質的意味の憲法」および「立憲的意味の憲法」の双方を講究することを目的とする学問分野であり、大日本帝国憲法制定史は明治維新史との関連において、はじめて考察が可能となるのである。

5、東京の森藤右衛門

森藤右衛門は、元老院の前身たる左院の時代から度々政府へ建白を行なっていた。「森の中央への建白については史料集でほぼ全容をつかむことが可能で」「内容とともに今後の整理が待たれている」とする三原容子は森の主要な建白活動を年表風にまとめている。これを見ると森が「頻繁に建白を行っていたこと」が、たいへんよくわかる（三原：前掲）。注目されるのは、明治八年の前半に建白書または建言書の提出が集中していることである。

庄内を出発して東京へ向かった森藤右衛門の建白は、元老院を大きく動かすことになる。元老院への建白書提出は、五月から六月にかけて数回に及んでいる。なかでも明治八年五月十二日の建白書は同月二十二日の『東京日日(にちにち)新聞』に約一ページを費やして掲載された。三原が言うように新聞紙による報道が森藤右衛門の知名度を全国的に高めるのに大きな役割を果したことは間違いない。

この頃、元老院は手狭となったため、左院(さいん)が置かれていた太政官内から「向側(むかいがわ)」(『讀賣(よみうり)新聞』明治八年六月九日)の正院(しょういん)分局へ移転した。明治八年六月七日のことである。左院を引き継ぐ元老院は「議事席ノ外僅(ほかわずかに)ニ五、六室」と『太政類典(だじょうるいてん)』は記しているが、これまでの左院の規模では元老院が、急増する建白書提出に十分に対応できなかった様子がうかがえる。

元老院は単に規模を広げたのみではない。その権限の拡大をも企図していた。ワッパ騒動に関する森藤右衛門の建白書提出は、政府部内における元老院の権限問題をめぐる紛争に拍車をかけることとなった(稲田:一九六〇)。

森は翌六月も東京に滞在し、二十日に開会した第一回地方官会議(ちほうかんかいぎ)を傍聴している。会場は東京浅草の東本願寺。当時、民間で盛んに唱えられた民選議院論(みんせんぎいんろん)を背景に、全国の府知事・県令(けんれい)が一堂に会して地方行政上の諸問題を討議するのが目的であった。議長は木戸孝允(きどたかよし)である。

何よりも注目すべきは、この会議に全国各地から河野広中(こうのひろなか)をはじめとする自由民権運動家が馳(は)せ参(さん)じて傍聴するとともに彼らが結束して民会(みんかい)問題、すなわち民会を公選とすべきか官選とすべきかの問題を審議するよう要求する建言書をこの会議へ提出したことである。彼らは、さらに元老院へも同様の建白書を提出している。渡辺隆喜が当時の新聞紙を調査して作成した「地方民会案審議促進建議者傍聴人一覧」によれば、森藤右衛門は七月六日および同月九日に開かれた民権家の会合に出席しており、森こそは「輿論の喚起と立憲政体建設の目的を達成しようとした」「傍聴人合同会議」の中心人物の一人であった（渡辺：二〇〇二）。森藤右衛門は、ワッパ騒動を建白・訴訟運動へと転換させるとともに東京で全国各地の自由民権運動家と出会い協力し、日本の立憲国家樹立へ向けて邁進したのである。

庄内のワッパ騒動を担った多数の人びとの期待を背負って森藤右衛門は地元の庄内で、そして東京で大きな活動を展開した。「帝国憲法の由来の説明」において穂積八束の説明とは「対角線的関係にある他方の立場」、すなわち国民の側に立脚する吉野作造の立場から見たとき、森藤右衛門そして彼が主導したワッパ騒動は日本憲法史を大きく彩る重要な存在として、われわれの前に立ち現れてくる。ワッパ騒動は、まさに日本憲法史の一環なのである。

参考文献

・吉野作造ほか編『明治文化全集』第四巻（憲政篇）（日本評論社、一九二八年）

・吉野作造「憲法制定之由来解題」（吉野ほか編、前掲『明治文化全集』第四巻）
・稲田正次『明治憲法成立史』上巻（有斐閣、一九六〇年）
・長尾龍一編『穂積八束集』（日本憲法史叢書7）（信山社、二〇〇一年）
・渡辺隆喜『明治国家形成と地方自治』（吉川弘文館、二〇〇一年）
・明治大学史資料センター編『尾佐竹猛研究』（日本経済評論社、二〇〇七年）
・長沼秀明「吉野作造の憲政史研究―明治文化研究としてのその特質」（『法律論叢』第七九巻第二・三合併号、二〇〇七年）
・三原容子「酒田の人・森藤右衛門の事績について」（『東北公益文科大学総合研究論集』二二号、二〇一二年）。
・橋本勇人編『保育と日本国憲法』第二章（長沼秀明執筆）（みらい、二〇一八年）
・長沼秀明「日本憲法学事始め―長尾龍一編『穂積八束集』」（川口短期大学・埼玉学園大学情報メディアセンター「おすすめ本」、二〇一八年）
・大石眞『日本憲法史』（講談社学術文庫、二〇二〇年）
・坂野潤治『明治憲法史』（ちくま新書、二〇二〇年）
・地方史研究協議会編『日本の歴史を解きほぐす―地域資料からの探求』（シリーズ　地方史はおもしろい01）（文学通信、二〇二〇年）

鶴岡市三瀬地区の八森山から鳥海山を臨む。（撮影　今野　章）

第5部　庄内史研究のための問題提起

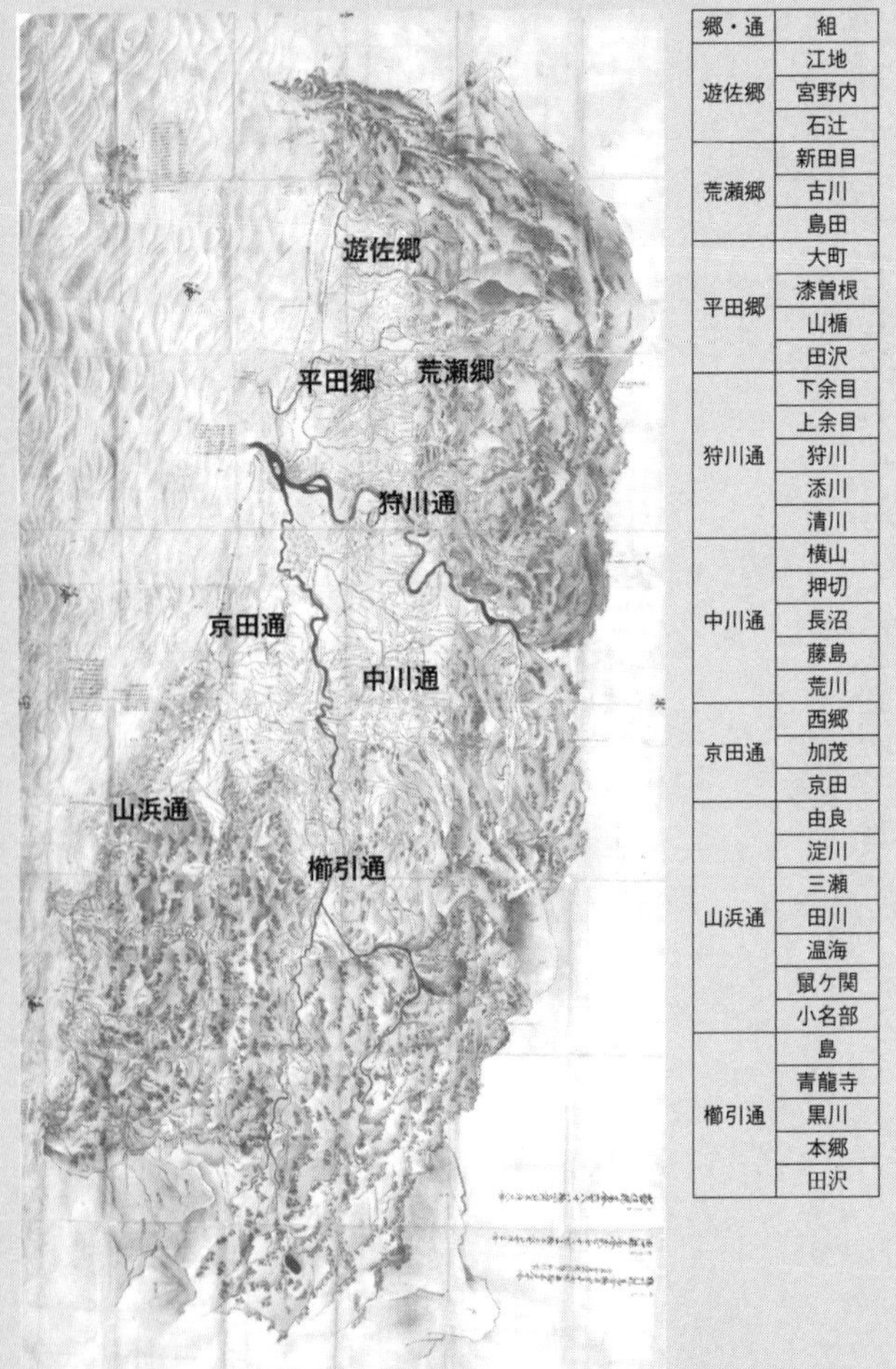

郷・通	組
遊佐郷	江地
	宮野内
	石辻
荒瀬郷	新田目
	古川
	島田
平田郷	大町
	漆曽根
	山楯
	田沢
狩川通	下余目
	上余目
	狩川
	添川
	清川
中川通	横山
	押切
	長沼
	藤島
	荒川
京田通	西郷
	加茂
	京田
山浜通	由良
	淀川
	三瀬
	田川
	温海
	鼠ケ関
	小名部
櫛引通	島
	青龍寺
	黒川
	本郷
	田沢

「正保庄内絵図」（致道博物館蔵）

酒井家入部当初は、庄内領は飽海郡・田川郡・櫛引郡という名称が残っていたが、寛文４年（1664）５月、幕府からの指示があり、櫛引郡は田川郡に組み入れられる。以降、領内は最上川を境として川北・川南に二分され、さらに川北を３郷、川南を５通に区分して、郷村支配をおこなった。

16

なぜ証券が利用されたのか

証券で達成した蔵米取引の効率化
―「米札」という証券―

【キーワード】
・市場経済
・山内政孝
・米相場

安部伸哉

1、はじめに

現在でも「年貢の納め時」という諺があるが、江戸時代の主な年貢であった「米」は、今よりも高価値で最大の商品であった。一般的に、幕府や藩の蔵に納められた年貢米を「蔵米」と呼ぶ。この蔵米は、現米として支払われる分と、売却・換金される分がある。もっとも、武士の俸禄米(給与)も、飯米分を除いて換金する必要があった。つまり、幕府や藩、その家臣にとって米市場の存在が財政や家計に不可欠であった。とりわけ、大坂や江戸などの領外市場は、藩財政にとって重要な藩米の移出先として捉えられている。一方で相対的に考えると、領内市場は家臣にとっての換金市場の役割が大きいと言えるだろう。

さて、庄内地域における蔵米取引で注目されるのが、「米札」(【写真1・2・3】)の利用である。これは、庄内藩が蔵米との交換を約束した証券である。同様の証券として、大坂米市場において諸藩の蔵屋敷が発行した「米切手」が有名であるが、庄内藩の「米札」も領内市場における円滑な蔵米流通を担った。なお、藩札（領内向けの紙幣）の一種である「米札」とは異なること、庄内藩は藩札を発行しなかったことを付言しておく。

2、米札と歩座

庄内地域は、慶長五年（一六〇〇）の関ヶ原の戦いの後、最上義光の領地となったが、御家騒動によって改易となり、元和八年（一六二二）に酒井忠勝の領地となった。

さて、この庄内地域における米札は、いつ頃から始まったのだろうか。最上氏時代まで遡るという指摘もあるが、その券面は不明である。庄内藩の米札は、寛永元年（一六二四）に郡代（農政・経済を司る役職）であった柴谷武右衛門が考案したとされる。彼は、藩の直轄地である蔵入地と、御家中（上級家臣）の知行地の年貢米（物成米）を区別なく一括で収納し、鶴岡の七ツ蔵（地蔵）、加茂蔵、酒田蔵に保管した。そのうえで、御家中の物成米と、御給人（下級家臣）の扶持米・切米を米札で支給する形に制度化したという。これ以降、藩士は俸禄米を米札で受け取り、その一部を現米と交換することで藩士家族の飯米となり、残りを売却することで、町人の飯米や酒造米、移出米となった。なお、この寛永元年の米札発行は、日本における米切手の嚆矢となったという指摘もある。

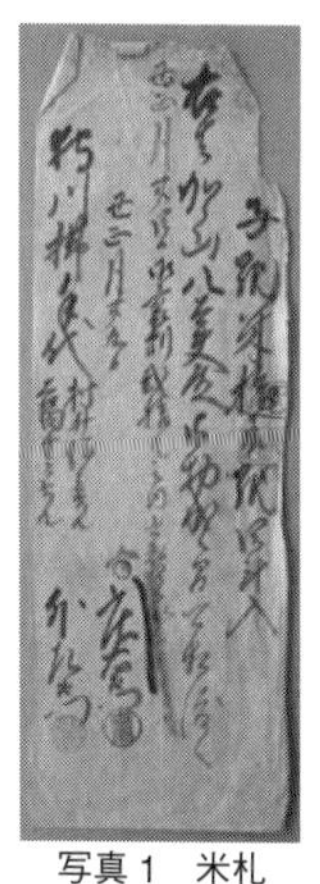

写真１　米札
（物成米）

写真２　米札
（村遣金代米）

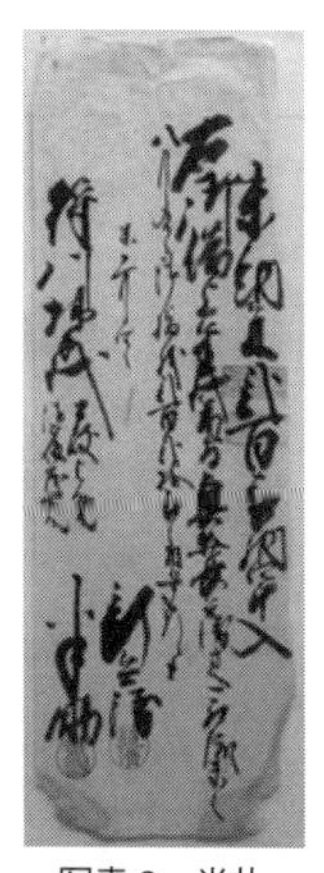

写真３　米札
（借上金代米）

（すべて鶴岡市郷土資料館蔵）

この米札の取引所として、鶴岡と酒田に歩座が存在した。そこでは、現物の米札取引のみならず、先物取引（清算取引）が行われ、米相場を形成した。鶴岡の歩座の起源は、明暦二年（一六五六）だとされている。庄内藩は、鶴岡の西海三郎兵衛・匹田市郎右衛門・林太郎兵衛・奥井長兵衛を御米宿（蔵元）に任命し、そのもとで米相場所を設置して、目早（米仲買）二五人に相場を建てさせた。その後、享保元年（一七一六）から延商内（清算取引）を行うようになり、延享二年（一七四五）には、米仲買に加えて両替商（銭屋）二五人も取引参加が許可された。同時に米相場所を歩座方と改称したという。酒田の歩座は、享保三年（一七一八）に許可されたと言われている。

しかしながら、近年の研究では、明暦二年時点で林太郎兵衛以外の三人が御米宿に任命されてい

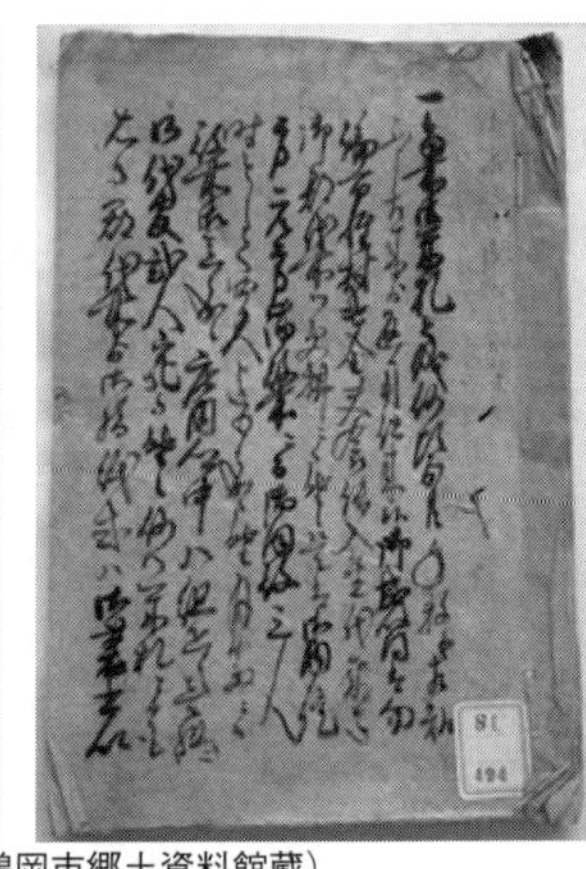

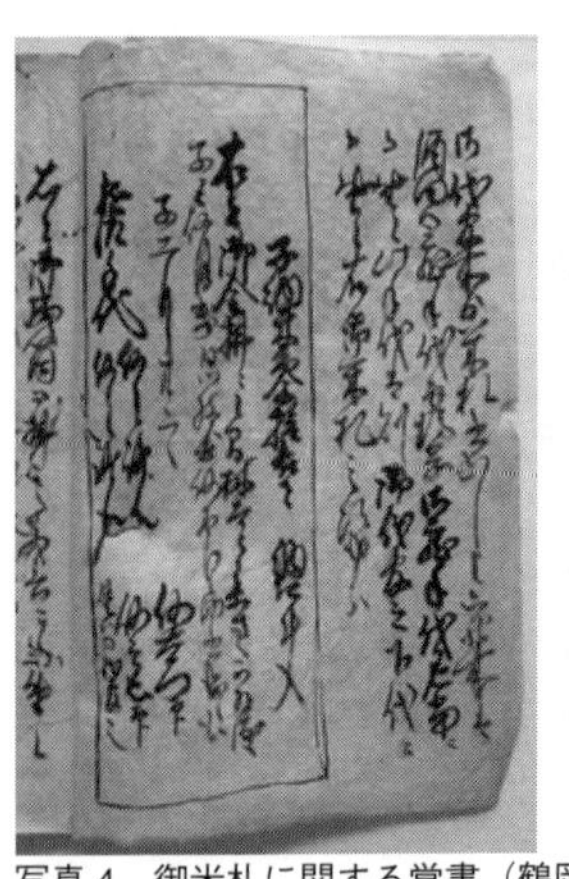

写真４　御米札に関する覚書（鶴岡市郷土資料館蔵）

なかったこと、元禄九年（一六九六）時点でも米相場所が設置されていなかった可能性が示されている。米札や歩座については、不明な点が多く残されている。

3、米札についての一次史料

現在、実物の米札は比較的残存を確認できるが、米札の種類や利用方法について教えてくれる史料、とくにその当時に記録されたオリジナルな一次史料は貴重である。「御米札に関する覚書」（鶴岡市郷土資料館蔵）は、作成年代や作成者、その目的が不明であるが、当時の米札の概要を把握することができる。

〔翻刻文〕

一、当所御米札之儀何頃ゟ共年数も相知不申、古来ゟ通用仕来候、御成箇者勿論百姓村遣金夫食借入金代米等御郡代所御受払ニ御座候、是者御内証

方元方御役所ニ而御同役三人時として四人迄も被成御座候、月番ニ而役所御立被成候、庄内郷中八組有之、壱組ニ御代官弐人宛御座候、何御米札ニ而も右御郡代所ゟ御指紙或ハ御筆書以、御代官所ゟ御米札書出し申候、宛所は酒田御蔵手代鶴岡御蔵手代名当ニ御座候、此手代者則御代官之下代ニ御座候、右御米札之次第ハ

> 子納米参拾表者　納四斗入
> 右は御金払に候間林太郎兵衛方へ可相渡候
> 子之何月幾日御指紙何百表内書替候以上
> 　子十一月廿二日　何右衛門　印
> 　　　　　　　　　何兵衛　印
> 　遊佐手代　何之誰え　是ハ御代官也
> 　　　　　何之誰え

右は御成箇御払之文言ニ御座候

〔読み下し文〕

一、当所御米札の儀、何頃よりとも年数も相知り申さず、古来より通用仕来たり候、御成箇

は勿論、百姓村遣金・夫食・借入金代米等御郡代所御受払いに御座候、これは御内証方元方御役所にて御同役三人、時として四人までもなられ御座候、月番にて役所御立てなされ候、庄内郷中八組これあり、一組に御代官二人宛御座候、何御米札にても右御郡代所より御指紙あるいは御筆書を以って、御代官所より御米札書出し申し候、宛所は酒田御蔵手代・鶴岡御蔵手代名当に御座候、この手代はすなわち御代官の下代に御座候、右御米札の次第は

子納米三十俵は　納四斗入
右は御金払に候間林太郎兵衛方へ相渡すべく候
子の何月幾日御差紙何百俵の内書き替え候以上
子十一月二十二日
何右衛門　印
何兵衛　印
是は御代官なり
遊佐手代　何の誰へ
何の誰へ

右は御成箇御払いの文言に御座候

この史料では、米札の起源は不明であるが、大昔から通用しているとある。米札は、①御成箇、百姓の②村遣金代米・③夫食代米、④借入金代米など郡代所における米の受払いに利用されている。①御成箇は物成（田畑にかかる正租）のことで、蔵米の払い下げや藩士の俸禄米支給を指す。写真1は、加賀山八太夫への物成米の米札である。②村遣金は村への低利融資である。写真2の米札は、中川通の大庄屋への村遣金代米である。③夫食は農民の食料のことで、庄内藩は種夫食貸として年三割の利息で強制的に貸し付けていた。④借入金は、蔵米を担保とした借金である。写真3の米札は、御米宿の奥井長兵衛への借入金代米である。つまり、郡代所は様々な名目で米札の発行を指示し、蔵米の処分や資金調達を行ったのである。

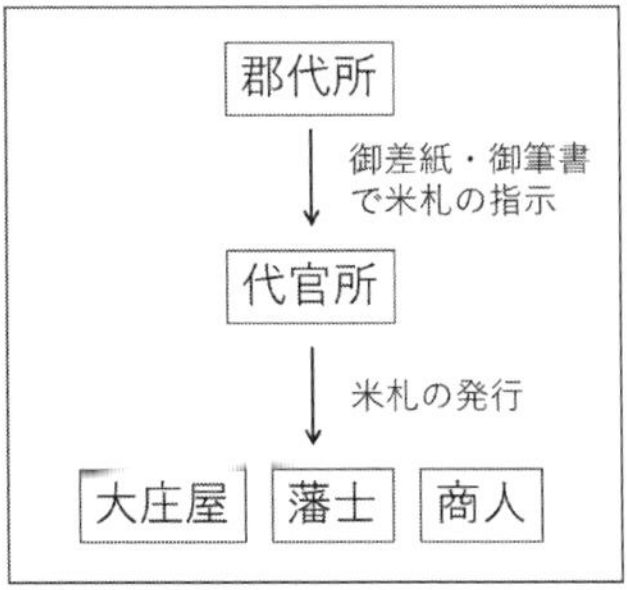

郡代所
↓ 御差紙・御筆書で米札の指示
代官所
↓ 米札の発行
大庄屋　藩士　商人

図1　米札発行の流れ

続いて、郡代所は藩財政を司る役所で、その郡代は三人から四人、月番（一ヶ月ごとに交代）で担当しているとある。「内証」は家計を指すので、庄内藩の財政の意味になるだろう。「庄内郷中八組」とあるように、庄内地域は八つに分けられる。つまり、最上川以北の川北三郷（遊佐郷・荒瀬郷・平田郷）と最上川以南の川南五通（狩川通・中川通・櫛引通・京田通・山浜通）である（二二二頁参照）。それぞれに代官が二人ずつ配置されていた。そして、どのような名目の米札であっても郡代所からの「御指紙」や「御筆書」の指示を受けて、代官所が米札を発行する（【図1】）。蔵米との交換は、酒田や鶴岡の「御蔵手代」が担当する。この手代は、各代官所に所属する下級役人である。なお、加茂蔵宛の米札も存在した。

さらに、「御成箇御払」（蔵米の払い下げ）を事例として、米札の雛形がある。第一に、子年に納められた蔵米が三十俵とある。いつの蔵米か、何俵かの情報である。「納四斗入」は、一俵あたり京枡で四斗八升入のことである。第二に、この三十俵は、林太郎兵衛が落札した合計何百俵の一部であることがわかる。米札の名目、誰の米札かの情報である。第三に、米札発行の日付と発行した代官の名前と印形、手代の宛名がある。これらが米札の券面情報である。この米札で米取引が行われ、最終的に蔵米と交換されて、現米が流通した。

4、庄内藩の財政と米札発行の規模

米札の発行は、庄内藩の蔵米を裏付けとしているので、財政から米札の発行状況を考えてみよう。庄内藩の財政は、物成と浮役（雑税）からなる。さしあたり、享和三年（一八〇三）の状況は、物成の米二四万三二二三俵余、浮役の米七万一二五三俵余と金一万一一八八両・銭一万一五〇九

表1 享和3年（1803）の物成勘定・浮役勘定

物成勘定

歳入	俵	斗	歳出	俵	斗
取米(納4斗入口米共)	220,643	3.578	御家中物成渡	111,575	1.7115
上米	22,515	2.7727	売却（代金1万9862両2分・銭278貫876文）	69,068	2.5894
籾代	63	2.1375	御扶持方役所渡之内（切米・扶持米を含む）	43,663	3.2537
			御返済米元利渡	11,142	2.2463
			御家中以外の物成渡・合力米渡など	6,850	
			その他	315	2.6873
合計	243,223	0.4882	合計	242,616	0.4882

浮役勘定

歳入	俵	斗	歳出	俵	斗
種貸元利	45,192	2.682	子種貸渡	34,763	1.795
内）御貸元	34,763	2.375	売却（代金3611両・銭11貫972文）	12,041	2.968
内）三割利足	10,429	0.313	御返済米渡	4,357	3.2438
高壱歩増免取米	5,017	1.591	御扶持方役所色々渡之内	4,245	3.4836
下免村々より増免取米	4,929	2.787	その他	15,844	3.7927
郷高与内一分米	4,830	3.762			
その他	11,283	0.306			
合計	71,253	3.128	合計	71,253	3.2831
その他金納合計	金11,188両 銭11,509貫文				

出典：「享和三年庄内御物成・浮役勘定一紙目録」（『荘内史要覧』210-214頁）

注：史料上、4斗／俵で計算。物成勘定の歳入合計と歳出合計は一致していない。

表2 享和3年（1803）の物成・浮役勘定の歳出合計

	俵	斗	俵／合計
御家中物成渡	111,575	1.7115	35.50%
売却	81,110	1.5574	25.80%
御扶持方役所渡	47,909	2.7373	15.30%
子種貸渡	34,763	1.795	11.10%
御返済米渡	15,500	1.4901	4.90%
その他	23,010	2.48	7.30%
合計	313,869	3.7713	100.00%

出典：「享和三年庄内御物成・浮役勘定一紙目録」（『荘内史要覧』210-214頁）

注：史料上、4斗／俵で計算。

嘉永４年			嘉永５年			嘉永６年		
0.47134			0.38406			0.47105		
俵	斗	代官	俵	斗	代官	俵	斗	代官
306	1.484		249	2.556		306	0.73	
75			75			75		
25			8	1.3333		25		
12	2		12	2		12	2	
	0.625			0.625			0.625	
193	2.859		153	2.5977		193	2.105	
47	2	山浜	50		山浜	40		山浜
8		櫛引	8		櫛引	8		櫛引
38		荒瀬				54		荒瀬
20	3.333	中川				27	1.333	中川
16		荒瀬				9		荒瀬
8		中川						
16		中川	29		中川	16		中川
31	3.526	荒瀬	59	0.598	荒瀬	31	2.772	荒瀬
7	2	櫛引	7	2	櫛引	7	2	櫛引
193	2.859		153	2.598		193	2.105	
4		平田	4		荒瀬	4		荒瀬
197	2.859		157	2.598		197	2.105	

貫文が歳入である（【表1】）。物成勘定の歳入はほぼ取米（年貢米）で、その他に藩士からの上米と籾代がある。その歳出は、物成渡・扶持方役所渡など俸禄米が多く、売却は三割弱である。浮役勘定の歳入は、その半分を種貸元利（村への貸付）が占めている。しかし、御貸元は翌年の種貸渡にスライドするので、三割利足が実質的な歳入である。そのため、数字上の売却は全体の二割に満たない（ただし、種貸渡を除くと三割）。

両勘定を合計すると、三一万三八六九俵余となり、四・八斗／俵として最大で約一五万石の米札発行が推定できる。その歳出の内訳は、御家中物成渡が約三五%、売却が約二五%、御扶持方役所渡が約一五%、種貸渡が約一〇%、御返済米渡が約五%、その他が約一〇%である。つまり、庄内藩財政の主要な歳出項目は藩士への俸禄米であった。そして、米札の

表３　山内政孝家の蔵米収入

	嘉永元年			嘉永２年			嘉永３年		
平均免	0.47219			0.45016			0.38161		
	俵	斗	代官	俵	斗	代官	俵	斗	代官
取米（口米共）	306	3.694		292	2.416		248	0.186	
(-) 上米	75			75			75		
(-) 増上米	25			25					
(-) 与内米	12	2		12	2		12	2	
(-) 籾代		0.625			0.625			0.625	
小計（A）	194	1.069		179	3.791		160	1.561	
(+) 御貸米	45		山浜	50		山浜	45		山浜
(+)9 月渡	8		櫛引	8		櫛引	8		櫛引
(+)10 月渡	41		荒瀬	38		荒瀬	40		荒瀬
	20	1.333	中川	18	1.333	中川	21	1.333	中川
(+)11 月渡	15		荒瀬	15		荒瀬	15		荒瀬
							16	2.667	荒瀬
(+)12 月渡	9		中川	9		中川	6	3.561	荒瀬
(+) 正月渡	16		中川	11		中川			
	32	1.736	荒瀬	23	0.458	荒瀬			
(+) 大豆（12 月渡）	7	2	櫛引	7	2	櫛引	7	2	櫛引
小計（B）	194	1.069		179	3.791		160	1.561	
(+) 振人給米	4		山浜	4		山浜	4		荒瀬
合計（C）	198	1.069		183	3.791		164	1.561	

出典：「物成請払控」（鶴岡市郷土資料館蔵）。注：史料上、４斗／俵で計算。

発行は、御米蔵に蔵米を保管したままで、大量の蔵米の円滑な処分と流通を可能にする重要な役割を担った。

5、庄内藩士の家計簿

以下では、個別の庄内藩士の家計を通して、藩財政の主な歳出であった物成米の具体像を見てみよう。山内政孝（やまうちまさたか）が記録した「物成請払控（ものなりうけばらいひかえ）」（鶴岡市郷土資料館蔵）は、嘉永元年（一八四八）から六年（一八五五）までの山内家の収入と支出を記録した武士の家計簿である。彼は、御家中に属する禄高二五〇石の中級藩士で、藩校の句読師（くとうし）（漢文の素読指導）の後、嘉永三年（一八五〇）から御物頭（おものがしら）（足軽組の頭）を勤めた。

山内政孝の収入は、主に物成米と小物成（雑税）である（【表3】）。物成米は、禄高二五〇石に平均免（年貢率）を掛け、そこに口米（付加税）を加えることで算出される。例えば、嘉永元年の物成米は、三〇六俵余であるが、これは額面上の数字である。そこから藩への上米、増上米、与内米、籾代が差引かれ、実質は小計（A）の一九四俵余である。この一九四俵余は分割して、米札と大豆札で受け取った。その内訳は、主に九月から翌年正月までの五回に分けて支給されるほか、飯料として御貸米が月々支給された。それらの米札は、荒瀬郷・平田郷・櫛引通・中川通・山浜通の五ヶ所の代官が発行したものだった。そして、小計（B）＝小計（A）となることが確認できる。さらに、下男への給与である振人給米を加えた合計（C）の一九八俵余が年間の実収米である。そのほかに、小物成は村々から金納で受け取った。

嘉永５年	嘉永６年
金 75 両 2 朱	金 80 両
銭 29貫 850文	銭 27 貫
銭 15貫 650文	銭 15貫 650文
金 86 両 2 歩 銭 1 貫 50 文	金 86 両 2 歩 銭 1 貫 50 文
金 79 両 銭 1 貫 508 文	金 59 両 銭 357 文
金 6 両 1 歩 銭 1 貫 142 文	金 26 両 2 歩 銭 693 文

さて、この米札はどのように換金されたのだろうか。米札・大豆札の売却の記録は、断片的である。嘉永三年（一八五〇）二月十九日には、前年分の米一四俵を山添屋に金七両一歩・銭二十四文で売却したが、それらは御貸米札一〇俵と振人給米札四俵で、地蔵札（地蔵で交換される米札）であった。また、嘉永四年（一八五一）十二月二十三日には、大豆札四俵を山添屋に銭十貫四四〇文で売却している。この山添屋は米仲買である。歩座方仲間の規則『永代米商掟』では、山添屋太

表4　山内政孝家の収支推計

	嘉永元年	嘉永2年	嘉永3年	嘉永4年
米売却額	金80両2歩	金76両	金74両3歩	金76両1歩
大豆売却額	銭27貫	金3両1歩	銭25貫560文	銭10貫440文
小物成	銭15貫643文	銭14貫400文	銭10貫300文	銭14貫800文
収入合計	金87両 銭1貫43文	金81両2歩	金80両1歩 銭1貫660文	金80両 銭1貫240文
支出合計	金73両1歩 銭516文	金81両 銭290文	金90両2歩 銭898文	金117両1歩 銭498文
収支	金13両3歩 銭527文	金1歩 銭1貫310文	△金10両1歩 銭238文	△金37両 銭458文

出典：斎藤（1970）。　注：金1両＝銭6貫400文で再計算。△は赤字を示す。

郎兵衛（佐藤太郎兵衛）の名前が確認できる。つまり、藩士は俸禄米を米札で受け取り、米仲買を介して米札を換金し、市場に米札を供給したのである。

最後に、山内家の年間収支に注目したい（【表4】）。山内家は、政孝夫婦と母・息子の四人家族で、下男二人と下女二人を雇っていた。まず、三〇俵を飯米、残りを売却米として、その年の相場で売却額を推計した。次に、大豆売却額と小物成、その他金銭収入と合算して、年間収入から年間支出を差し引いた。その結果、嘉永三年と四年は赤字だが、他の年は黒字で、全体として比較的堅実な家計と言えそうである（ただし、六年間の収支合計は二二六文の赤字）。

6、おわりに

庄内地域における米札の利用は、近世の市場経済における一つの到達点であろう。経済学では、経済取引に関わるあらゆる費用を取引費用（コスト）と呼ぶ。嵩高な米の場合、米俵の移動やそれに伴う損耗、保管費用などが挙げられる。米札という証券の利用は、御米蔵に蔵米を保管したままで、蔵米の支給や売買を可能にし、取引費用の低減を実現したのである。

参考文献

・鶴岡米穀取引所編『永代米商掟』（鶴岡米穀取引所、一九一三年）
・鶴岡市役所編『鶴岡市史　上巻』（鶴岡市役所、一九六二年）
・斎藤正一「山内政孝「物成請払控」―庄内藩中級家臣の年間家計簿―」（『歴史地理』第九二巻第一号、一九七〇年）
・鶴岡市史編纂会編『荘内史要覧』（鶴岡市、一九八五年）
・三上初子『荘内藩の米札から山居倉庫米券への移り変り』（私家版、一九八五年）
・酒田市史編纂委員会編『酒田市史　改訂版　上巻』（酒田市、一九八七年）
・本間勝喜『庄内藩城下町鶴ヶ岡の御用商人』（庄内近世史研究会、二〇一六年）

17

現在も続く焼畑の歴史

庄内における焼畑の記録と記憶をつなぐ

――検地帳からみる焼畑の形態――

【キーワード】
・山の活用法
・近世の検地帳
・伝統農法の継承

渡辺理絵

1、今に伝わる焼畑の技

鶴岡市藤沢地区は金峯山の山麓に位置し、「藤沢カブ」の産地として知られる。二〇一八年も後藤勝利さんを中心に焼畑でこのカブが栽培された。一度は途絶えた焼畑は二〇〇〇年頃から復活した。木材価格の低迷により造林に活路を見いだせない山の活用法としてカブをつくってほしいという山主（他者一名の私有地）の要望に応えた形であった。後藤さんが営む焼畑には口伝で受けついだ農学的知や火を操る民俗知が内在する（詳細は以下に詳しい。江頭：二〇一一、山崎：二〇〇四など）。ここでは、まず庄内で受け継がれる焼畑の所作について見ていこう。

焼畑に適した山は南西の斜面であるという。夕方の西日がカブの生育には強すぎ、乾燥してしまうことから西向きは適さないと教わる。斜面傾斜は二〇度くらいであろう。

伐採は十～十二月に行われる。これは温海地域も同様である。後藤さんの焼畑は毎年、場所を変えるため、伐採される樹種は変則的となる。二〇一八年の焼畑地は約三〇ａで杉の植林地であった。樹木の伐採は安全祈願と山の再生を祈る「まさかりだて」という神事から始まる。伐採される樹木の中でもっとも高い木に登り樹木の芯（樹芯）を取る。それを口にくわえながら降りると、最初に伐採した樹木にその樹芯を立てる。樹芯は山の神に見立てられている。こうした儀式が無事に済むと伐採が始まる。杉は樹齢二十年前後のもので、筆者が数えた切り株の年輪では二七年がもっとも古かった。一九九〇年前後に植林されたものであろう。焼畑地の近くには朽ちた切り株も見える。戦後すぐに植林されたもので、四〇～五〇年の間隔をあけて植林された山であった。

林業では「地拵え」と呼ばれる作業がある。伐採後に取り残された木の根や枝などを整理して新たな苗を植栽できるように土地を整備することをいうが、藤沢では「ヤマハライ」という。焼畑予定地には伐採した杉の枝条が並べられ、刈った草や小木、大枝が偏ることなく敷き詰められる。この作業が一週間から一〇日程度続けられる。ようやくヤマハライがおわると火入れまでの間の一か月前後は乾燥の期間となる。

火入れは例年八月に行われる。後藤さんは暗いうちの火入れを好む。うごめく火の在り処が判別しやすいからだ。火入れ予定地の脇五ｍゾーンに、水が撒かれ防火帯がつくられる。着火は焼畑地の上方からである。火入れで重要なことは土を長く満遍なくじっくりと焼くことという。このため枝葉の量を偏りなく均一に敷く必要がある。ヤマハライはそのための重要な作業であり、こ

写真1　鶴岡市藤沢地区における焼畑の火入れ作業
（2018年8月筆者撮影）　枝条および火が水平に見える。

の作業に落ち度があれば火入れは成功しないと教わる。午前八時二〇分に着火され、その後は火の加減を調整する指示が飛び交い、火を水平に保つよう留意される。一〇名前後の人員は焼畑地の上手から横一線に並び、水平に焼かれるように細心の注意が払われる（【写真1】）。火は焼畑地の上方から下方へと誘導される。中腹まで燃焼が進むと、今度は両端から着火される。これは燃焼の最後を焼畑地下方の中央部としたいためである。こうして午後一時頃には焼畑地は灰色の斜面へと変貌していた。一通り焼き終えると、後藤さんはレーキで燃焼跡地をならしながら、焼け具合や地面の凹凸の感じを確認する。「親父からは、裸足で歩いて木が当たるようなら、何度でも払いに戻れと言われた」という。もし焼け残った枝条があれば再度、平行に並べて焼くのである。

　二〇一八年の播種は火入れの翌日であった。例年は火入れの日に行われるという。後藤さんが手で蒔き、おわると種を乾燥から守るため土で軽く覆う。こうして四十五日には「藤沢カブ」が実る。直径三cm、長さ一〇～一二cmの長カブで、地上部は紫赤色で、地下部は白く、根の内部も白い丸尻のカブである（【写真2】）。

こうした焼畑は戦後にかけて衰退の一途をたどった。庄内の、かつての焼畑地に残る記憶は今ではぼやけつつあるが、一九九六年に庄内六か所で行われた赤坂憲雄氏によるフィールド調査（赤坂、二〇〇四）では大正期から昭和一桁代生まれの話者の「昔はどの家でも」という言葉が散見される。では記憶以前の「焼畑の記録」はいつまで遡及できるのであろうか。ここでは記録にみる庄内の焼畑に焦点をあてたい。

2、検地帳にあらわれた焼畑

写真2　収穫された藤沢カブ（漬物の本長さんにて）

近世における焼畑研究は、おもに検地帳とともに進められてきた。しかし、意外にも庄内に残る検地帳から焼畑に接近した研究はこれまで見られない。佐々木高明氏が日本における八大焼畑卓越地として位置づけた庄内（奥羽・出羽山地）で、なぜ、焼畑の記録は見いだせないのだろうか。

理由の一つに庄内藩の検地の頻度がある。庄内藩における一斉検地は近世を通じて元和九（一六二三）年の一度のみであり、その検地ですら未実施村は相当数に及んだ。貢租関係史料の一斉整備は寛文九年、享和元年、慶応三年に実施したが、それらは開発された土地の把握に主眼がおかれ、すでに検地帳に載っている土地の実測はなされず人名の異同、生産量の変更が生じた地所のみの記述にとどまっている。土地の実測は明治期の地租改正まで実施されなかった。

焼畑の記録を探す険しさはさらに続く。検地帳を中心資料として研究が進んだ地域では「焼畑」という地目（「鹿野」「山畑」「山下畑」など）が含まれていた例が多い。山形県村山地方もその一つである。「上・中・下田／上・中・下・下々畑・鹿野」という序列であった（米家：二〇〇五）。一方、庄内藩の検地において「焼畑」の地目は設定されていない。村山地方の「鹿野」が山形藩にとって大きな注目を集めたであろうことを勘案するとき、庄内藩にとって焼畑はどのような存在であったのか、関心がおよぶ。明治期における切替畑（焼畑とほぼ同意）の面積を山形県の五地域（西田川・飽海・東村山・北村山・最上郡）において比較すると飽海郡と西田川郡の切替畑は総計一三二〇町歩を超し、五地域の合計の四分の三の面積を占める。明治初期の集計方法にはその信頼性を疑うべき余地があるとはいえ、参考値としても無視できない。この疑問を解くためにも庄内における焼畑の記録は重要な鍵となる。

近代から現在までの庄内一円の焼畑地域にそって、近世の検地帳などを調査した結果、【表1】および【写真3・4】（焼畑・山畑）にみるように、貢租関係史料の中に「焼畑」の記録を見出すことができる（【図1】）。表記は「焼畑」（「やけはた」）あるいは「山はた」である。田川村（鶴岡市）の寛文九年の水帳（検地帳と同意）は「焼畑　一畝歩　五郎右衛門」のように記載があり、あ

歩米（分米）	資料番号	所蔵者
４斗９升５合１勺	国有森林下戻申請書 15-18	上郷コミュニティセンター
７斗８升６合７勺	国有森林下戻申請書 15-18	上郷コミュニティセンター
１石５斗３升３合	国有森林下戻申請書 15-4	上郷コミュニティセンター
１石１斗８升４合９勺	国有森林下戻申請書 18-14	上郷コミュニティセンター
１石５斗３升３合	国有森林下戻申請書 18-14	上郷コミュニティセンター
２斗６升６合６勺	国有森林下戻申請書 18-13	上郷コミュニティセンター
記載なし	田川地区文書Ⅱ－№１	鶴岡市郷土資料館蔵
６石７斗３升	東目地区文書№ 99	鶴岡市郷土資料館蔵
５石２斗８升５合３勺	豊浦村村落史々料第二集	
記載なし	湯田川地区文書４６	鶴岡市郷土資料館蔵
記載なし	湯田川地区文書８０	鶴岡市郷土資料館蔵
５石５斗２合	鶴岡市資料館郷土資料目録 SL22.521 －ネ（334）	鶴岡市郷土資料館蔵
６斗２升３合	鶴岡市資料館郷土資料目録 SL1729	鶴岡市郷土資料館蔵

たかも「焼畑」が地目に設定されいるかのようにみえるが、帳末の集計の部分には「下々畑　〆壱町三反八畝七歩　焼畑共ニ」とあり、「焼畑」は下々畑として扱われた。山口村（以下、鶴岡市）および山谷村の水帳や東目村の「下々焼畑」という表記からも焼畑は下々畑（鼠ケ関組のみ下畑）に含まれ、貢租対象となっていたことがわかる。庄内藩は焼畑を租税賦課の対象としていたが、焼畑の一反当たりの収穫量である石盛は下々畑（下畑）と同高であったことから水帳にあえて「焼畑」と記す必要はなく、【表２】の村々の水帳がむしろ特殊な例であったと見るべきであろう。同様のことは米沢藩においてもみられる。焼畑の石盛が下畠と同じであったため「検地法度」では焼畑は把握対象とされたが、焼畑が卓越する中津川・小国地域（山形県置賜地域）の検地帳で焼畑の記述がみられるのはわずか三村のみであった（吉田：一九八四）。

庄内における「焼畑」の存在は、検地帳にあらわれるこ

表１　焼畑関係資料一覧

村名	地目に付与された記述	地目	年次	資料名	焼畑面積
山口村		焼畑	寛文９年	山口村水帳(一部)	1反 2畝 12歩
山口村	やけはた	下々畑	慶應３年	反別持主同人為寄帳(一部)	1反1畝24.4歩
竹野浦村		焼畑	寛文９年	竹野浦村水帳(原本コピー)	3 反 8 畝 10 歩
竹野浦村		焼畑	文化元年	反別高寄帳(一部)	2 反 9 畝 6 歩
竹野浦村		焼畑	慶應３年	反別持主同人為寄帳(一部)	3 反 8 畝 10 歩
草井谷村		焼畑	慶應３年	反別持主同人為寄帳(一部)	6 畝 20 歩
田川村		焼畑	寛文９年	田川村水帳(実物)	1反 4畝 28歩
東目村		下々焼畑	元禄８年	東目村焼畑高変小引帳	1町6反8畝7歩
由良村		焼畑	寛文９年	由良村水帳(全)	1町3反2畝4歩
山谷村	山はた	下々畑	寛文９年	山谷村水帳	3反 2畝 11歩
藤沢村	山はた	下々畑	寛文９年	藤沢村御水帳十二帳之写	14 歩
鼠ヶ関組		下畑	宝永２年	鼠ヶ関組田分ケ之帳	記載なし
大岩川村		焼畑	天保４年	温海組大岩河村反別高［名］寄帳	記載なし

とは稀であり日常性の中に埋没していったが、「焼畑」が記された数例の水帳の発見によって記録上は一六七〇年時にすでに広範囲な地域で焼畑経営があったことが確認された。なお寛文九年の田川村水帳には末尾に「古帳文字見え兼ね」とあり、当該水帳に先行する「古帳」の存在を示唆

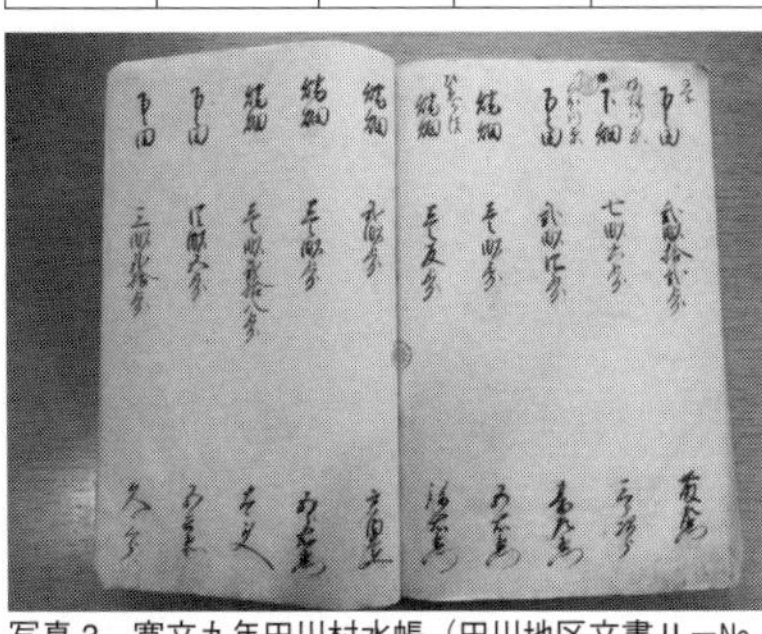

写真３　寛文九年田川村水帳（田川地区文書Ⅱ－№1鶴岡市郷土資料館蔵）焼畑の地目がみえる。

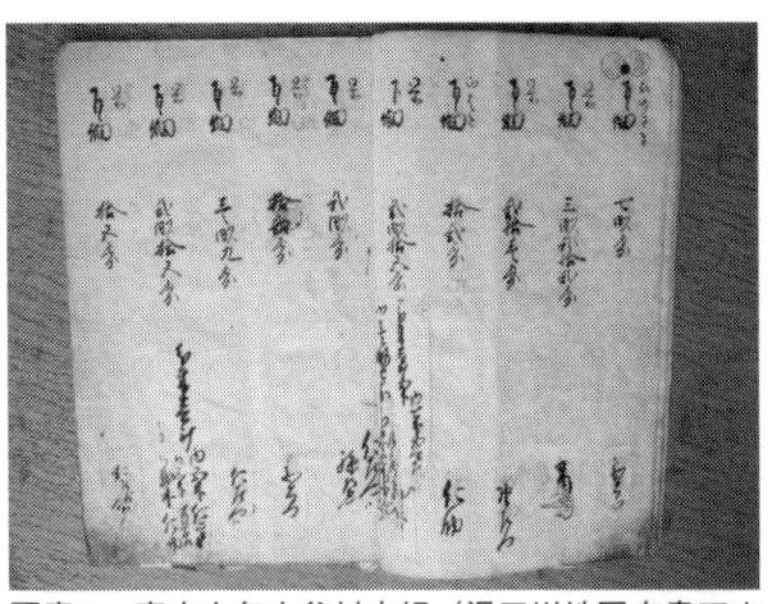

写真４　寛文九年山谷村水帳（湯田川地区文書四六鶴岡市郷土資料館蔵）下々畑の前に「山はた」がつく。

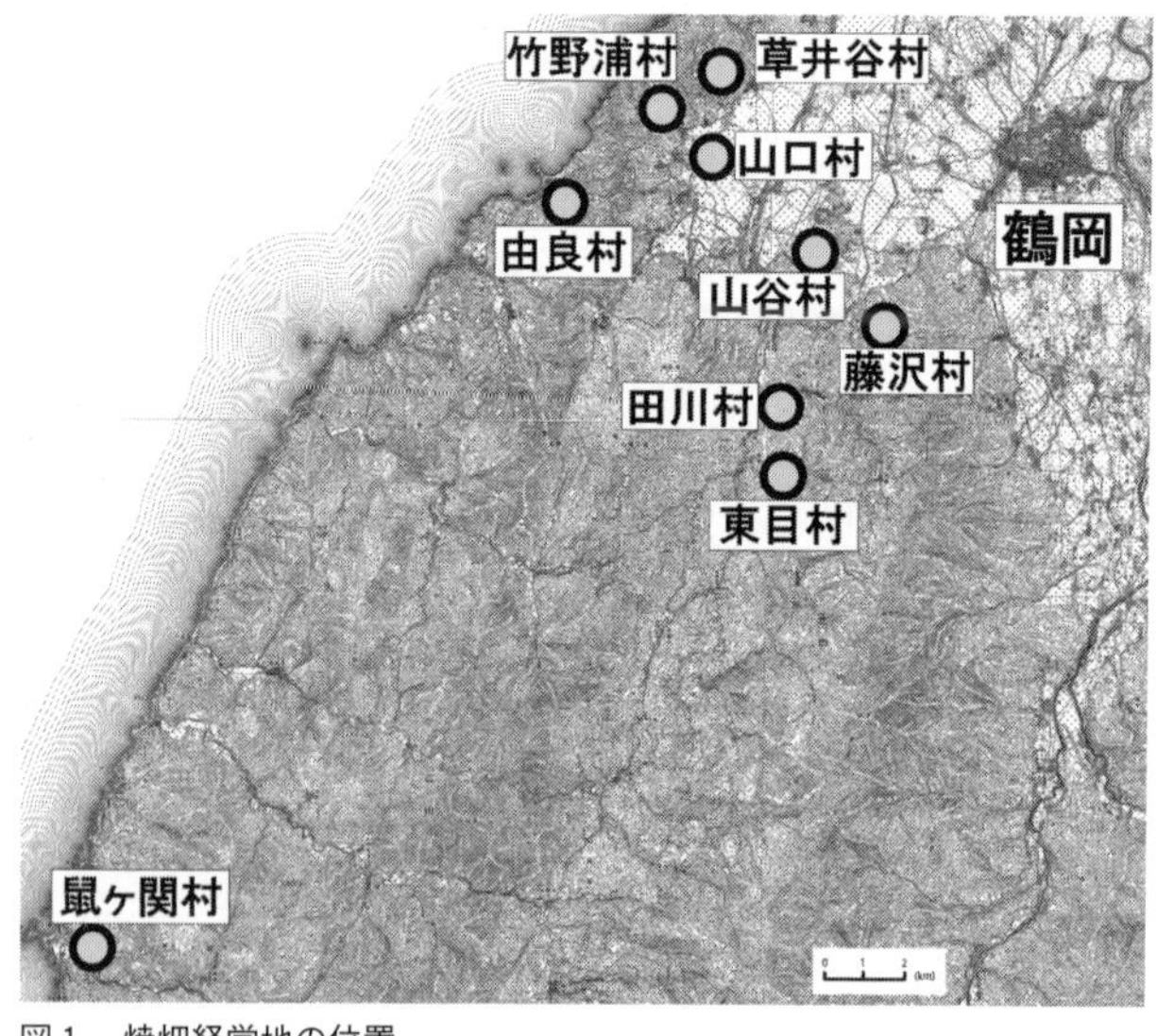

図１　焼畑経営地の位置
５万分の１地形図（大正２年測図より）鶴岡・酒田・加茂・湯温海・田麦俣

している。「古帳」とは元和の検地帳を指し、記録上の庄内における焼畑の展開は少なくとも一六〇〇年代前半まで遡及できるとみて良い。

『農業全書』を通してみる焼畑は租税対象から外れるか、あるいは僅かな貢租にとどまっていた印象があるが、庄内藩は「焼畑」を貢租対象から除外していたとみることはできない。さらに等級についても、下々畑のさらに低位に置かれた村山地方の例と異なり、庄内藩では下々畑と焼畑は同位であり、中には下畑と同等の一例もあった。また一斉検地そのものは元和の一度のみであったが、帳簿内容の更新は、近世を通じて少なくとも三度行われている。その更新時においてもなお、焼畑地を積極的に把握しようとする動きは見られない。山間部の傾斜地に立地した焼畑地は大雨や河川増水による影響が大きく、存立そのものも不安定であった。水帳記載の耕地は連年の作付と一定の収穫を前提としたのに対し、連続的な耕作を行わない焼畑の農法上の特性は土地制度上の矛盾を引き起こす。このため、焼畑が積極的な貢租対象となった地域では、測量面積より実面積の方が大きい縄延が見られた例もあり、『地方凡例録』には焼畑が検地されたとき、全体で一〇町歩であっても実際の耕作は三～五町歩のため検地帳に記された面積は一部に過ぎないことが述べられている（加藤：一九九三）。庄内藩では焼畑を地目設定しておらず、焼畑地が検地帳で把握された場合の矛盾をどのように解消したのかははっきりしない。ただし検地帳に記された焼畑地には相応の理由があったようである。この点に関係して、次では焼畑経営村である由良村を例に焼畑経営の実態をみていきたい。

3、焼畑を営む人々と焼畑の場所

由良村（鶴岡市）は、日本海に面し良湊に恵まれた漁村と農村の性格をあわせ持っていた。明治十年（一八七七）の「村誌」によれば、戸数一三八戸、人口九七二人であり、大正五年（一九一六）の『山形県西田川郡水産誌』によれば戸数一五三戸、うち漁戸一一五（うち専業七七、農業との兼業漁戸三八）、農家三〇である。正保四年（一六四七）の「出羽国知行高目録」によれば近世の由良村は村高四五七石二斗五升一合であり、田高は四一六石二斗五升九合、畑高四〇石九斗九升二合で、畑高の比率は九・〇%であった。同村の寛文九年（一六六九）の水帳によれば一町三反二畝四歩の焼畑に対して二七人の名請人がいるが、どのような人々がどこで焼畑経営を行っていたのであろうか。

由良村の焼畑は九七筆あり、一筆の最大面積は七畝、最小では一畝に満たなく、概して小さい地筆が目立つ。焼畑の小字名は「さきのす」「奥三左エ門沢」など一六あり、その平均面積は七畝二一歩である。同一小字の焼畑を複数人で分割している例が多く、面積が大きいほど筆数も多くなる傾向があるが、おおむね六筆に分けられている。小字名ごとにその土地利用をみると【水田＋焼畑】と【焼畑のみ】の二つがあり、前者の場合五反を超える二例では焼畑比率は小さい。

つぎに焼畑の名請人についてみていこう。名請人とは耕地の所有者として領主に認定され、検地帳にその名を記載された百姓を指す。同水帳には総計六四人の名請人を載せるが、このうち焼畑所持者は二七人である（【表2】）。彼らの耕地面積（田＋畑＋焼畑）の全体順位をみると一位から五七位まで幅広い層に及んでいることがわかる。耕地が狭小な者ほど、焼畑比率は高まる傾向がかろうじて見られるが、強い相関を持つまでに至っていない。二七名の名請人の六〜七割が一〜三筆の焼畑を持ち、それらは一か所に集中しているか、二か所に分散している例がオーソドックスであった。

表2 焼畑所持者の耕地の内訳 （単位：畝．歩）

番号	名請人	屋敷	田合計	畑合計	焼畑	合計耕地面積	焼畑面積率（%）	全体順位（全64人）
1	掃部	2	161.25	15.12	6.03	183.1	3.3	1
2	善右衛門	2	123	16	7.10	146.1	4.9	2
3	内蔵助	2	69.2	15.12	11.25	96.27	11.7	3
4	掃部助	1	63.11	21.01	5.10	89.22	5.7	5
5	又兵衛	1	76.11	1.16	1.20	79.17	1.5	6
6	久助	1	69.26	6.18	1.00	77.14	1.3	7
7	権太郎		59.22	3.18	8.08	71.18	11.4	9
8	弥助	1	64.26	2.06	1.20	68.22	1.8	8
9	孫左衛門	1	56.21	3.13	5.27	66.01	8.0	10
10	権三郎	1	55.27	5.1	4.09	65.16	6.3	12
11	甚右衛門	1	57.1	6.27	0.20	64.27	0.3	13
12	吉兵衛	1	59.2	0	2.22	62.12	3.6	14
13	太郎左衛門	1	40.16	1.06	3.01	44.23	6.8	18
14	市左衛門	1	36.15	2.2	5.05	44.1	11.5	19
15	三十郎		26.07	9.29	2.08	38.14	5.5	21
16	三左衛門		18.11	4.01	11.17	33.29	33.6	23
17	作右衛門	2	12.15	11.1	9.13	33.08	27.6	22
18	三五郎		0	0	11.19	11.19	100.0	38
19	五郎左衛門		2.13	7.01	1.10	10.24	10.7	36
20	鴨之助		0	0	9.02	9.02	100.0	41
21	角蔵		0	0	8.01	8.01	100.0	42
22	権太郎2		0	0	7.26	7.26	100.0	44
23	久右衛門		0	6.18	0.12	7	1.7	46
24	半十郎	1	0	6	0.27	6.27	4.3	47
25	次右衛門		0	3.02	1.02	4.04	25.2	49
26	惣吉		0	1.18	2.09	3.27	63.9	51
27	藤右衛門		0	0.06	1.08	1.14	94.7	57

寛文9年 由良村水帳「豊浦村村落史々料第二集」より作成。番号は便宜的に筆者が付与。同一名と明らかに判断された場合のみ、「○○2」として区別した。

また同一小字における五畝以上の焼畑地では複数の名請人が存在し、二〜九名のグループによって経営されていた感がある。焼畑の共同作業としての側面は近代以降を事例に豊富な蓄積があり、戦前〜一九五〇年代の庄内においても数人のグループによる共同作業であった例は旧朝日村大鳥（おおとり）などで確認している。

焼畑の小字名一六の

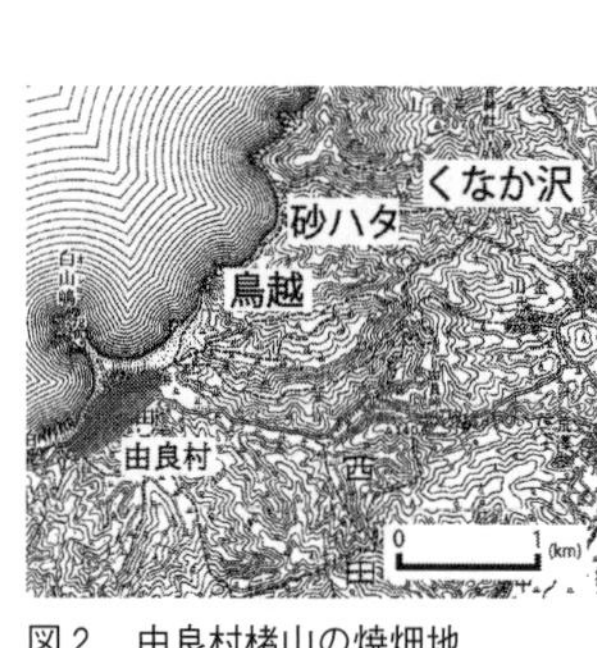

図2　由良村楮山の焼畑地
5万分の1地形図（大正2年測図より）加茂

うち、三地名はその場所が概ね判明する。由良の集落より一〜二km北上した楮山に「砂はた」「鳥越」「くなか沢」の焼畑地一反八畝一三歩があった（【図2】）。楮山は由良村の村持ち山であり、草萱場として近世には他村に草萱刈り採りを認めていた。正徳五年（一七一五）に楮山の利用をめぐり他村との間で山論が発生し、庄内藩の郡奉行が派遣されて一件落着をみた。山論の争点は由良村の者の「近年山畑切広ケ」るために、草萱場を狭めることにあった（「楮山絵図御裏書写」『豊浦村落史々料第二集』に所収）。この山論で由良村の公式な畑として再確認されたのが下々畑一〇か所（一町一反八畝二八歩）と焼畑三か所（一反八畝一三歩）であった（「楮山諸事写手控帳」（由良地区文書））。由良村では十七世紀後半以降、焼畑地拡大の傾向があったものの、十八世紀初頭の山論とその決着によって開発が制限され、畑は草萱地に戻された。明治末期の由良村の畑では「大豆小豆麦」（『山形県漁業誌資料』本資料は『豊浦村落史々料第二集』に所収）を生産していたとあり、大半は自給用であろう。場所が概ね特定できる楮山の焼畑は、明治二十年代の「字切図」では「畑」と表記され、常畑化していく。

さて、楮山山論の決着過程に「焼畑」の水帳記載の利点を見いだせる。他村からの訴えに「由良村御水帳ヲ以古来ゟモ（ママ、「ノ」カ）畑場吟味の上見分」したところ、水帳に記載のない山畑があるといい、役人は水帳によって状況の真偽を確認した。この過程では水帳記載の有無が楮山での権益を裏付ける根拠となっている。楮山の焼畑は等級では「下々畑」であり、さらに当地には焼畑以外に下々畑があった。水帳に「下々畑」ではなく、あえて「焼畑」と記載した背景には他村も利用する楮山で、由良村持ちの土地利用の実態を示す必要があったと想像する。この意味では「焼畑」の水帳記載は藩の要求ではなく、村側にその必要性があったとみえ、それが権益の錯綜する山での均衡を保持させていた。由良村の事例は水帳に焼畑が記載された一理由にとどまるが、他の例の背後にも焼畑地が位置する山の利用主体の複雑さや焼畑農法の特異性が想起される。いずれにしても記憶以前の焼畑の実態を掴む作業は近代をも射程に入れることとなろう。

4、おわりに

庄内における焼畑の記録と記憶をつなぐ作業を試みた現代的な意義を確認しておこう。現在庄内における焼畑は日本でみられる焼畑経営の稀少な例である。その焼畑農法による生産物が他産地のそれと差別化されることで地域の固有性が発揮されるならば、庄内における焼畑農法の分布や伝統的な形態を明らかにすることは「地域」と「生産物」の結びつきを強める一助となろう。そのような知見が困難の多い焼畑経営の存続につながることを願う次第である。

参考文献

・豊浦村落史々料第二集刊行委員会『豊浦村落史々料第二集』（同、一九七五年）
・吉田義信「米沢藩の寛永総検地」（『経済論集』三八、一九八四年）
・加藤衛拡「寛文検地と切替畑─武州西川地方における「山」利用と林野所持─」（『徳川林政史研究所研究紀要』二七、一九九三年）
・赤坂憲雄「山形の焼畑─フィールド・ノートより」（『東北芸術工科大学紀要』第一一号、二〇〇四年）
・山崎彩香『鶴岡市の藤沢カブとその焼畑技術─後藤勝利さんに聞く─』（『SEED』二、二〇〇四年）
・米家泰作「近世出羽国における焼畑の検地・経営・農法─村山郡のカノを中心に─」（『歴史地理学』四七─二、二〇〇五年）、同「出羽国村山郡におけるカノの展開と検地」（米家泰作『森と火の環境史─近世・近代日本の焼畑と植生─』思文閣出版、二〇一九年）
・江頭宏昌「カブと焼畑─山形県を中心に─」（佐藤洋一郎監修、原田信男、鞍田崇編『焼畑の環境学─いま焼畑とは』思文閣出版、二〇一一年）

謝辞　二〇一八年の藤沢での焼畑調査においては、後藤勝利・江頭宏昌両氏よりご教示を賜った。記して御礼申し上げる。

18

江戸時代から議論があった

地名誕生の謎を解き明かす

――庄内が「庄内」となった真実――

【キーワード】
・地名の成立背景
・地域内結合
・政治的変遷

菅原義勝

1、はじめに――地名の成り立ちを考える

地名は、地理的・歴史的な背景があって名付けられる。その由来を考えようとすれば、さまざまな仮説も立てられるだろう。地名に「庄」が付くならば、古代・中世以来の荘園（しょうえん）が関係する土地だろうか？　「郡」が付くならば公領（こうりょう）（国衙（こくが）領）の名残？　といった具合だ。

試みに全都道府県の地名辞典で「庄内」をひいてみると、三〇ヶ所ほどの「庄内」地名が検出される。荘園に由来する例や明治時代以降に数ヶ村が合併して「庄内」を名乗った例も散見される。同じ名称ではあっても、その成立にはさまざまな理由が存在する。ちなみに出羽国（でわのくに）庄内は、まさしく荘園に由来する地名だが、本章ではその答えからもう一歩踏み込んで検討を加えたい。今に残る古文書を読み解くことで、歴史のなかで醸成（じょうせい）された、地名成立の裏側を追究することとしよう。

2、古代・中世以来の地域の枠組み

庄内には公領としての田川郡・飽海郡があり（平安時代中期までは出羽郡、河辺郡という郡名も史料上に見える）、平安時代後期には、大泉荘・海辺荘・遊佐荘という荘園が立荘した。三つの荘園が成立した頃の地域区分は、【図１】のようであったと説明されている。

最も早く立荘したのが遊佐荘で、もともと奥州藤原氏の関与するところであったが、のちに皇室領となった。鎌倉時代には北目地頭が出羽国留守所として支配した。海辺荘については荘園領主が不明で、誰が地頭職を有していたかも明確でない。ただ、南北朝時代には武蔵国御家人の安保氏領のなかに「出羽国海辺余部」が見え、室町時代以降も安保氏一族のもとで支配が行われたとされる。遊佐荘と海辺荘については、どちらも一次史料があまり残っておらず、その実態を明らかにすることは難しい。中世以来の庄内地域を考える上では、残るもう一つの荘園、大泉荘が考察の対象となる。

「大泉」という地名は、平安時代中期に編纂された「和名類聚抄」にも記載はあるが、この時点では田川郡のもとに編制された一郷であった。大泉荘は平安時代後期に成立しており、建久二年（一一九二）の「長講堂領目録」に「大泉」とあるのが、荘園名としての初見である。なお、長講堂領とは、後白河法皇のもとに集積された全国有数の一大荘園領である。

3、大宝寺氏権力の形成と地域認識の変化

鎌倉時代、鎌倉御家人の武藤氏が大泉荘の地頭に任命された（武藤氏は大泉氏を名乗るようになり、南北朝時代頃からは大宝寺氏を名乗る。便宜上、本章においては大宝寺氏と表記を統一する）。南北朝時代になると、大泉荘は山内上杉氏が領するところとなり、大宝寺氏は地頭代官として実務支配を行った。室町時代には幕府との関係を強化し、「京都御扶持衆」に数えられたといい、「屋形」号を付与される存在にまで成長した。

室町時代に大宝寺氏は在地領主としての地位を確立するわけだが、この頃に

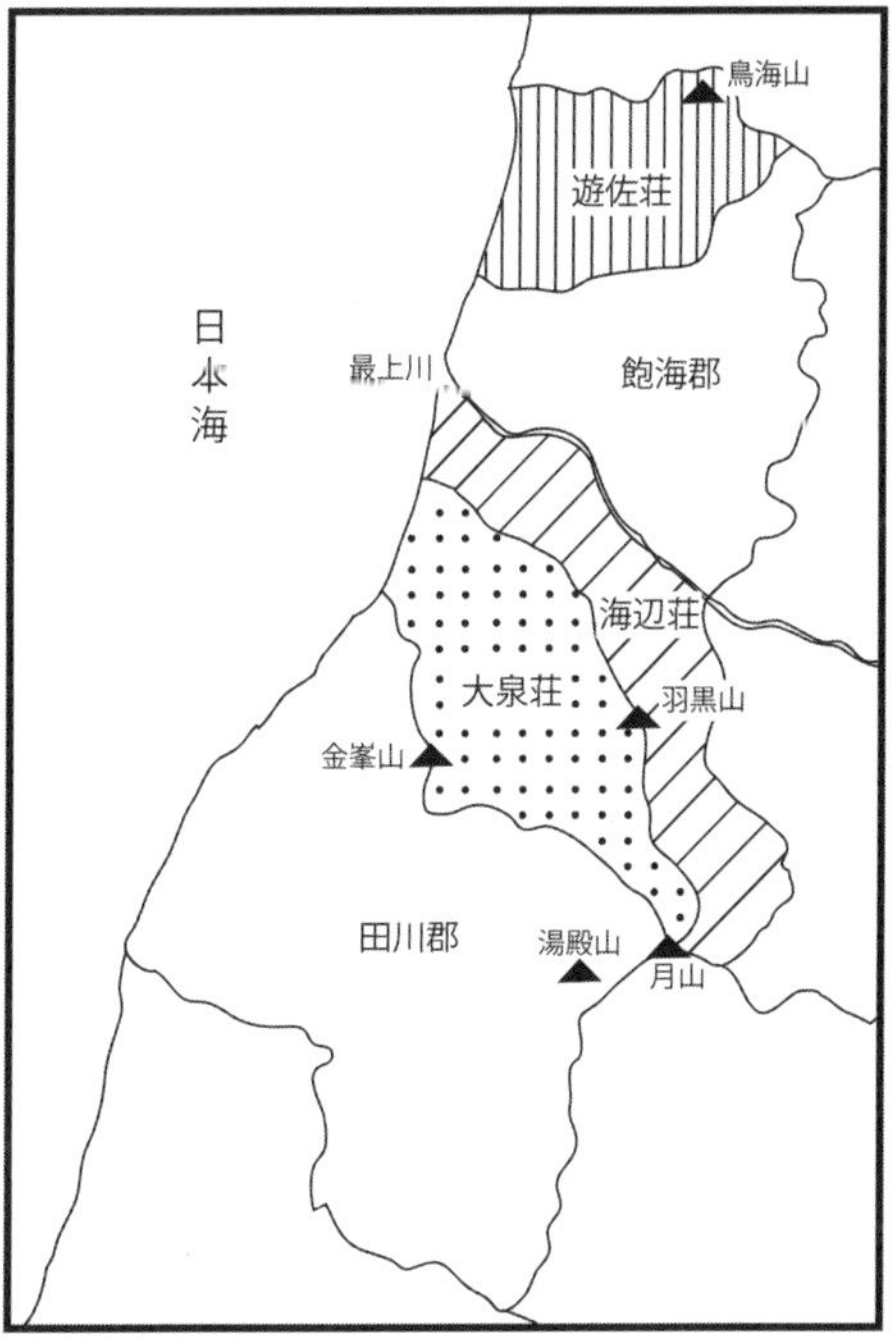

図1　荘園分布図
※『角川日本地名大辞典　山形県』所載の「荘園分布図」（保元元年当時）をもとに作成

は庄内地域全体にその影響力を及ぼしていた。当然、所領地も拡大していたことだろう。もっとも、大宝寺氏が大泉荘地頭職を担い、現地支配を行うなかで、すでに【図1】のような地域区分では語れない支配体系に変化していたはずである。

戦国時代になると、大宝寺氏が地域支配の中心に据わりつつも、土佐林氏や砂越氏、来次氏といった諸領主が蟠踞する状態となった。彼らは自らの領を維持し発展させるために、たびたび抗争を繰り広げた。戦国時代の史料を眺めると、庄内地域全体を地理的に表す呼称として、「当庄」「庄中」「三郡中」「三庄」「庄内」など多様な表現がみられるようになる。また、この頃の史料上には、遊佐荘と海辺荘という荘園呼称が見られなくなり（「遊佐郷」「遊佐郡」と記載される例はある）、代わって櫛引郡という郡名が田川郡と地理的に重複する形で新たに登場する。室町時代頃には、すでに権力主体による「領」と古代・中世以来の公領・荘園とを同列に把握することは難しいものとなっていた。

大泉荘については、荘園としての機能は失っているものの、元亀二年（一五七一）の熊野神社（鶴岡市西片屋）棟札に「羽州三郡大泉群（ママ）下方」と、「大泉」名が見え、江戸時代に入る頃にはほかにもいくつかの事例が散見される。例えば、「出羽国庄内多川郡・ア久ミ郡一円、同大イスミノ庄」「羽州庄内大泉庄」「出羽大泉庄遊佐郡」などである。このような表記の仕方から考えると、「大泉庄」は【図2】のように田川郡や飽海郡（遊佐郡との認識もあった）、櫛引郡と重層的に認識

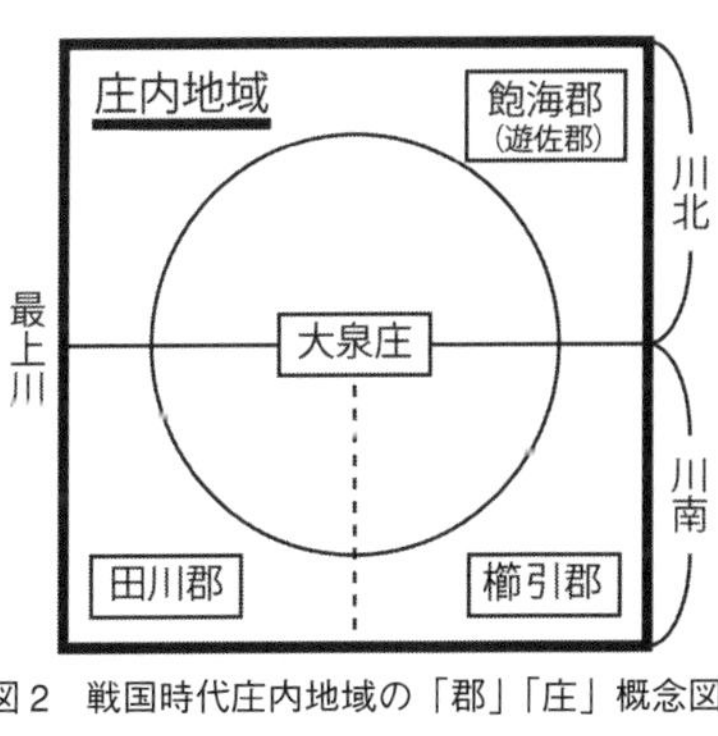

図２　戦国時代庄内地域の「郡」「庄」概念図

されていたことが分かる。

4、江戸時代から議論されてきた「なぜ庄内？」

実は、庄内が「庄内」たる所以については、江戸時代から多く議論されてきたところである。庄内郷土史研究の先駆とされる小寺信正（一六八二―一七五四）は、著書『荘内物語』のなかで、①今の「荘内」は昔の「大泉」のこと、②「大泉」とは田川郡のみを言う（江戸時代、寛文四年〈一六六四〉以降は最上川以南を田川郡、以北を飽海郡と呼んでいた）、と述べている。『出羽国風土略記』の著者である進藤重記（一七〇九―一七六九）も、「庄内」は「大泉庄内」の略であるとし、大泉荘は田川郡の内にあり、「出羽国田川郡庄内」と表記すべきと述べた。その後、小寺と進藤の研究を批判的に継承したのが池田玄斎（一七七五―一八五二、『弘采録』）や阪尾万年（一七八六―一八六三、『大泉叢誌』「大泉考」）、安倍親任（一八一二―一八七八、『筆濃餘理』）などである。

彼らは小寺や進藤と同様に、「庄内」の「庄」の根源を大泉荘に求めつつも、それぞれ独自の視点で「庄内」が単に「大泉庄内」の略称ではないことを論じた。しかし、『義経記』などの記録物や当時の伝承などに拠っており、また、平安時代以来の【図1】のような区分けを念頭に置いて論じているため、彼らの説には論理的限界がある。そもそも平安時代後期の大泉荘と鎌倉時代以降に大宝寺氏が治めた大泉荘とは、同じ机上で論じ得ない。

そして彼らは、「大泉」がもともと一荘園の名称であるとしつつも、庄内地域を治めた大宝寺氏が大泉に居城したゆえに、「自然と二郡（田川郡・飽海郡）の惣称」になったと、論理展開している。なるほど、大宝寺氏という権力者が登場し、支配領域を拡大することで、地域呼称までもが広域のものとなるという説明は頷ける。

戦国時代には【図2】のような枠組みが認識されるようになり、「庄中」や「庄内」といった広域呼称が生まれた。

前代まではみられない広域呼称が生まれる戦国時代は、庄内地域の歴史上、大きな転換点といえよう。では、どのような変遷を経て「庄内」という広域呼称が生まれたのだろうか。その答えは、戦乱と平和の連続に彩られた歴史のなかに潜んでいる。

5、庄内の争乱と地域結合、広域呼称の生成

掲示した【表】は、庄内地域全体を表す広域呼称が登場する天文年間から元亀元年（一五三二—一五七〇）までの広域呼称使用事例を集めたものである。【表】を眺めると、「庄中」や「三郡中」

表　天文～元亀年間の広域呼称使用事例

No.	年代	記事	広域呼称の使用状況・背景	典拠
1	（天文4年）	「**就其御庄**無事之儀」	庄内の内紛における、揚北衆による調停に際して。	201
2	天文12年	「**庄中**門弟」「**当庄**之住人」	浄福寺に本願寺門徒が准拠した際の土佐林父子による安堵。	209
3	天文年間	「以**庄中一統**取詰」	砂越氏父子間の内紛の際、調停に応じない場合の対処。	204
4	天文年間	「**当庄**払而進発」	砂越氏父子間の内紛の際、調停に応じない場合の対処。	206
5	（永禄末期）	「**庄中**」	清水口への進攻に関して。	246
6	（永禄末期）	「**庄中之諸士**払而相立」	清水氏家臣の反抗への対処。	223
7	（永禄年間）	「**庄中**」	庄内の混乱状況の説明に際して。	248
8	（元亀元年）	「**庄中**之儀、**川南・川北中**悉在陣」	大宝寺氏に対する大川氏の挙兵に際して。	253
9	（元亀元年）	「**庄中**之兵乱」	庄内の混乱状況の説明に際して。	255
10	（元亀元年）	「**三郡中**無別条、各々可被致奉公」	土佐林氏方の反乱に際して。	256
11	（元亀元年）	「**三郡中**為可取静候条」「**当庄**中」「自**川北中**其口へ」	土佐林氏方の再乱に際して。由利地域に関して。	259

※典拠は『荘内史料集1-1』の資料番号

「川南・川北中」といった「中」を用いた表現が多いことに気付かされる（以下、「中」表現という）。特に地域内の混乱状況に際し、「庄中一統を以て取り詰め」「庄中の諸士払って相立ち」「庄中の儀、川南・川北中悉く在陣」などのように「中」表現が使用されている。

広域呼称が使われ始めた初期段階では「庄内」という言葉は未だ見えない。なぜ「中」表現が広域呼称として使用され始めたのだろうか。この時期の用法をみると、この「中」表現は庄内地域に存在する〝人〟＝〝庄内地域内の諸氏〟を意識して使用されているように思われる。例えて言えば、「百姓中」

や「人々御中」などと同様の意味合いである。「中」表現は、大宝寺氏や土佐林氏、砂越氏ら諸氏をまとめて呼称する手段として、そして、彼らが存在する地理的空間を表現するための広域呼称として使用され始めたのである。また、元亀元年以前における「中」表現の使用は、地域内の諸氏のみに限定されていた。彼ら権力層の共通理解のもとに生み出された表現であったわけだが、どのような時代背景・素地があって、前代まではみられない広域呼称が登場したのだろうか。ここで、当時の政治状況を物語る史料をみてみよう。

〔読み下し〕（天文年間）八月六日付土佐林禅棟書状写（『荘内史料集　一―一』№二〇六）
（前略）万一事切りに到らば当庄払って進発し、働抽んずべきの段は、廿八一家・外様・三長吏大浦へ集まり来たり、相談せしめ治定し候、（後略）

〔大意〕
（地域内の争いの調停について）もし破談となり、庄内中の軍勢をもって軍事行動に及ぶ際は、「廿八一家」（＝大宝寺氏と血縁関係をもつ有力氏族か）、「外様」（＝大宝寺氏に従属する領主、土豪層か）、「三長吏」（＝羽黒山別当の補佐役、上旬・中旬・下旬長吏の三人がいた。この時期の別当は大宝寺氏当主）たちが「大浦」（＝大浦城。居城していた大宝寺氏のことを指す）のもとへ集まり、相談した上で

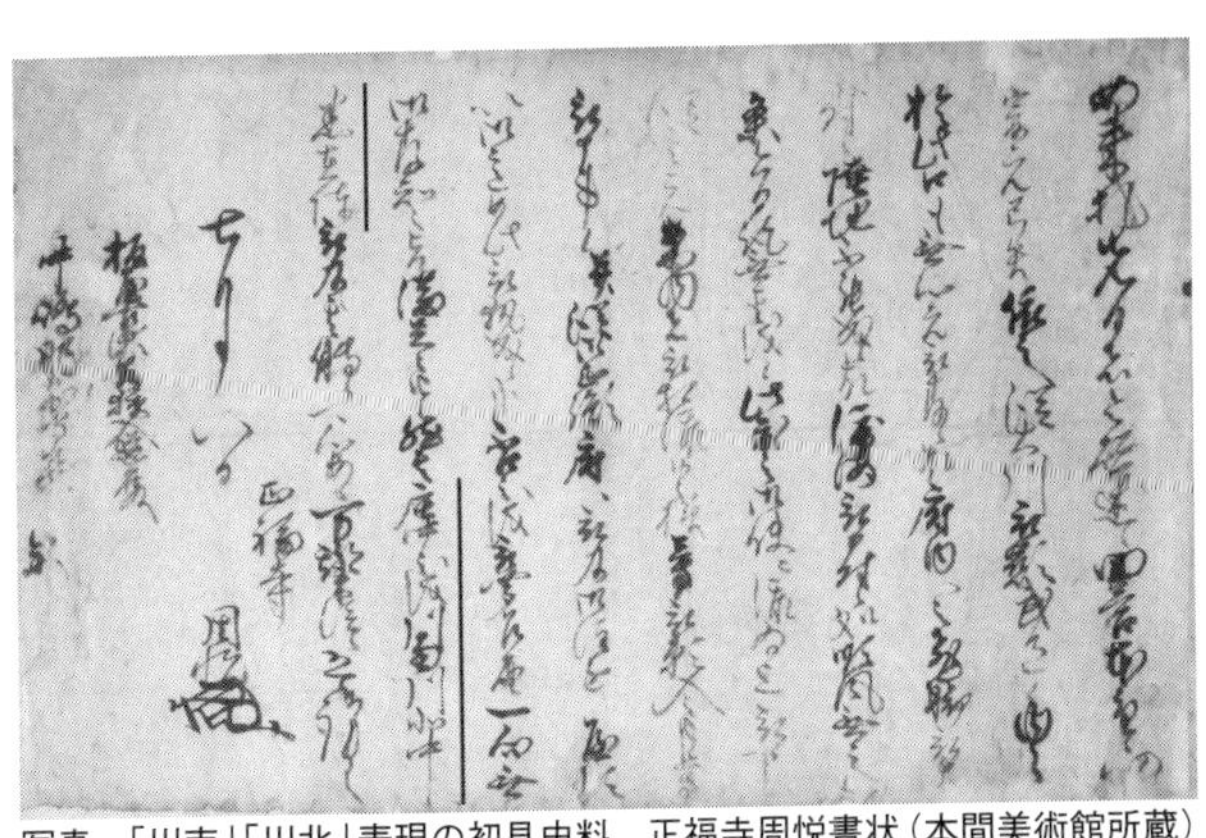

写真　「川南」「川北」表現の初見史料　正福寺周悦書状（本間美術館所蔵）

（争いを）治める。

天文年間以降、庄内地域では何度も争乱と和睦が繰り返された。ひとたび問題が生じれば、右の史料のように、大宝寺氏のもとへ地域内の有力者が集まり、地域全体の問題として解決を図ったのである。「中」表現は、このような地域内の争乱と結合の反芻のなかで生まれた、いわば一揆的な地域内結合の在り方を反映した表現といえよう。戦国の世だからこそ必要とした人と人との結び付きが、新たな地域認識、広域呼称を誕生させたのである。

さらに付け加えると、「川北」「川南」という呼称が使用され始めるのもこの時期である。最上川より以北、あるいは以南という意味で使用された言葉だ。「庄中の儀、川南・川北中悉く在陣」（【表】No.8）のような言い回しから考えれば、川北と川南を合わせて庄内地域全体を指すことは間違いない。庄内地域全体という広域の枠組みが

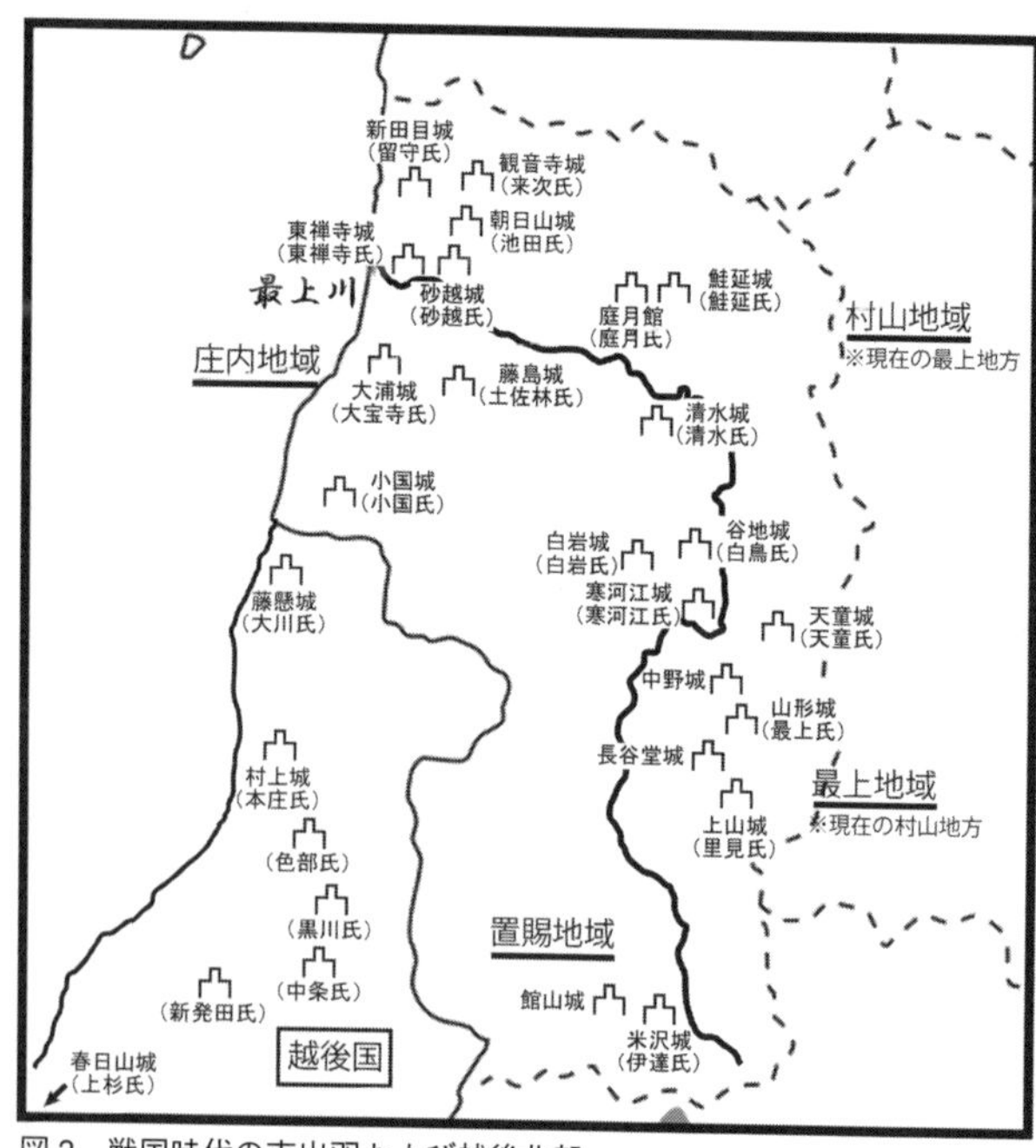

図３　戦国時代の南出羽および越後北部

生成・認識されることで、地理的特徴による区分も新たに生まれたということである。

6、自称「庄中」・他称「庄内」から自称「庄内」へ

天正年間（一五七三—一五九二）に入ると、大宝寺氏が専制的な支配を目指すようになり、それまでの勢力の分立状態とは違った状況が庄内地域に生まれる。同時に、越後国の上杉氏や最上地域（＝現在の村山地方）の最上氏が庄内地域に影響力を及ぼすようになった。

天正十一年（一五八三）、大宝

寺氏当主の義氏が家臣の前森氏永（のちに東禅寺と改姓）の謀反によって横死する事件が起こる。謀反の翌月、最上義光は庄内と接する古口氏に対して次の書状を送った。

〔読み下し〕（天正十一年）四月一日付最上義光書状写（『荘内史料集　一―一』No.二九七）

（前略）庄内の儀も出羽の国中に候条、万一越後筋より奥口へ乱入候共、其の節に於いては我々自身着甲し其の防ぎに及ぶべきの条、心易く存ぜらるべく候也、（中略）永く庄内に風波立たざる様に評議然るべく候、随分爰元より介法致すべく候、（後略）

〔大意〕

庄内も出羽国の内なので、もし上杉氏が庄内へ攻めてきても、その時は私自身（＝最上義光）甲冑を着て守るつもりなので安心してほしい。（中略）ずっと庄内に争乱が起きないように話し合うことが重要だ。精一杯私（＝義光）が手助けするつもりだ。

最上義光はこれ以後、前森氏永と連携して庄内情勢に強く干渉するようになる。本史料にも「庄内」が見える通り、天正十年頃より初めて「庄内」という言葉が登場する。しかし、庄内地域内の人たちが「庄内」と表現している例は未だ見えない。地域内で使われるようになるのは、天正十八年（一五九〇）の豊臣秀吉による奥羽仕置、あるいは翌年に上杉氏が庄内地域を領国化して以後のことである。

なぜ義光は「庄内」と呼称したのか。義光にとって庄内地域は出羽三山を越えた先の空間にある。義光から見て領「外」にある「庄」の「内」という認識から使用したのだろうか。理由は明確でないが、いずれにせよ「庄内」は地域外からの呼称＝他称として使用され始めたのである。

前節で検討した通り、庄内地域内の人々は「中」表現を地域内での呼称＝自称として使用していた。そして、「庄内」表現は最上氏が使用し始めて以後、伊達氏や上杉氏など地域外の領主が他称として呼称するようになった。なぜ「外」からの表現であった「庄内」が、その後最も一般的な呼称として定着したのか。

政治的変遷のなかで、もともと「中」表現を使用していた大宝寺氏が駆逐され、地域外勢力であった最上氏が庄内に進出を図り、上杉氏が領国化するようになる。これにより、地域内で自称していた「庄中」や「郡中」といった「中」表現自体が衰退し、他称であった「庄内」が、権力の定着とともに自称として定着するのである。

7、結びにかえて――「庄内」か「荘内」か

「庄内」か「荘内」か。同じ問題に接した堀司朗氏が「永遠の命題」と述べたように、しばし

ば話題にあがる疑問だ。別にどちらが正しいという話ではない。堀氏も言うように「庄内平野」「庄内地方」といった地理呼称では「庄」が、「荘内神社」や「荘内日報」「荘内銀行」など固有名では「荘」が使われる場合が多い。また、「荘」の使用事例が明治時代以降に顕著に見られるのも特徴だ。

江戸時代の郷土史家・小寺信正は、〈「庄」は「荘」の草書体。「荘」を「荘」と略し、転じて「疰」とし、のちに「庄」の字となった。〉以上のように説明している。確かに漢和辞典をひいても、「庄」は「荘」の俗字とあり、また、歴史用語としての荘園は「荘」を使っている（「庄園」とも表記する）。

しかし、全国の荘園関係史料をみると、そのほとんどが「〇〇庄」と記載している。もちろん「大泉庄」も同様で、戦国時代以前に「大泉荘」と記載されることは無い（永徳二年〈一三八二〉の「八幡神社大般若経写経奥書」には「大泉荘」と記載した例も残る）。庄内関係史料のなかで「荘」が初めて確認出来るのは、管見の限り江戸時代を目前に控えた慶長三年（一五九八）の金峯山青龍寺棟札まで待たねばならない。その後、江戸時代にも「荘内」と記載することはあるが、基本的に多くの史料が「庄内」と表記している。

本章で述べてきた通り、「庄」の根源は大泉荘にあり、庄内地域全体を表す広域呼称が生まれたのは戦国時代である。そして、「庄内」という呼称が他称として初めて登場するのも戦国時代である。「庄」が「莊」の俗字だとしても、「庄内」表現成立までの歴史的背景を考えれば、地名としての庄内はやはり「庄内」なのだろう。

参考文献

・堀司朗「《莊・庄》内談義」(『柊』一―二、一九八五年)
・伊藤清郎「出羽国」(網野善彦・石井進・稲垣泰彦・永原慶二編『東北・関東・東海地方の莊園』吉川弘文館、一九九〇年)
・菅原義勝「戦国期庄内における地域認識の形成―「庄中」から「庄内」へ―」(地方史研究協議会編『出羽庄内の風土と歴史像』雄山閣、二〇一二年)

付記

小論は、二〇一一年一〇月に行われた地方史研究協議会第六二回(庄内)大会での共通論題発表、その後に執筆した右記の拙稿をもとに執筆したものである。

【施設紹介】酒田市立光丘文庫

●光丘文庫の歩み

日本海に注ぐ最上川の河口に発達した湊町・酒田は、西廻り航路が整った江戸前期には海運と舟運の要衝として栄え、多くの豪商が活躍し、独自の文化の形成と繁栄を遂げたことで知られている。

本間家第三代当主・本間光丘は、廻船問屋の商取引や東北諸藩への大名貸など諸事業の展開で本間家を全国屈指の豪商、大地主に育て上げ、成した財を砂防林の植林や農民救済などの公益事業に投じた。幕府に願い出た行旅接待所と学問研究所を兼ねた寺院の建立は許されなかったが、代々の当主はその遺志を受け継ぎ、長崎、京都、大坂、江戸さらには朝鮮、中国にまで国書、漢籍の収集に努め蔵書を加えてきた。大正七年（一九一八）、光丘が植林事業の功績により国から正五位の称号を贈られ、それを顕彰する頌徳会に八代当主・光彌は本間家の蔵書約二万冊と文庫の建設費・維持基金を寄附したことが契機となり、頌徳会が大正十二年（一九二三）に財団法人光丘文庫を設立させ、大正十四年（一九二五）十二月にまちを見渡せる風光明媚な高台の一角に光丘文庫を開館した。この建築は社殿造りと洋風建築の融合様式で、関東大震災を教訓とした当時の最新工法の森山式鉄筋コンクリートブロック造であった。閲覧室には当初より盲人閲覧室も設けられていた。この建物と調度品は酒田市有形文化財となっている。

蔵書は本間家蔵書に加え、山形の紅花商人からの寄贈本をはじめ、地主、医師、豪商、政治家、僧侶等の有志の寄贈本のほか、明治三十四年（一九〇一）に「酒田書籍購読会」として発足した「私立酒田図書館」の全蔵書も大正十四年の解散時に光丘文庫へ寄贈された。

財団法人光丘文庫は、昭和三十三年（一九五八）三月に解散したが、その蔵書と建物は酒田市に無償譲渡され、「酒田市立光丘図書館」となった。さらに、昭和五十七年（一九八二）からは、文庫設立以来の蔵書を引き継いだ古典籍、古記録、古文書、一般図書等の閲覧に応える「酒田市立光丘文庫」となった。

●所蔵資料

光丘文庫は国書類約二万二〇〇〇冊、漢籍類約九〇〇〇冊など二一万点を超える資料を所蔵しており、主な資料は以下のとおり。

①山形県指定文化財の松森胤保著『両羽博物図譜』『北征記事』『物理新論』等や庄内藩の三大事件を記録した『保定記』『続保定記』等のほか、酒田市指定文化財『松平武右衛門叢書』など　②国重要美術品『大般若経　第四七三巻』。塙保己一編『群書類従』、徳川光圀編『大日本史（写）』、俳諧や短歌に関する古書、明時代の魏志倭人伝『三国志』や日本に唯一と云われる『月心和尚笑巖集』など国書・漢籍の稀覯本　③私立酒田図書館の所蔵図書　④市内の旧家等から寄贈された江戸時代以降の古文書や郷土資料（二万点超）　⑤石原莞爾、大川周明、伊藤吉之助、佐藤三郎など酒田ゆかりの文化人等の旧蔵書　⑥明治期から昭和三十年代の新聞（八万枚超）、雑誌（約三万冊）。

●文庫の移転、目指す方向

光丘文庫は竣功して九五年が経過しており建物の老朽化が著しく、利用者の安全確保と所蔵資料の適切な保存環境として極めて厳しい状態であったことから、一時休館して所蔵資料を市役所中町庁舎内に移転し、仮移転の位置づけで平成二十九年（二〇一七）から同庁舎五階で閲覧・利用サービスを再開している。

資料のほとんど全てが閉架であり、資料検索は紙目録と一部の資料目録のエクセルデータであったが、利用者にどんな資料があるか伝わりにくく、資料の登録・管理上の課題でもあったため、令和二年（二〇二〇）にインターネットで所蔵資料を検索できるよう、資料データベースを公開した。また、資料のデジタル画像は、酒田市立図書館のホームページで「両羽博物図譜の世界」「光丘文庫所蔵文化財」の表題で掲載しているほか、国文学資料の一部は、国文学研究資料館によりマイクロフィルム化されたものが同館のホームページで公開されている。平成三十年（二〇一八）からは、郷土史に興味を持ってもらえる入口として所蔵資料のうち誰にでも分かりやすい絵図等の資料を掲載した「光丘文庫デジタルアーカイブ」をインターネット上で公開している。

　今後は、地域におけるアーカイブズとしての機能の充実を図るため、引き続きICT技術の活用による利用しやすい環境づくりを進め、地域の史資料の積極的な収集と情報発信に努めたい。そのためには、資料館、大学や研究機関等との連携を図ること、支援をいただくことが不可欠である。（光丘文庫文庫長・岩堀慎司）

▼利用案内　〔所在地〕山形県酒田市中町一丁目四番一〇号酒田市中町庁舎五階　〔電話〕〇二三四―二二―〇五五一　https://miraini-sakata.jp/sakata-lib/kokyubunko/　〔交通〕JR羽越本線酒田駅より徒歩一五分　〔開館時間〕午前九時三〇分～午後四時四五分　〔休館日〕土曜・日曜・祝日、年末年始

【施設紹介】致道博物館

●創立の経緯、学問向上の場

　昭和二十五年（一九五〇）六月、旧庄内藩主酒井家が郷土文化の向上発展に資することを目的に伝来の文化財および土地・建物を寄付し、当館の前身である「財団法人　以文会」が発足した。令和二年（二〇二〇）は創立七〇周年の節目の年を迎えた。

　酒井家は徳川四天王筆頭と称される酒井忠次を祖とする。元和八年（一六二二）に三代忠勝が庄内へ入部して以来、酒井家は明治維新期を経て現在に至るまで一貫してこの地に居住している。令和四年（二〇二二）には庄内入部四〇〇年を数える。

　当館は鶴ヶ岡城三の丸内に位置する。江戸時代には長く藩の御用屋敷があり、幕末の元治元年（一八六四）に藩主の隠居所として「御隠殿」が建築された。

　明治時代になると、御隠殿は酒井家邸として利用され、「致道館」とも呼ばれるようになった。これは、

江戸時代の庄内藩校「致道館」に由来しており、致道館の廃校に伴い、祭器や版木、典籍などが酒井家邸へ移され、中国古典の勉強会を継続して行っていたことによる。当館の名称も教育・研究の中心としてあるべく、その名を引き継いでいる。

明治二十三年（一八九〇）には、旧藩士の羽柴雄輔や松森胤保を中心として鶴岡に奥羽人類学会が創設された。彼ら学会員の活躍により、庄内では全国的にも先駆けて考古学研究が進められた。奥羽人類学会は明治三十四年（一九〇一）に解散するが、当館は創立以来、その流れを受けて庄内地方の発掘調査の一翼を担っていた。現在も、庄内の先史時代を知る上で貴重な考古遺物を多く収蔵しており、常設展示で公開している。

●地域と共に歩む

高度経済成長期、生活様式が大きく変化するなか、当館では地域の歴史を後世に伝えるため、民俗資料の収集を進めてきた。それは一つの兎樽から始まるようだが、現在では収蔵スペースから溢れるほどの数に及んでいる。その内の八件五三五〇点は、重要有形民俗文化財に指定されている。

また、館内には三棟の重要文化財建造物が移築保存されている。一つは文政五年（一八二二）創建で、湯殿山麓の田麦俣に建っていた多層民家の旧渋谷家住宅、もう二つは明治時代に建てられた擬洋風建築の旧西田川郡役所と旧鶴岡警察署庁舎である。いずれも時代の流れのなかで建て替え、取り壊しの憂き目に遭うところを、地元の方々の要望、協力により当館内へ移築保存された。

歴史的建造物の維持管理には、日常的な目配りと多額の費用が必要となる。恒常的メンテナンスを行っても、経年劣化は避けられない。地震等による歪みも生じ、これまで国・県・市の補助を受け、幾度かの大規模修理を行ってきた。その都度多くの方々から厚くご支援いただいていることは、感謝の念に堪えない。

これら歴史的建造物の中では、考古・歴史・民俗資料の常設展示を行い、館内の美術展覧会場では、年間に一〇本ほどの企画展示を催している。国宝の太刀二振や重要文化財の短刀、甲冑、書蹟をはじめとする旧庄内藩主酒井家伝来の美術工芸品を紹介するほか、美術展や歴史展を開催し、地域文化の向上と教育普及に寄与するため、日々努めている。

●古文書の整理と活用

当館には旧庄内藩主酒井家伝来の古文書と博物館創立後に収集した古文書がある。昭和二十六年（一九五一）には謄写版印刷の『酒井家文書目録』が発刊されており（以下、『旧目録』と表記）、これにより酒井家文書の大要が把握出来る。ただ、その内容記載は大づかみなもので、時が経って所在が明らかでない古文書もあった。そのため、平成二十七年には、『旧目録』所載の古文書を改めて整理し直した改訂版の目録、『出羽庄内酒井家文書目録』を刊行した（以下、『新目録』と表記）。近年のアーカイブズ学的視点を取り入れ、文書群の階層構造を考慮した編成を施したものの、大名家文書の編成事例自体が多くないなか、暗中模索の作業であったことは確かである。大名家文書目録編成の一事例として批判を乞いたい。

また、『新目録』作成のなかで、新出文書も多く発見された。現在は、これら新出文書の整理を進めると同時に、博物館創立以後に寄贈された文書の整理も進めている。

ただし、目録を刊行してはいるものの、当館の体制上、レファレンスがままならない現状がある。実際のところ、一般の方々の利用に供することは出来ておらず、歴史系の展示のみで公開するには限界がある。そのため、数年前から新たな試みとして、「もんじょ部」という体験型の古文書講座を立ち上げた。実際に古文書に触れながらくずし字解読を学ぶ場だが、何よりも同じ興味をもつ方たちと過ごす時間は楽しいひとときである。

平成二十五年以降は、毎年、江戸時代に編纂された庄内の歴史叢書「大泉叢誌」の翻刻本を刊行している。史料集という性格上、一般の方々にとっては読み物ではない難しさがある。しかし、基礎資料を地道に翻刻し公開する取り組みは、庄内史をより深く知るための素地となるものである。　博物館施設並びにアーカイブズ施設として、今後も庄内の歴史と文化を守り伝えたい。

（致道博物館・菅原義勝）

▼利用案内　〔所在地〕山形県鶴岡市家中新町一〇番一八号〔電話〕〇二三五―二二―一一九九　https://www.chido.jp/〔交通〕ＪＲ羽越本線鶴岡駅より車で一〇分・鶴岡インターチェンジより車で一〇分〔開館時間〕午前九時～午後五時（入館は午後四時半まで）※十二月～二月は午前九時～午後四時三〇分（入館は午後四時まで）〔休館日〕年末年始（十二月二十八日～一月四日）、十二月～二月は毎週水曜日

【施設紹介】鶴岡市郷土資料館

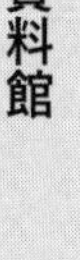

●資料館の歴史

鶴岡市郷土資料館は昭和五十一年（一九七六）六月十一日に設立された施設であるが、その前身は大正八年（一九一九）に設立された荘内史編纂会まで遡る。荘内史編纂会は、その名のとおり、荘内史の編纂のために設立されたが、当初は史料の収集が活動の中心となっていた。その方法としては、郷土史家四名を嘱託の史料蒐集担当とし、彼らの方針のもと、購入できる史料は購入し、購入できない史料は個人から史料を借用して、それを編纂会から委嘱された筆耕者が専用の罫紙に筆写するという方法を取っていた。結局のところ、「荘内史」の刊行には至らなかったものの、こうして収集された史料は製本され「荘内史編纂会史料」七八二点として今日に伝わっているが、これらの史料が当館に於ける初めてのアーカイブズとなる。

その後、荘内史編纂会は昭和二十一年（一九四六）

に解散を余儀なくされ、収集した史料はそのまま鶴岡市立図書館に引き継がれることになる。昭和二十九年（一九五四）に『鶴岡市史』通史編の刊行のため、鶴岡市では市史編纂会を設置し、図書館に事務室を置いて史料の収集に努めるようになるが、『鶴岡市史』全三巻が刊行された昭和五十年の時点で、収集した史料は約一万六〇〇〇点に及んでいた。その一方で、図書館自体が大正四年（一九一五）の建設で書庫が甚だ狭隘であり、地域に残る民間史料を受け入れる施設設置の要請が強かったことも相俟って、昭和四十八年（一九七三）に市では通商産業省の補助金を利用して資料館の建設を決める。こうして誕生した「鶴岡市郷土資料館」だが、民間史料の受け入れ先として認知されたことから、設立後、史料を積極的に受け入れた結果、当初施設の史料収容能力を約三万点として想定していたため、開館早々に収蔵庫が狭隘となる。こうした状況もあり、昭和六十一年（一九八六）に図書館が現在地に新館建設した際に市史編纂室を含めた資料館機能も同館二階に移転し、今日に至っている。

●特色と所蔵資料

さて、当館は図書館と一体の施設であることがひとつの特色であり、古文書・郷土図書・一般の歴史書等を相互に閲覧できる利点がある。このうち古文書類については、山形県庄内地方全域を史料収集対象とし、現在、未整理分を含め、約二三万点・五〇〇件ほどの資料を所蔵している。構成としては、村方文書が一番多いが、町方・武家・海運・社寺・典籍類など内容は多岐に亘る。これらの史料の一部は、『諸家文書目録』一二冊として刊行しており、この中に計六三件の資料目録を収めている。その他、整理を施している史料については館内に目録を置き、利用者への閲覧に供しているが、これらの史料群から特定の史料を捜す際は、既存の検索ソフトを利用して、キーワードによる横断検索を実践している。

また、郷土図書の所蔵冊数は約二万三〇〇〇点にのぼり、閲覧室には開架図書として約五三〇〇冊を配架している。さらに、明治から昭和初期に地元で発刊された新聞や利用頻度の高い古絵図、本市出身の軍人である石原莞爾（いしわらかんじ）の資料などについては、利用者の利便性を高めるべく、デジタル化を施し、館内に設置したパソコンで閲覧できるようにしている。

●取り組み

その他、郷土の歴史の理解を深めてもらうために、所蔵史料を中心に企画展を年三回開催しており、歴史講演会や古文書講座・郷土史講座等を定期的に開催している。これとは別に、近年では地方史研究協議会合同研究例会（二〇一七）、国文学研究資料館の「アーカイブズカレッジ短期コース」（二〇一八）、戦国史研究会遠隔地例会（二〇一九）などを招致するなど、国の機関や学会等との連携も深めているところである。また、出版物にも取り組んでおり、平成二十八年（二〇一六）には『通史の中の庄内』という講演録を発刊し（現在品切れ）、さらに令和二年（二〇二〇）三月には『郷土資料館史料集』の刊行を開始した（第一集は『菅実秀関係史料』）。

当館では、こうした取り組みを通して、庄内地方の歴史の面白さを広く発信したいと願っているところである。同時に、地域の記憶が集積される「知の拠点」としての役割を果たすべく、今後とも情報収集・発信に努めていきたい。（鶴岡市郷土資料館・今野　章）

▼利用案内　〔所在地〕山形県鶴岡市家中新町十四番七号　〔電話〕〇二三五―二五―五〇一四　https://lib.city.tsuruoka.yamagata.jp/　〔交通〕ＪＲ羽越本線鶴岡駅より徒歩二〇分　〔開館時間〕午前九時三〇分〜午後五時　〔休館日〕毎週月曜日（月曜日が祝日の時は翌火曜日）

庄内の歴史　略年表

和暦	西暦	月	事項
和銅元	七〇八	九月	越後国に出羽郡が置かれる。
和銅五	七一二	九月	出羽国が置かれる。
貞観十三	八七一	五月	鳥海山が噴火、火砕流が海まで達する。
文治三	一一八七	二月	源義経一行が山伏姿で逃れて奥州に赴き藤原秀衡に匿われる。
文治五	一一八九	八月	田河太郎が比企能員率いる源頼朝軍を迎え撃ったが敗れてさらし首となる。
天文元	一五三二		この年、砂越氏が大将となり土佐林氏追討の大乱がおこる。大宝寺城下が亡所となり、崇禅寺・般若寺も焼失する。
天正十一	一五八三	三月	大宝寺義氏が近臣前森蔵人の謀反によって自害する。
天正十六	一五八八	八月	本庄繁長勢が庄内に侵攻して最上勢を撃破する。（十五ヶ里原合戦・黒瀬川合戦）
天正十八	一五九〇	十一月	上杉景勝が庄内仕置（検地と一揆討伐）を終える。
慶長六	一六〇一		この年、最上義光が庄内三郡を加増される。
慶長八	一六〇三	三月	大宝寺が鶴ヶ岡、東禅寺が亀ヶ崎、大浦（尾浦）が大山と改称される。
元和八	一六二二	八月	酒井忠勝が信州松代一〇万石より羽州庄内田川・櫛引・遊佐三郡高一三万八〇〇〇石に移封され、鶴ヶ岡・亀ヶ崎両城を拝領する。
寛永九	一六三二	六月	熊本城主加藤忠広が領地没収され、酒井忠勝に預けられる。六月十八日、鶴岡着。八月二十五日、丸岡へ移住。
寛文四	一六六四	五月	これまでの遊佐・櫛引・田川の三郡を飽海・田川の二郡に改める。
寛文九	一六六九	二月	大山領が御料となる。

元禄二	一六八九	六月	芭蕉・曽良が手向に着く。
宝暦五	一七五五		この年、秋より翌年春にかけて、餓死者が多くでる。（宝五の飢饉）
寛政七	一七九五	五月	郷方改革の御用掛が個々に申しつけられ、庄内藩寛政改革始まる。
文化二	一八〇五	二月	大宝寺の地に学舎ことごとく備わり致道館と名付け、落成式、釈奠を執行する。
天保四	一八三三	六月	数百年以来、聞いたこともない大洪水で、御郡中大海のごとし。
		八月	稲の出穂揃いかね、山中通は惣青立、畠作物は皆無となり、大凶作になる。
		十月	大地震・大津波、加茂の澗に三丈の津波が襲い来る。
天保十一	一八四〇	十一月	酒井左衛門尉忠器は長岡へ、牧野備前守忠雅は川越へ、松平大和守斉典は庄内への所替を申渡される。（翌年七月、所替中止の沙汰が下る）
天保十四	一八四三	六月	幕府、庄内・沼津・鳥取・貝淵・秋月の五藩に、印旛沼御手伝普請を命じる。
弘化元	一八四四	二月	庄内・由利御料二万七〇〇〇石余が、庄内藩に預地支配を命じられる。（大山騒動）
安政元	一八五四	十一月	品川御台場の内、五の台場警衛を命じられる。
安政六	一八五九	九月	庄内藩で西蝦夷地を拝領し、同地の警備と北蝦夷地非常時への手配も求められる。
文久三	一八六三	四月	この日より、江戸市中見廻りを始める。藩主忠篤が新徴組を委任される。
元治元	一八六四	八月	藩主忠篤が、庄内・由利二万七〇〇〇石余の預地分を加増され、新徴組を家臣同様に付与される。
慶応二	一八六六	十月	町医日下部宗伯、徒目付深瀬清三郎、淀川組大庄屋伜吉田駒太郎らが捕えられ、入牢以後、改革派の面々が次々に捕えられ拘束される。（翌年、九月十一日に処罰が下される。大山庄大夫一件）
明治元	一八六八	四月	総督府が庄内征討を決定する。秋田・新庄・薩摩・長州の約五百の兵が清川を攻め、合戦となるが、庄内兵がこれを撃退する。（庄内藩の戊辰戦争はじまる）
		九月	藩主酒井忠篤が謝罪を決意し、二十八日、忠篤が致道館で黒田に会う。

		十二月	庄内藩が会津若松への移封を命じられる。
明治二	一八六九	六月	庄内藩が磐城平への転封を命じられる。
		七月	太政官より七〇万両の献金と引き替えに庄内復帰が認められる。
明治四	一八七一	七月	廃藩置県の詔書が出される。これにより大泉藩は大泉県と改称され、十一月には酒田県となる。
明治七	一八七四	一月	櫛引通島組片貝村の鈴木弥右衛門が石代納願いを提出したが、戸長に拒否される。(ワッパ騒動)
明治九	一八七六	八月	鶴岡・山形・置賜の三県が合併して山形県が成立する。四月に起工した朝暘学校が落成する。
明治二十七	一八九四	十月	酒田地震。川北を中心に全焼四一八八戸、死者七三九人の被害を出す。
大正十三	一九二四	十月	全国百番目の市として、鶴岡市が誕生する。
昭和八	一九三三	四月	酒田町が市制施行して酒田市が誕生する。
昭和十九	一九四四	八月	東京都江戸川区小岩の国民学校の疎開児童第一陣三三二人が鶴岡へ到着し、市内の旅館に分宿する。
昭和三十九	一九六四	六月	マグニチュード七・五の新潟地震がおこり、大山地区で震度六を記録する。
昭和五十一	一九七六	十月	酒田大火がおこる。
平成三	一九九一	十月	庄内空港が開港し、東京と大阪へ各一往復が運行される。
平成十七	二〇〇五	十月	一市四町一村が合併して新鶴岡市が誕生し、開市式を挙行する。
		十一月	一市三町が合併して、新酒田市が誕生する。
平成二十六	二〇一四	六月	加茂水族館（クラゲドリーム館）が、リニューアルオープンする。

あとがき

シリーズ『地方史はおもしろい』第三冊は、山形県庄内地域を対象として、読者の皆さまにお届けします。地域にゆかりのある資料を取り上げ、庄内の歴史にぐっと迫れる一書となりました。

山形県庄内地方といえば、編者の地方史研究協議会にとって、いまから約一〇年前に開催された第六二回大会の開催地でもあります。こうしたつながりがあり、本書の準備・編集は、庄内の幹事の皆様と当会とで両輪となり進めて参りました。

「序文」は、今回の幹事・調整役を買って出てくださった当会委員の今野章氏が執筆しました。地元の阿部博行・本間勝喜両氏から的確なアドバイスがありました。また作業チームの長南伸治・菅原義勝両氏が細かな作業をバックアップしています。地域の資料を熟知しておられる方を庄内の編集メンバーが繋いでくださり、地域資料の調査や保存、地域の歴史研究に取り組んでこられた一八名の執筆陣が健筆を振っています。本書では、関連する施設紹介や年表・略地図・写真を理解のために準備いたしました。

第三冊は、二〇二〇年十二月に刊行予定でした。ところが、コロナの流行に絡んだ状況から、このタイミングでの刊行となりました。当初は庄内へご挨拶に伺う予定でしたが、それも叶わず作業が始まりました。一方で、画面上で庄内と結んで綿密な打ち合わせが出来るなど、これまでとは違った展開もみられ、それはそれで有効な方法であったかと思い返します。

八月にいったん集まっていた原稿は、読者の方に向けて、さらにブラッシュアップしていただくほか入念な作業を施していただいています。「序文」を含めた各文章をお読みいただいておわかりになるように、全二七〇ページには、庄内に伝えられてきた資料にむけた温かなまなざしと思いがたくさん詰まっています。

本書の刊行にあたり、企画・総務を中心とした左記のメンバーが実務を支えています。地図は富澤達三氏が作成し、編集作業は生駒哲郎・風間洋・川上真理・斉藤照徳・高木謙一・鍋本由徳・芳賀和樹・萩谷良太・山﨑久登の各氏が担いました。多忙なメンバーにもかかわらず、難なく時間のやりくりをしてスケジュール通りに進んできました。

このシリーズ第三冊も文学通信の編集長岡田圭介さん、渡辺哲史さん・西内友美さんにお世話になり、かわらぬ的確なアドバイスを頂戴しています。記して感謝の気持ちをお伝えします。

本書を手に取っていただいた読者の皆さまには、山形県庄内地方に伝えられてきた資料のおもしろさを再認識していただき、機会が訪れた時には赴いていただいたり、さらには、ご自身の地域に残された資料や歴史に目を向けていただく弾みになることを願います。


（地方史研究協議会　常任委員会　企画・総務を代表して、大嶌聖子）

執筆者紹介

長南伸治（ちょうなん　しんじ）　一九八〇年生　公益財団法人上山城郷土資料館
　主要業績「庄内の郷土史家　国分剛二の活動に関する一考察―国分旧蔵書簡群の分析を通じて―」（『山形県地域史研究』第四五号、二〇二〇年）

田中大輔（たなか　だいすけ）　一九八六年生　上山市役所
　主要業績「林崎居合神社参詣諸藩士の祈願」（『山形大学歴史・地理・人類学論集』第一七号、二〇一六年）

升川繁敏（ますかわ　しげとし）　一九五五年生　鶴岡市史編さん会
　主要業績「馬町の入会山の変遷と利用形態」（庄内歴史懇談会『歴史論集』創刊号、二〇一八年）

藤田洋治（ふじた　ようじ）　一九五五年生　山形大学地域教育文化学部
　主要業績『冷泉時雨亭叢書』（第六九・七〇・七一号、承空本私家集、解題・共著、朝日新聞社、二〇〇七年）

河口昭俊（かわぐち　あきとし）　一九五九年生　元山形県立高等学校
　主要業績『山形県の歴史散歩』（共著、山川出版社、二〇一一年）

友田昌宏（ともだ　まさひろ）　一九七七年生　大東文化大学・法政大学
　主要業績『東北の幕末維新―米沢藩士の情報・交流・思想―』（吉川弘文館、二〇一八年）

三原容子（みはら　ようこ）　一九五五年生　庄内地域史研究所
　主要業績『賀川ハル史料集（全三巻）』（緑蔭書房、二〇〇九年）

本間勝喜（ほんま　かつよし）　一九四四年生　鶴岡市史編さん会
　主要業績『庄内藩の藩制と周辺　上・下巻』（庄内近世史研究会、二〇二〇年）

小野寺雅昭（おのでら　まさあき）　一九六〇年生　酒田市立酒田第一中学校
　主要業績『平田町史　中巻』（共著、酒田市、二〇一八年）

秋保　良（あきほ　りょう）　一九四九年生　鶴岡市史編さん会
主要業績「洋楽を学んだ先人たち」（庄内歴史懇談会『歴史論集』創刊号、二〇一八年）

今野　章（こんの　あきら）　一九六八年生　鶴岡市郷土資料館
主要業績「戊辰戦争における新徴組・新整組」（『山形県地域史研究』第四三号、二〇一八年）

早川和見（はやかわ　かずちか）　一九五三年生　古河郷土史研究会
主要業績『藩祖土井利勝』（Kプランニング、二〇一九年）

阿部博行（あべ　ひろゆき）　一九四八年生　鶴岡市史編さん会
主要業績『庄内藩の戊辰戦争』（荘内日報社、二〇一八年）

小野寺裕（おのでら　ゆたか）　一九四三年生　庄内町古文書同好会
主要業績「清川大庄屋文書にみる蝦夷地事情」（『山形県地域史研究』第三九号、二〇一四年）

長沼秀明（ながぬま　ひであき）　一九六二年生　川口短期大学こども学科
主要業績『尾佐竹猛研究』（共著、明治大学史資料センター編、日本経済評論社、二〇〇七年）

安部伸哉（あべ　しんや）　一九九三年生　九州大学大学院経済学府博士後期課程
主要業績「杉山家文書から見た下関―文政末期から天保期を中心として―」（『下関市立大学論集　赤馬』第三八号、二〇一六年）

渡辺理絵（わたなべ　りえ）　一九七七年生　山形大学農学部食料生命環境学科
主要業績「棚田景観の効用―山形県朝日町「椹平」を例にして―」（共著、『茨城地理』第一七号、二〇一六年）

菅原義勝（すがわら　よしかつ）　一九八六年生　公益財団法人致道博物館
主要業績「天正二年最上氏内紛再考」（久保田昌希編『戦国・織豊期と地方史研究』岩田書院、二〇二〇年）

シリーズ刊行にあたって

地方史研究協議会　会長　廣瀬良弘

地方史研究協議会は、二〇二〇年に創立七〇周年を迎えた。これを期して書籍刊行の企画が検討された。全国各地で保存されてきた地域の資史料を学術的にアピールするための企画である。

日本全国の文化財は、国の指定文化財として国宝・重要文化財があり、都道府県の指定文化財もあり、さらに市区町村の指定文化財もある。このうち都道府県や市区町村の指定文化財は、各自治体が地域にとって重要であると考える資史料を指定文化財として保存・公開している。しかしながら、自治体が指定した文化財をその自治体以外の人々が知る機会はそう多くはない。全国の博物館やその他の保存機関などには、限られた研究者のみしか利用されてこなかった資史料も存在している。

これまで全国の文化財行政に携わる人々や研究を志す人々などによって、資史料の調査や保存活動が地道に行われ続けてきた。そうした人々の努力により、将来にわたり、歴史的に価値のある資史料が保存・公開され続けていく。一方で近年、地震や台風、火災などで地域の資史料が被災し、損失している。地域の資史料の地道な保存活動は、多くの人々の理解があってこそ成立する。そのためには、地域の資史料のもつ情報の凄さを広く知ってもらいたいと考える。

本企画は、知名度はかならずしも高くないものの、地域を考えるうえで重要な資史料に焦点をあてて、学術的なその面白さを広めるシリーズ企画である。題して『地方史はおもしろい』である。それらの資史料が地域の歴史のなかでどのような意味を持っているのか。また、それらの資史料からどのような人々の営みやさまざまな情報を読み取ることができるのか。地域で保存され、伝えられてきた資史料をもとに地域の歴史にスポットをあてていく。

ぜひ多くの方々に本シリーズの各書をお手に取って、地域の歴史のおもしろさを身近に感じていただきたい。

地方史研究協議会

地方史研究協議会は、各地の地方史研究者および研究団体相互間の連絡を密にし、日本史研究の基礎である地方史研究を推進することを目的とした学会です。1950年に発足し、現在会員数は1,400名余、会長・監事・評議員・委員・常任委員をもって委員会を構成し、会を運営しています。発足当初から、毎年一回、全国各地の研究会・研究者と密接な連絡のもとに大会を開催しています。また、1951年3月、会誌『地方史研究』第1号を発行し、現在も着実に刊行を続けています（年6冊、隔月刊）。

◆入会を希望される方は、下記QRコードよりお申し込みください。

〒111-0032
東京都台東区浅草5-33-1-2F
地方史研究協議会事務局
FAX　03-6802-4129
URL：http://chihoshi.jp/

シリーズ●地方史はおもしろい03

日本の歴史を問いかける
――山形県〈庄内〉からの挑戦

編者　地方史研究協議会

2021（令和3）年3月19日　第1版第1刷発行

ISBN978-4-909658-52-4 C0221

発行所　株式会社 **文学通信**

〒170-0002　東京都豊島区巣鴨1-35-6-201
電話03-5939-9027　Fax 03-5939-9094
メール info@bungaku-report.com
ウェブ http://bungaku-report.com

発行人　岡田圭介

印刷・製本　モリモト印刷

ご意見・ご感想はこちらからも送れます。上記のQRコードを読み取ってください。

※乱丁・落丁本はお取り替えいたしますので、ご一報ください。
書影は自由にお使いください。